CB018773

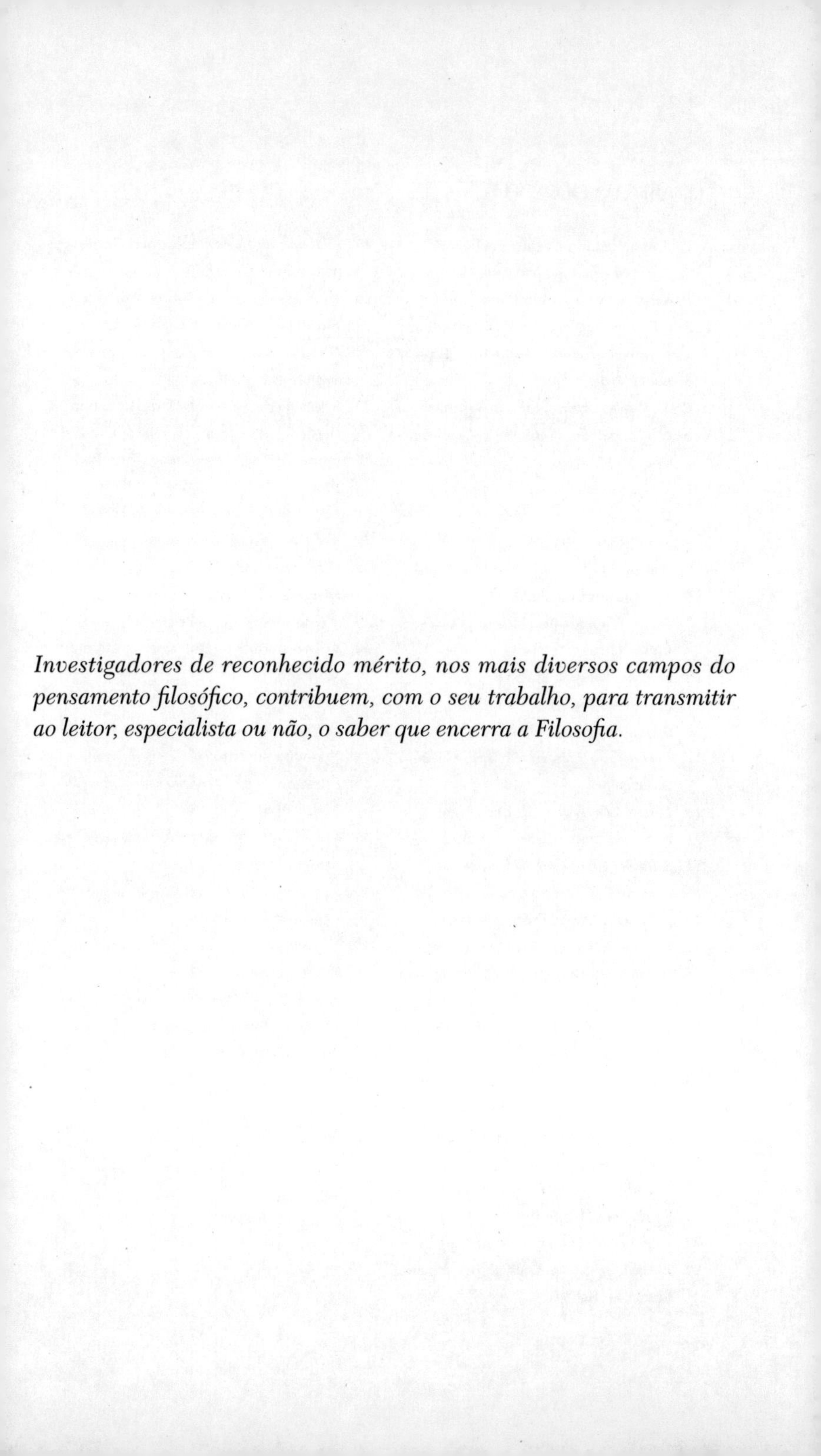

Investigadores de reconhecido mérito, nos mais diversos campos do pensamento filosófico, contribuem, com o seu trabalho, para transmitir ao leitor, especialista ou não, o saber que encerra a Filosofia.

O SABER DA FILOSOFIA

1. *A Epistemologia*, Gaston Bachelard
2. *Ideologia e Racionalidade nas Ciências da Vida*, Georges Canguilhem
3. *A Filosofia Crítica de Kant*, Gilles Deleuze
4. *O Novo Espírito Científico*, Gaston Bachelard
5. *A Filosofia Chinesa*, Max Kaltenmark
6. *A Filosofia da Matemática*, Ambrogio Giacomo Manno
7. *Prolegómenos a Toda a Metafísica Futura*, Immanuel Kant (agora na colecção TEXTOS FILOSÓFICOS, n.º 13)
8. *Rousseau e Marx (A Liberdade Igualitária)*, Galvanno della Volpe
9. *Breve História do Ateísmo Ocidental*, James Thrower
10. *Filosofia da Física*, Mário Bunge
11. *A Tradição Intelectual do Ocidente*, Jacob Bronowski e Bruce Mazlish
12. *Lógica como Ciência Histórica*, Galvano della Volpe
13. *História da Lógica*, Robert Blanché e lacques Dubucs
14. *A Razão*, Gilles-Gaston Granger
15. *Hermenêutica*, Richard E. Palmer
16. *A Filosofia Antiga*, Emanuele Severino
17. *A Filosofia Moderna*, Emanuele Severino
18. *A Filosofia Contemporânea*, Emanuele Severino
19. *Exposição e Interpretação da Filosofia Teórica de Kant*, Felix Grayeff
20. *Teorias da Linguagem, Teorias da Aprendizagem*, Jean Piaget e Moam Chomsky
21. *A Revolução na Ciência (1500–1750)*, A. Rupert Hall
22. *Introdução à Filosofia da História de Hegel*, Jean Hyppolite
23. *As Filosofias da Ciência*, Rom Harré
24. *Einstein: uma leitura de Galileu a Newton*, Françoise Balibar
25. *As Razões da Ciência*, Ludovico Geymonat e Giulio Giorello
26. *A Filosofia de Descartes*, John Cottingham
27. *Introdução a Heidegger*, Gianni Vattimo
28. *Hermenêutica e Sociologia do Conhecimento*, Susan J. Hekman
29. *Epistemologia Contemporânea*, Jonathan Darcy
30. *Hermenêutica Contemporânea*, Josef Bleicher
31. *Crítica da Razão Científica*, Kurt Hubner
32. *As Políticas da Razão*, Isabelle Stenghers
33. *O Nascimento da Filosofia*, Giorgio Colli
34. *Filosofia da Religião*, Richard Schaeffler
35. *A Fenomenologia*, Jean-François Lyotard
36. *A Aristocracia e os Seus Críticos*, Miguel Morgado
37. *As Andanças de Cândido. Introdução ao Pensamento Político do Século* XX, Miguel Nogueira de Brito
38. *Introdução ao Pensamento Islâmico*, Abdullah Saeed
39. *Um Mundo Sem Deus. Ensaios sobre o Ateísmo*, Michael Martin
40. *Emmanuel Levinas. Entre Reconhecimento e Hospitalidade*, AAVV
41. *Concepções de Justiça*, João Cardoso Rosas
42. *Filosofia da Matemática*, Stewart Shapiro
43. *Todos os Sonhos do Mundo e Outros Ensaios*, Desidério Murcho

O Conservadorismo do Futuro e outros Ensaios

Título original:
O Conservadorismo do Futuro e outros Ensaios

Revisão de Inês Guerreiro

Capa: FBA

Depósito Legal n.º 433006/17

Biblioteca Nacional de Portugal – Catalogação na Publicação

MORGADO, Miguel, 1974-

O conservadorismo do futuro e outros ensaios. - (O saber da filosofia)
ISBN 978-972-44-2000-4

CDU 321

Paginação:
MA

Impressão e acabamento: ACD Print, S.A.

para
EDIÇÕES 70
Outubro de 2017

EDIÇÕES 70, uma chancela de Edições Almedina, S.A.
Avenida Engenheiro Arantes e Oliveira, 11 – 3.º C – 1900-221 Lisboa / Portugal
e-mail: geral@edicoes70.pt

www.edicoes70.pt

O Conservadorismo do Futuro e outros Ensaios

Miguel Morgado

Alguns dos ensaios neste volume foram publicados anteriormente. Agradecimentos são assim devidos às revistas, editoras e fundações aqui referenciadas:

«Público e Privado: A Religião entre a "Saída" e a "Entrada"», publicado em *Didaskalia*, XLIII (2013).

«Marsílio de Pádua e a Reunificação do Político», publicado em José Maria Silva Rosa (dir.), *Da Autonomia do Político. Entre a Idade Média e a Modernidade* (Lisboa: Documenta, 2013).

«Notas Breves sobre a Política no Pontificado de Bento XVI», publicado em *Didaskalia*, XL, 1 (2010).

«Filosofia Política e Democracia», publicado em *Análise Social*, vol. XLV (196) (2010).

«Castel de Saint-Pierre: "só ele nos fez ver onde reside a paz"», publicado em Ana Paula Garcês, Guilherme d' Oliveira Martins (dirs.), *Os Grandes Mestres da Estratégia: Estudos sobre o Poder da Guerra e da Paz* (Coimbra: Almedina, 2009).

«Socialidade e Civilidade: A Utilidade de Uma Distinção», publicado em João Carlos Loureiro, Suzana Tavares da Silva (dirs.), *A Economia Social e Civil: Estudos* (Coimbra: Instituto Jurídico da Faculdade de Direito de Coimbra, 2015).

«A Separação dos Poderes: Dos Poderes "Canónicos" ao Estado Regulador», publicado em *Communio*, ano XXXII, n.º 3 (2015).

«A Ameaça do Perigo: Decadência e *Virtù*», publicado em António Bento (dir.), *Maquiavel e o Maquiavelismo* (Coimbra: Almedina, 2012).

«O Grande Inquisidor», publicado no âmbito do III Encontro Anual da Fundação Francisco Manuel dos Santos (2014).

PREFÁCIO
O CONSERVADORISMO DE ORFEU

I

Nunca foi fácil falar de conservadorismo ou de conservadores fora do Reino Unido ou dos Estados Unidos da América. No Reino Unido, um dos dois grandes partidos de governo chama-se, desde o século XIX, Partido Conservador; nos Estados Unidos da América, o Partido Republicano é inspirado por um movimento político que se identifica como «conservador». Talvez por isso, o Reino Unido e os Estados são, como notou Roger Scruton, dos poucos países em que os termos «conservadorismo» e «conservadores» sugerem as ideias e as identidades assumidas por políticos ou intelectuais de primeira linha. Em outras paragens do Ocidente, não é assim. «Conservador» é geralmente uma designação pejorativa e o «conservadorismo» é interpretado em termos meramente posicionais, para definir qualquer atitude de resistência à mudança ou de defesa mais ou menos interessada ou obtusa de um qualquer *status quo.* Um exemplo apenas: entre 1989 e 1991, era frequente a imprensa ocidental descrever os inimigos de Mikhail Gorbatchev na União Soviética, isto é, os dirigentes do Partido Comunista determinados a preservar a tirania imposta à Rússia por Lenine, Trotsky e Estaline, como «con-servadores».

Mas é dessa vinculação ao passado ou ao existente que, no primeiro ensaio deste livro, Miguel Morgado procura libertar o conservadorismo. Em vez do futuro do conservadorismo, fala por isso de um «conservadorismo do futuro». A ideia de «conservadorismo do futuro» parecerá, à primeira vista, paradoxal, e será essa a intenção do autor. Se os conservadores, afinal, não querem «conservar», isto é, recuperar o que existiu ou preservar o que existe, o que querem então? E se não, para quê chamarem-se «conservadores»?

As formas de pensamento político a que chamamos «conservadoras» constituíram-se modernamente em contraste e em oposição à deriva revolucionária em França a partir de 1789. Um dos seus autores de referência, Edmund Burke, era um deputado Whig que mereceu ser tratado como «conservador» precisamente pela sua crítica à revolução francesa. Mas se Burke reprovou processo revolucionário em França, não é claro que o fizesse em defesa do que os revolucionários chamavam o «antigo regime», isto é, a configuração da monarquia francesa anterior a Julho de 1789. Burke identificava-se com a monarquia britânica, que fornecera, aliás, o modelo que inicialmente inspirou a Assembleia Nacional Francesa. Mas Burke, como aliás lembra Miguel Morgado, nem sequer associava a experiência inglesa à solução de todos os problemas políticos (p. 32). E também, como aliás lembra Miguel Morgado, nem sequer associava a experiência inglesa à solução de todos os problemas políticos (p. 42). As suas objecções visavam a pretensão revolucionária de reconstruir uma sociedade, ignorando tradições e atropelando regras. Esse é o outro aspecto ao qual se associou o conservadorismo: o respeito das tradições e das regras, contra qualquer processo que envolvesse ruptura e violência. Mas não será possível admitir, de um ponto de vista conservador, que uma tradição, por mais antiga, ou uma regra, por mais estabelecida, possam ser negativas? Ou que uma inovação, por menos pacífica, possa ser positiva? Deve ser possível, como é óbvio, porque a queda da União Soviética em 1989–1991 foi festejada por todos aqueles que, no Ocidente, se reclamavam ou eram vistos como «conservadores» e que nunca mostraram qualquer solidariedade com os «conservadores» do Partido Comunista da União Soviética.

Há, é óbvio, outras formas de ultrapassar a dificuldade de conceber um conservadorismo liberto do passado. Por exemplo, atribuir-lhe um certo caderno de encargos para o futuro, como o da promoção de um Estado com impostos baixos e de uma sociedade de famílias independentes, como é o caso do conservadorismo americano desde a década de 60 do século XX. Mas como se sabe, um dos autores geralmente citado como inspiração desse programa, Friedrich Hayek, nunca aceitou a designação de conservador, preferindo apresentar-se, no século XX, como um liberal do século XIX.([1]) A ideia do conservadorismo de hoje como idêntico ao liberalismo oitocentista satisfaz aqueles para quem os conservadores não seriam mais do que «progressistas» atrasados, a defender em 2000 o mundo de 1900, tal como em 1900 teriam defendido o mundo de 1800. O conservadorismo consistiria, quando não na simples guarda de posições adquiridas, numa questão de inércia (daí, o rótulo de John Stuart Mill para os conservadores britânicos como «o partido mais estúpido») ou de gosto arcaizante.

II

No ensaio que dá o título ao livro, Miguel Morgado evita as soluções mais fáceis para o problema do conservadorismo: nem «desistência» perante o liberalismo (p. 29), nem «arqueologia» perante a mudança (p. 30). A sua proposta é uma das mais interessantes reflexões que conheço sobre o conservadorismo. O ponto de partida está numa questão metodológica. Não lhe interessa o conservadorismo como um «objecto» limitado, como sejam a «ideologia» de

([1]) A complexa relação de Friedrich Hayek com os conservadores é examinada por George H. Nash em *Reappraising the Right. The Past and Future of American Conservatism*, Wilmington, Delaware, ISI Books, 2009, pp. 47–59.

um partido ou a «disposição» de quem se diz conservador. Esta não é, portanto, uma crítica das doutrinas dos partidos da chamada direita, nem uma reflexão sobre as atitudes de intelectuais anti-modernos. O objectivo do exercício é «expor os limites dentro dos quais o *conservadorismo* se pode assumir como uma filosofia política» (p. 20). Ou seja, o «conservadorismo do futuro» não é um «novo conservadorismo», mas a forma mais exacta de abordar o conservadorismo sob o ponto de vista da filosofia política.

A análise do conservadorismo como filosofia política no primeiro ensaio deste livro não começa com uma definição prévia, depois matéria de demonstração, mas evolui ao longo das páginas como que por camadas. Num primeiro momento, é estabelecida a impossibilidade de projectos políticos que ignorem a questão do futuro, por maior que seja a aversão desses projectos ao «construtivismo» e à «engenharia social». Depois, é explicado que o conservadorismo não consiste no simples zelo por aquilo que foi valorizado no passado, mas por aquilo que o conservador «valoriza e valorizará no futuro» (p. 25). Entre aquilo que o conservador «valoriza e valorizará no futuro» surge, em primeiro lugar, a «capacidade de pensar». Morgado não a trata simplesmente de um ponto de vista de logística jurídico-institucional, como fazem os liberais. A capacidade de pensar assentaria, antes de mais, numa disponibilidade para considerar «a subtileza do complexo» (p. 33). Como pensamento político, o conservadorismo é, além de «objectivo» (p. 43), «realista», isto é, «aberto à totalidade da realidade» (p. 30). É nesse sentido, se bem entendi, que o conservadorismo começa, aliás, por ser «filosofia política»: uma tentativa de compreender a política no seu todo. Mas também é assim que se distingue dessas formas parciais de compreensão da política que dão pelo nome de «socialismo» (focado na dimensão económica) e de «liberalismo» (centrado na dimensão jurídica), as quais, por definição, não constituiriam, portanto, formas de «filosofia política». Mas qual é a dimensão que, em relação à parcialidade do socialismo e do liberalismo, o conservadorismo acrescentaria para apreender a política na sua totalidade?

A do *homo religiosus*, que Miguel Morgado traduz discretamente como «animal simbólico» (p. 31).

O conservadorismo do futuro, enquanto filosofia política, parte de uma «comunidade política» particular, territorial, situada, histórica (p. 34), mas entende-a como uma abertura para a «verdade dos seres». É céptico, mas para aquilo que é «transitório» (p. 38). Admite compromissos, mas não tem medo da «telocracia» (p. 46). Está muito consciente da «fragilidade essencial dos arranjos humanos» (p. 32), e, portanto, da «crise» e do «estado de excepção», mas não deixa esse ponto de vista dominar a sua reflexão sobre a política. O que importa para o conservador é o «universo espiritual que cada comunidade política necessariamente constitui». Sem essa dimensão espiritual, a comunidade política não se conserva: «se for o próprio cariz de universo espiritual a ser negado à comunidade política, se não há qualquer bem comum a ser partilhado pelas partes que constituem a comunidade política, então ela ou já não existe ou está prestes a deixar de existir — de forma violenta ou não» (p. 45).

Poderíamos talvez argumentar aqui, recorrendo desta vez a Burke, que o conservadorismo enquanto filosofia política reencontra a ideia de que o contrato político não engloba apenas os vivos, mas os vivos, os mortos e os que ainda não nasceram. É, portanto, o problema da conservação da «unidade espiritual» da sociedade que anima o «conservadorismo do futuro», enquanto filosofia política. Mas esta unidade espiritual não é, para o conservador, o produto de uma simples «espiritualização» da experiência, mas algo que a transcende. Miguel Morgado torna esta matéria mais clara noutro ensaio incluído neste livro, recorrendo a uma linguagem platónica: o conservador está ciente de que quando «se abole o mundo transcendente (ou o mundo das formas ou o mundo das ideias), o mundo que resta (o mundo sensível, temporal, da experiência, o mundo «meramente humano») afinal também não sobrevive» (p. 85). O zelo do conservador tem, portanto, como objecto o universo ou unidade espiritual sem o qual nada se mantem, tudo é destruído: «cabe à política, dentro dos seus limites próprios, cuidar da conservação dos elementos basilares constitutivos desse universo espiritual» (p. 45).

O conservadorismo do futuro, enquanto filosofia política, aparece assim como uma preocupação com aquilo que transcende os «arranjos humanos», aquilo que está para além de uma determinada comunidade ou de qualquer tipo de situação política, mas que dá a essa comunidade e a essa situação a sua razão de ser e a sua resiliência. E é neste sentido que o conservadorismo enquanto *prudência política* deixa de ser simples *habilidade mecânica* na conciliação ocasional de opiniões ou de partidos para ser *compenetração da verdade*, e, portanto, verdadeiro compromisso (p. 46).

III

A compreensão do ensaio inicial que dá o título ao livro exige a leitura dos outros ensaios aqui incluídos. Não estou, com isto, a pressupor um plano por detrás dos vários estudos ou sequer a afirmar a sua coerência. Limito-me a sugerir duas coisas: primeiro, que estamos perante um pensamento que, enquanto exercício de filosofia política, se desenvolveu e foi inspirado através de confrontos sucessivos com a tradição filosófica, num percurso que estes estudos documentam; segundo, que este é um pensamento que, também enquanto exercício de filosofia política, é extremamente sensível ao meio (veja-se o ensaio sobre filosofia política e democracia, pp. 151 e ss.), e por isso se desvela com a prudência de quem está atento à complexidade da situação histórica actual.

O livro inclui estudos eruditos sobre a democracia e os direitos humanos, sobre as origens intelectuais da união europeia ou sobre os conceitos de civilidade e sociabilidade. Mas a partir do ensaio sobre «O Conservadorismo do Futuro», podemos dizer que o grande tema do livro é a ideia de «separação», ou talvez melhor, «a lógica da separação, que a democracia moderna fez alastrar a muitos outros domínios da actividade humana» (p. 64): para começar, a separação entre o político e o religioso; depois, a separação do público e do privado; e, finalmente, a separação de poderes no Estado. O exame do tema procede através da análise de textos fundamentais da filosofia política moderna, de Marsílio de Pádua a Pierre Bayle, de Hobbes e Locke. O método é, em geral, o do chamado «close reading», com uma extrema atenção às nuances e às subtilezas, de que é exemplo o ensaio sobre Marsílio de Pádua.

A primeira acusação dos filósofos políticos modernos contra o cristianismo foi precisamente a de ter separado a religião e a política. O projecto filosófico do Estado Moderno é, portanto, o da reunificação da religião e da política. Mas essa reunificação procede, paradoxalmente, através de uma separação entre política e religião. Religião, porém, refere neste caso o cristianismo. A separação visa o aniquilamento do cristianismo, simultaneamente acusado de divisão e de aspiração à tirania (p. 112).([2]) A chamada «secularização» tem estas duas dimensões: por um lado, o enfraquecimento da religião cristã na Europa (p. 79); por outro, a apropriação estatal da função religiosa de unidade, através da concepção do Estado como comunidade de conforto e de salvação, ou seja, a «sacralização do Estado» (p. 92), numa operação de «imanência radical» (p. 85). Chegamos assim à ideia de que a religião revelada, enquanto crença na salvação, já não pode garantir a unidade espiritual, mas que a política, enquanto exercício do poder, pode e deve (pp. 49–61). Mas a substituição da revelação pelo poder implicou também a substituição da verdade pela opinião. O Estado moderno iniciou assim um caminho em que a verdade foi trocada por opiniões, o bem comum por interesses individuais e a moral por opções de vida. A unidade a que o Estado pode aspirar, quando não assenta na pura coacção, acaba por consistir simplesmente num equilíbrio mecânico de opiniões, interesses e estilos de vida, sempre vulnerável e transitório.

([2]) De facto, o cristianismo é considerado por Maquiavel como moribundo, e é isso, e não uma suposta intolerância cristã, que justifica a sua eliminação. Ver Leo Strauss, *Studies in Platonic Political Philosophy*, Chicago, Chicago University Press, 1983, p. 226.

A questão do conservadorismo enquanto filosofia política não é, portanto, a mudança do mundo, mas a crise da unidade do Estado moderno enquanto crise da verdade e da moral. A posição de Miguel Morgado é clara: «Superar a cegueira ética solicita uma certa força espiritual que é difícil, se não impossível, receber sem o auxílio da fé ou da abertura à verdade da fé. É certo que a política mobiliza o uso da razão, e não da fé. Mas as perdições da razão requerem uma orientação ou uma bússola que só pode provir de um domínio que transcenda a própria política.» (p. 142) E nota que princípios políticos — como a dignidade da pessoa humana ou a subsidiariedade — «são iluminados por uma sabedoria que não provém da humanidade deixada a si mesma» (p. 145). O seu ponto de vista parece, portanto, idêntico ao de Bento XVI: o Estado não pode excluir uma «visão integral do homem e do seu destino eterno» (p. 90). Os cidadãos não podem certamente, e daí o declínio do ateísmo e a proliferação de «espiritualidades» no Ocidente nas últimas décadas.([3])

Miguel Morgado não recorre assim ao expediente de Roger Scruton de separar (mais uma separação!) o conservadorismo em «conservadorismo metafísico» e «conservadorismo empírico»([4]). O conservadorismo, enquanto filosofia política, é como a filosofia: não pode «dispensar um socorro acima dela e outro socorro abaixo dela» (p. 134) — Deus e o senso comum. Fará então sentido suspeitar, a propósito do primeiro socorro, de uma «teologia política», como aconteceu no caso de Bento XVI? (p. 142) Miguel Morgado repudiaria essa interpretação a propósito do conservadorismo do futuro, como a repudiou a propósito de Bento XVI. O conservadorismo do futuro não é o projecto de restauração de uma comunidade religiosa anterior. Enquanto filosofia política, não ignora o efeito da separação: a religião foi reduzida

([3]) Martin E. Marty, «Our religio-secular world», in *Daedalus. Journal of the American Academy of Arts and Sciences*, vol. 132, n.º 3, Verão de 2003, pp. 42-48.

([4]) Ver Roger Scruton, *How to be a Conservative*, Londres, Bloomsbury, 2015, prefácio.

pela «individualização das crenças e a privatização do sentir» (p. 86), o que leva a que, por exemplo, ser católico no espaço público de hoje consista, muito frequentemente, em «falar de si próprio» (p. 87) e reivindicar a «liberdade negativa» dos liberais. Qualquer restauração, por imposição ou por conversão, seria experimentada como uma acção sectária. Serviria apenas para politizar a espiritualidade (p. 68), no sentido de a reduzir a mais uma arma do poder. Percebe-se, portanto, que, como Orfeu, quando tentou salvar a amada do Inferno, também ao conservadorismo enquanto filosofia política não é dado olhar para trás, perder-se na contemplação do que amou no passado (p. 154). O conservadorismo é do futuro também por esta razão.

No primeiro ensaio, Miguel Morgado propôs-se tratar o conservadorismo como «uma filosofia política». Mas o que os estudos do livro deixam admitir, no seu conjunto, é que o conservadorismo não seja apenas «uma filosofia política», mas, no tempo da crise do Estado moderno, «a filosofia política» *tout court*, em dois sentidos: primeiro, no sentido em que o conservadorismo, para se distinguir das ideologias, tem de ser filosofia política; segundo, no sentido em que à filosofia política, para voltar a ser relevante, convém ser conservadora. É por isso que é possível aplicar ao conservadorismo os raciocínios sobre a filosofia política na questão da democracia: o conservadorismo não é democrático na medida em que a democracia é apenas «uma perspectiva particular sobre o todo» (p. 166); mas não é inimigo da democracia (p. 156), por duas razões: primeiro, é um conservadorismo que deriva de uma busca racional, e não da renúncia ao pensamento consubstanciada na rotina e no conformismo, e, por isso, depende das liberdades e dos direitos garantidos nas democracias actuais (p. 261); segundo, porque o conservadorismo diz a verdade à democracia, e, por isso, pode até ser considerado o melhor amigo da democracia (p. 159).

Tal como está aqui exposto, o conservadorismo do futuro mostra um problema mais do que uma solução. Mas dessa forma, talvez o conservadorismo seja hoje a única maneira de dinamizar, pelo menos intelectualmente, sociedades que parecem ter perdido, no princípio do século XXI, a capacidade de aceitarem propostas para além da gestão de um declínio gradual, ou sequer de olharem lucidamente para as suas limitações. É assim também uma esperança de evitar a ruptura do Estado de direito, do governo representativo e da economia social de mercado. Miguel Morgado lembra, aliás, a propósito da ideia de que o papa Bento XVI seria «conservador», que aquilo que o papa desejava conservar — a «caridade na verdade» — era uma «promessa de transformação» (p. 150). Poderíamos dizer que, no âmbito político, o conservadorismo do futuro é, de certo modo, uma promessa de transformação.

Os alçapões da modernidade são, todavia, numerosos. A meio do livro, há um ensaio sobre a novela *O Homem que era Quinta-Feira*, de Chesterton (pp. 125–140); no fim, outro ensaio sobre a história do Grande Inquisidor, de Dostoievsky (pp. 257–260). O livro suscita, assim, no seu meio e no seu fim, dois pesadelos: uma polícia dirigida por um anarquista e uma igreja cristã que repudia Cristo. Dois casos de degradação brutal, mas que são também a ocasião para lembrar que o caminho não é o fim (p. 140).

Montesquieu, como recorda Miguel Morgado, notou que «o homem é um ser capaz de se esquecer de si mesmo» (p. 25). Também o conservadorismo é capaz de se esquecer de si próprio. Por isso, há que ler e agradecer um livro que vem lembrar o conservadorismo a si próprio. Porque, tal como Russell Kirk disse em 1952, as alternativas para o nosso tempo voltaram a ser a do «conservadorismo inteligente» (enlightened conservatism), ou a da «repressão imobilista» (stagnant repression).(5)

RUI RAMOS
Instituto de Ciências Sociais da Universidade de Lisboa

(5) Citado no prefácio de Henry Regnery à reedição de Russell Kirk, *The Conservative Mind from Burke to Eliot*, Washington, D.C., Regnery Publishing, 2001, p. III.

O CONSERVADORISMO DO FUTURO

Nas profusas elaborações sobre as teorias da política, é um erro julgar que o conservadorismo se deixa revelar ao ser analisado como um objecto. A produção de um retrato do conservadorismo como se este fosse uma paisagem, uma máquina (de respostas?), uma peça de roupa ou uma lista de compras é contraditória com as intenções conscientes de quem escreve livros e artigos sobre o conservadorismo. Mas há que admitir que a convenção académica tem a sua força, e a expectativa dos leitores também. Cedemos a ambas a contragosto, mas não sem uma rebelião discreta. Há coisas mais fortes do que as nossas impressões, e aqui serei vergado pela convenção académica. Até porque o conservadorismo do futuro tem necessariamente implícita a rejeição dos conservadorismos debruçados nos outros dois tempos — passado e presente. Nessa medida, e provavelmente apenas nessa medida, não havia como escapar ao rasto da convenção.

Este ensaio não é um juramento de lealdade, uma declaração de princípios e muito menos uma canção de amor. Aqui não se pretende anunciar um «novo» conservadorismo, mas tão-só apresentar aquele que é, a meu ver, o modo mais equilibrado e sensato de abordar o «conservadorismo». Não se quer inventar uma filosofia política nova, apenas apontar e superar algumas da carências graves e sintomas de esterilidade — política e filosófica — de modos alternativos de abordagem ao «conservadorismo». Talvez seja até mais rigoroso dizer que se pretende expor os limites dentro dos quais o «conservadorismo» se pode assumir como uma filosofia política. Limites que, limitando, abrem também as possibilidades das quais, fora deles, o «conservadorismo» se viu privado nos seus modos mais academicamente habituais.

Esta proposta de interpretação começa com uma trivialidade. Uma trivialidade a que infelizmente nem sempre se atendeu e que acabou por se tornar inconscientemente um ponto de referência a evitar em algumas abordagens ao conservadorismo. É também a trivialidade que começa a justificar o título desta interpretação. Se uma filosofia política conservadora quiser discursar sobre as actividades humanas fundamentais, tem de começar por situar todas as actividades humanas numa estrutura temporal integral. Ora, a situação presente é enformada pelas relações múltiplas subtis e flagrantes que tem com o passado. Esse foi sempre o aviso sério que o conservadorismo, nas suas várias vertentes, fez às ideologias que iam passando. Mas a situação presente é igualmente moldada pelas suas relações com o futuro. A situação presente só exibirá um sentido e um significado coerente para nós na medida em que interpretamos o seu passado e, ao mesmo tempo, a colocamos num horizonte de futuro, isto é, para onde as coisas vão. Isso vale para uma «situação», como a minha própria actividade, e igualmente para a experiência histórica de uma comunidade política.

A intencionalidade é constitutiva da acção humana e da acção política. Nessa medida, a existência humana pessoal e colectiva projecta-se sempre para o futuro — para um futuro atravessado pela incerteza, evidentemente. Ora, isso significa que os indivíduos e as comunidades políticas se definem sempre e também como projectos — incluindo as comunidades políticas que não aceitam grandes desígnios de engenharia social de índole «colectivista» ou «totalitária». Por conseguinte, a amputação do futuro de uma teoria política torna-se insustentável porque desafia a estrutura elementar da acção humana e política enquanto tal. Dizer que «em política não existe futuro» é, no fundo e à superfície, um *bon mot* vazio e contraditório.

Este conservadorismo é do futuro porque olha para a sociedade que deseja que exista. Isto decorre, não de uma cedência ao construtivismo político, mas da circunstância de uma filosofia política conservadora ter de reflectir o facto primordial de que a sociedade é um projecto para si mesma e de que, mesmo que a consciência comum ou colectiva não o traduza explicitamente no debate público (algo que seria extraordinário) ou nos seus costumes, não deixa de se determinar constantemente como projecto(1). A expressão da comunidade enquanto projecto está no desejo colectivo de ser o que ainda não é. Assim, a filosofia política conservadora integra naturalmente este traço da ontologia social de que é inseparável. O desejo da comunidade de si mesma, a consumação do projecto que a define, é, além disso, abraçado pela *política conservadora*, e nada tem de contraditório com ela. Ao mesmo tempo, faz do conservadorismo uma atitude do futuro. Uma sociedade que é apenas o que já é ou — pior — o que já foi é uma sociedade que perdeu a sua vitalidade(2). O político conservador que pegue nos destinos de uma sociedade com esta carência grave assume o dever de lhe devolver o desejo de si mesma como tarefa fundamental, prioritária e estrutural.

Mas vale a pena insistir em que até a vontade de preservar a sociedade do passado se torna, nas condições do mundo moderno, um projecto para o futuro. Não pode deixar de ser assim, na medida em que a transformação provocada pelas «forças» da modernidade convoca um «projecto político» de restrição ou de protecção. Não é pela referência em torno da qual se concebe que a sociedade desejável tem uma origem social e cultural no passado que esta anula o futuro da acção política. Bem pelo contrário. E isto para não falar da natureza de um projecto que visa reestabelecer o que foi perdido, ou está ameaçado, pelas dinâmicas próprias do presente.

---

(1) MONTESQUIEU, *De l'Esprit des Lois,* XI. 5.

(2) Ver ORTEGA Y GASSET, *Obras Completas,* 6.ª edição, Madrid, Revista de Occidente, 1964, vol. V, pp. 343, 345.

Não há dúvida de que o conservadorismo do futuro não implica de todo a ideia de sacrificar o passado e o presente a um futuro imaginado e desejado à moda das ideologias milenaristas. Esse é um dos pontos fulcrais de Burke que ficaram gravados em qualquer versão plausível de conservadorismo, e que homens atentos como Keynes notaram e assimilaram para os seus próprios intentos. Mas nem a oblíqua referência ao célebre dito de Keynes «no longo prazo estamos todos mortos» evita o confronto, na obra do mesmo Keynes, com uma persistente preocupação com o futuro, ou com o longo prazo, sem a qual mais de metade do seu pensamento terá de ser ignorado. No mesmo sentido caminha também o apelo hollywoodesco e semi-epicurista ao *carpe diem* que encontramos como o primeiro mandamento de Michael Oakeshott.

Ora, basta seguir as intuições mais básicas para constatar que há aqui algo que colide de frente com qualquer forma razoável de vida no plano individual ou colectivo. E que o imperativo de viver como se não houvesse amanhã é certamente incompatível com qualquer concepção de conservadorismo. Nem que seja por isto: se todos, ou uma parte substancial dos bens que valorizo, resultam da herança e da transmissão, que sentido faz amputar o futuro numa decisão oposta à que fizeram os meus antepassados e a sociedade que me precedeu? Vejo-me na vanguarda da história e não tenho portanto de assumir as responsabilidades que todos os meus predecessores assumiram para que eu gozasse desta espécie de privilégio? O facto de Burke já não poder ser convocado para um alto-patrocínio desta proposta parece-me evidente. Sobretudo quando a pretensão é de se estar a pensar filosofia política. O Burke que apresentou a comunidade política como uma parceria explicitamente entre passado, presente e futuro não cabe nestes exercícios.

Assim, um conservadorismo como filosofia política ou é do futuro ou não é.

Além disso, a consideração do presente, e o ímpeto para conservar algo do passado, reflectem frequentemente uma interpretação do futuro — uma apreensão, uma expectativa ou uma esperança. A tarefa de conservar — conservar exactamente o quê, com que meios — reflecte o receio de degeneração ou de destruição futuras. Reflecte ainda a desejabilidade de transportar ou transmitir o valor do que há a conservar para o futuro. E, nessa medida, a tarefa presente da conservação do passado remete inevitavelmente para um projecto futuro.

A não consideração do futuro é própria das teses que (por vezes conscientemente, outras vezes não) falam do conservadorismo como modo de vida conservador — e aqui entende-se modo de vida no sentido simmeliano do termo. Em teses destas, o propósito é reflectir sobre a *existência* do conservador enquanto tal. Mas, ao prescindir da articulação com o pensamento *político*, não raras vezes desliza-se para uma certa estetização, que, por razões históricas e dinâmicas polémicas, acaba por se sobrepor. A estetização do conservadorismo tem as suas raízes neste tipo de projecto intelectual. Já o conservadorismo do futuro prefere dar toda a prioridade à filosofia política enquanto tal, em vez de subjectivar a experiência prática do conservador.

Não podemos obviar as dificuldades e os problemas com os recursos habituais. Devemos ser cada vez mais resistentes a essas facilidades. Um exemplo muito óbvio consiste na distinção retoricamente enfática entre «conservadorismo» e «reaccionarismo», ao mesmo tempo que se insiste, por horror a qualquer laivo de construtivismo político, em que o conservadorismo é essencialmente uma teoria — ou prática? — *reactiva.* É óbvio porque não podem restar dúvidas de que afirmar que uma teoria política é essencialmente «reactiva», isto é, uma teoria cuja única substância é a reacção a um devir histórico, ou a uma sequência de acontecimentos históricos, que lhe é absolutamente alheio ou até adversarial, é torná-la equivalente ao reaccionarismo. E não são critérios extrínsecos e supervenientes de benevolência que vão impedir essa identidade — o conservadorismo «reage para o bem», leia-se, para a liberdade, a dignidade humana, etc., ao passo que o reaccionarismo «reage para o mal», ou seja, para o obscurantismo, a opressão, o feudalismo, etc. O mesmo poderíamos dizer do critério adicional de distinção entre uma coisa e outra que faz o conservadorismo ser aberto a mudar o que é «intolerável», ao passo que o reaccionarismo nesta construção mental estaria disposto a e apostado em tolerar o «intolerável». E não podemos aceitar este critério superveniente sem que haja um esforço no sentido de elaborar o que distingue o «tolerável» do «intolerável». Finalmente, perpassa com frequência o contraste entre, por um lado, um reaccionarismo motivado essencialmente pelo *ressentimento* contra as forças do progresso e, por outro, o benévolo conservadorismo que está de muito cordiais relações com o presente estado de coisas — e, se não está, também não se vai zangar muito com isso, não vá alguém apelidá-lo de reaccionarismo. O resultado é um simples nominalismo das conveniências.

II

As palavras devem contar. Assim, o conservadorismo remete necessariamente para a actividade da conservação ou da preservação. Nesse sentido, o conservadorismo do passado, ou o conservadorismo do presente, parecem ser mais fiéis à ideia fundadora do conservadorismo, porque debruçar-se sobre o passado e sobre o presente reflecte mais directamente a actividade da conservação.

Já quando queremos articular a ideia do conservadorismo do futuro, o propósito de conservação perde a sua razão imediata. Se nos debruçamos agora sobre o futuro, isso implica, se não rejeitarmos o passado e o presente, pelo menos virarmo-lhes as costas? Esta consequência não é necessária, já que a projecção para o futuro decorre da absorção do passado e do presente, e não remete para a abstracção de que foi acusado o contratualismo do século XVII, de equivalência entre a vida humana e o aparecimento de cogumelos na floresta, isto é, uma existência completamente nova e sem génese. Por outro lado, a ligação ao presente não deve ser uma rendição à sua omnipotência. Porque essa omnipotência pode conduzir a um atrofiamento das nossas possibilidades. E, como alguém disse, o «único verdadeiro método de escapar [do presente] é a contemplação das coisas que não estão presentes» (3). Mas a dúvida persiste: se estamos projectados para o futuro na sua abertura, então é legítimo perguntar: o que há, afinal de contas, para conservar?

Ao conservar, o conservador pode manter um de dois propósitos: o mais observado — conserva porque tem medo de perder o que tem ou, para sermos mais positivos, para não perder aquilo que valoriza e que custará muito a recuperar; ou o mais profundo e *político* — conserva reformando a circunstância que lhe permite ir conservando aquilo que valoriza *e que valorizará no futuro.*

É possível dizer algo mais sobre isto e não ser tão formal. Em primeiro lugar, é preciso conservar a capacidade de pensar. Aqui não me refiro apenas ao exercício da racionalidade instrumental, se bem que esta, no seu devido lugar, não deva ser depreciada. Em todo o caso, este tipo de racionalidade está mais bem protegida pelas circunstâncias e estruturas próprias da sociedade moderna. Por assim dizer, encontra sempre motores bem enérgicos para o seu desenvolvimento. A sociedade moderna parece expandir infinitamente o campo da acção racional relativamente a um fim — *zweckrational*, para usar as categorias de Max Weber. A capacidade de pensar vai, no entanto, mais longe, do que a simples racionalidade instrumental que dispõe dos infinitos «objectos» que vai encontrando e que é capaz de multiplicar. Pensar devolve-nos a nós próprios. O homem e a sua existência são o seu oxigénio. Poderá supor-se que esse oxigénio é inesgotável. Porém, como Montesquieu avisou há já muito tempo, o homem é um ser capaz de se esquecer de si mesmo. Só o pensar permite recuperá-lo, reconduzi-lo a si mesmo — recordá-lo de si mesmo. Pensar supõe hábitos do espírito que, como quaisquer outros hábitos, requerem cultivo e cuidado. Isto é importante porque só esta capacidade

---

(3) Gilbert MURRAY, «Religio Grammatici», in *Tradition and Progress*, Boston, Houghton Mifflin, 1922, p. 19.

nos concede a possibilidade de nos abrirmos à realidade do futuro e aos bens que ela sugere.

Trata-se evidentemente de uma banalidade, mas não desprovida de recomendações. Desde logo, impõe uma *tarefa* conservadora: a de conservar esses hábitos do espírito. Em contrapartida, renova o repúdio pela ideologia, pelo gosto da simplificação redutora, pela aversão à ambiguidade do real. Exige ainda cuidados institucionais de criação de espaço para o cultivo desses hábitos e pela contenção das forças que os aniquilam, ou que pelo menos os adormecem. A crítica da cultura do entretenimento, da instantaneidade da comunicação social, das hegemonias pensantes e do endoutrinamento político-estatal não são, assim, reflexos de uma sobranceria elitista. É um exercício necessariamente constante de protecção — e de conservação.

Por outro lado, isto confere uma abertura à novidade histórica que não pode ser recusada. Abertura não dispensa ponderação. Mas também não é compatível com a presunção negativa da mudança e da novidade. Pensar traduz um desejo pelo mundo. Por um mundo que *aparenta* ser essencialmente mudança e transformação. É, portanto, frustração desse desejo motriz a negação perpétua e consequente do mundo que muda.

Em segundo lugar, se o que distingue o género humano no reino animal não é a sociedade enquanto tal, mas os meios pelos quais a ordem social é transmitida através das gerações([4]), então é forçoso problematizar não apenas a transmissão da ordem social do passado até ao presente, mas também a sua transmissão para o futuro. Isso significa que é preciso incluir numa filosofia política as mudanças na autoconsciência individual e na consciência comum colectiva no contexto dessa transmissão de «cultura», bem como a preservação dos meios de reprodução cultural. Os meios de

---

([4]) Liah GREENFELD, «*Main Currents* and Sociological Thought», in Daniel MAHONEY e Bryan-Paul FROST (dir.), *Political Reason in the Age of Ideology: Essays in Honor of Raymond Aron*, New Brunswick, Transaction Publishers, 2007, p. 132.

reprodução cultural no tempo adquirem, por conseguinte, maior importância do que os conteúdos culturais que são transmitidos. E isso obriga-nos a ter por referência a total amplitude do tempo, incluindo, primacialmente, o futuro, ao invés do fechamento no passado ou no presente mais típicos dos conservadorismos alternativos. E, em complemento, suscita uma consideração crítica da *adequação* dos ditos meios de transmissão cultural. O teste do tempo conta, naturalmente, como defende o conservadorismo do passado. Mas outros testes devem ser também mobilizados, o que, uma vez mais, remete para a conservação da capacidade de pensar, como assinalado.

Às célebres palavras de Goethe *Verweile doch, Du bist so schön*, Michael Oakeshott ripostou com o seu *stay with me because I am attached to you*([5]). Isto decorria de uma estratégia de concentrar o conservadorismo no valor do presente e da familiaridade. Foi uma estratégia que teve a sua notoriedade junto de concepções de conservadorismo amputadas do passado e do futuro. Neste âmbito, o conservadorismo do futuro, revendo-se nas tarefas humanas de experiência, descoberta e preservação da Verdade, da Bondade e da Beleza, pode ir muito mais longe e acompanhar a extraordinária frase escrita por Dostoievsky, recordada memoravelmente por Soljenitsin, «a Beleza salvará o mundo»([6]). A velha trindade Verdade, Bondade, Beleza não é resquício de um passado supersticioso, dogmático e opressivo. Trata-se da estrutura básica de orientação dos fins da natureza e nobreza humanas. E a experiência das coisas belas, no sentido grego clássico da verdadeira educação, dão mais uma camada de sentido ao dito de Dostoievsky. Aquele sentido patente na terrível admoestação que aparece em *O Admirável Mundo*

([5]) Michael Oakeshott, «On being conservative», in *Rationalism in Politics and Other Essays*, Timothy Fuller, org., Indianápolis, Liberty Fund, 1991, p. 408.

([6]) Palestra de aceitação do prémio Nobel da Literatura [reproduzida em *The Solzhenitsyn Reader: New and Essential Writings, 1947–2005*, Wilmington, Intercollegiate Studies Institute, 2009, p. 515].

Novo, de Huxley, a quem não se conforma com a devastação do presente distópico: «A felicidade tem de ser paga. O senhor paga, Sr. Watson, o senhor paga porque me parece que se interessa excessivamente pela beleza».

E aqui encontramos mais uma consideração importante. O conservadorismo não pode ser uma ideologia. É o seu mais forte contraponto definicional. Mas também não pode ser uma simples «disposição» — como se o conservadorismo quisesse dar conta prioritariamente do ser do conservador, abdicando, se fosse caso disso (e lamentavelmente assim foi), de ser uma filosofia política. Tem de ser, antes de mais, uma forma de pensar politicamente, sob pena de ser irrelevante para a filosofia política enquanto tal. Sob pena de não ser mais do que um fútil exercício literário.

III

As ideias conservadoras mais frequentemente invocadas são atravessadas por uma contradição que não é pequena. As teorias conservadoras nascem de um desejo de discursar sobre a perspectiva do homem prático de acção por contraposição à do intelectual obcecado com abstracções. A sua inclinação anti-intelectualista encontrava aí a sua justificação. Ora, a descendência dessas ideias conservadoras geradas durante e depois da Revolução Francesa adoptaram com afã o ímpeto antimetafísico, anti-ontológico e anti-intelectualista, sem, no entanto, abraçarem o ponto de vista da prática política e social. O resultado foi uma ausência de alicerces teóricos e uma ausência de discurso sobre o político. A adopção do ponto de vista prático-político aparece nos descendentes dos primeiros conservadores como vazia do conteúdo que se impunha para o justificar. Nada ficamos a saber sobre a natureza da comunidade política, sobre a funcionalidade do Estado, sobre a relação entre a subjectividade e a sociabilidade que seja distinto das várias teorias liberais. Estes sucessivos pontos de contacto do liberalismo com os conservadorismos descendentes (do passado e do presente) talvez sejam inevitáveis à luz do triunfo das ideias modernas em geral, e dos modelos de sociedade legítimos aos olhos dos cidadãos ao longo das últimas décadas. Mas, em muitos casos, a desistência voluntária foi mais decisiva do que uma presumível inevitabilidade histórica.

A proximidade desses conservadorismos da descendência face ao liberalismo é um assunto que assim emerge com uma regularidade que não pode ser ignorada. A débil resposta segundo a qual o conservadorismo se distingue do liberalismo na medida em que este coloca apenas e unilateralmente um «valor» acima de todos os outros — alegadamente, a liberdade — é evidentemente uma resposta ociosa.

Em primeiro lugar, significa fazer deslizar o conservadorismo para um «pluralismo» simplificador —, além de que podemos encontrar liberalismos onde moram muitos dos pluralismos. Esvazia o conservadorismo, fazendo-o deslizar para outra coisa sem com isso evitar a identidade com o liberalismo.

Em segundo lugar, esta resposta ignora um facto fundamental: o de que todas as filosofias políticas enquanto tal colocam sempre propriedade num «valor» — a saber, a justiça. Podemos fazê-lo tácita ou expressamente, e podemos incluir nas várias teorias da justiça mais ou menos elementos libertários, mas não deixa de ser a parte central de qualquer filosofia política: Qual é a sociedade justa? E, possivelmente, como caminhamos para ela? Insinuar que o liberalismo ignora a prioridade da justiça carece de legitimidade histórica e intelectual. Desde logo, porque a reivindicação e defesa liberais da liberdade não é destrinçável da reivindicação de justiça, e também na medida em que a liberdade é enquadrada (maioritariamente) como um direito cuja violação não pode senão ser descrita e julgada como uma injustiça.

Muito do pensamento conservador foi gerado no período coetâneo e posterior à Revolução Francesa, e mais tarde, nos anos seguintes à Revolução Russa e durante a Guerra Fria. Essas teorias e reflexões não podem ser retiradas desses contextos históricos pela simples razão de que pretendiam explicitamente responder-lhes. Mas hoje a reflexão sobre uma filosofia política conservadora não pode ser limitada por esses contextos passados. Sobretudo, não podemos confundir as posições retóricas e intelectualmente contestáveis assumidas pelos grandes vultos do conservadorismo como respostas para os problemas que as sociedades democráticas enfrentam hoje e no futuro. O problema da «mudança» deveria ser o primeiro a forçar-nos para fora dessa posição confortável da cadeira arqueológica. Uma coisa é falar de «prescrições» e de aceitar apenas a mudança que encontre apoio consuetudinário e/ou institucional nas estruturas preexistentes, quando a sociedade muda a uma velocidade glaciar. Outra coisa bem diferente é partir do contexto concreto das nossas sociedades — isto é, espaços de mudança vertiginosa. E a velocidade da mudança não é um factor independente do tecido institucional e consuetudinário da sociedade. Pelo contrário, é um seu efeito, intencional ou não. Neste sentido, as reflexões sobre a questão da mudança, e da sua velocidade, no século XVIII, ou mesmo em autores conservadores do século XX, que optam pela «familiaridade» e pelas ligações subjectivas que se estabelecem com os objectos que perduram até ao momento presente, aparecem inevitavelmente como arcaicas. O conservadorismo do futuro percebe a diferença histórica, e essa é uma das razões por que lança o seu olhar não para trás, para o passado, não para baixo, para o presente, mas para a frente, para o futuro.

Assim nos encaminhamos paulatinamente para colocar o *realismo* entre as marcas do conservadorismo. Por *realismo* não se deve entender aquele cinismo pseudo-sofisticado que acompanhou, por exemplo, as derivações das escolas maquiavélicas, tanto na sociologia política como nas relações internacionais, e que faz gala da sua indiferença perante as exigências elementares da dignidade humana ou da simples decência. As abstracções de que essas derivações escolásticas dependem colidem de frente com o espírito de uma filosofia política conservadora. Por «realismo» entende-se algo tão simples como a abertura à totalidade da realidade.

Assim, enquanto os vários socialismos colocam no centro da problemática política os conflitos e dilemas de natureza socioeconómica (a condição opressiva do trabalhador como agente no mercado de trabalho, a desigualdade na repartição dos rendimentos, a dinâmica das estruturas produtivas e por fora), como se todos os restantes problemas que afectam a condição humana e a determinam fossem uma sua decorrência, também os vários liberalismos reincidem na mesma unidimensionalidade ou parcialidade ao focar o essencial do problema político na relação do indivíduo com o direito (o exercício concreto dos direitos individuais, a lista dos direitos reconhecidos e protegidos, o compromisso e conflito entre direitos). Socialismos e liberalismos escolhem uma parte da realidade humana e fazem dela a substância da sua problematização. A prática política obriga-os depois a outras considerações, mas só com extrema dificuldade esse recuo penetra no conteúdo da teoria política e social.

Ora, o conservadorismo «realista» supera essa parcialidade, essa unidimensionalidade, e situa a acção humana, os conteúdos espirituais e sociais da existência, assim como a própria razão histórica, numa totalidade referencial em que não existem aspectos da vida superiores no complexo de determinações. O homem é um ser económico e um ser «jurídico» incrustado num universo complexo de conteúdos morais e culturais. É um animal simbólico, *homo religiosus*. É um *animal socialis* e um *animal laborans*. E por aí em diante. Daí que a formulação aristotélica continue a ser a mais satisfatória — o homem é um ser *político* por natureza e que constitui e revela o seu próprio mundo porque possui a faculdade da linguagem.

Este «realismo» manifesta a sua especificidade também na acção política governativa, na medida em que adopta a conduta pela confrontação com os múltiplos problemas da sociedade nos seus próprios termos, e não sistematicamente por referência directa ou indirecta à matriz dos problemas considerados essenciais, cujas dimanações dão origem a esses problemas, os quais fazem sentir os seus efeitos concretos na vida das pessoas. Essa é a tendência sistemática dos socialismos e dos liberalismos — a origem do problema social x está certamente naquele conjunto de resistências ou adversidades que suscitam a reflexão política especificamente socialista ou liberal (as desigualdades, por exemplo, ou a articulação dos direitos e liberdades, no caso do liberalismo). Para o conservadorismo, não existe uma única fonte de onde brotam os infinitos problemas sociais e políticos — nem sequer a «cultura», noção onde frequentemente se refugia algum pensamento conservador para substituir uma parcialidade nociva por uma abstracção multivalente.

Por outro lado, o «realismo» conservador não foge à relação com o estado de crise, ou de excepção. Para as teorias socialistas e liberais: os estados de «excepcionalidade» são interrupções aberrantes de uma condição essencialmente estável. Já o conservadorismo compreende a essencial fragilidade dos arranjos humanos. Assim se dispõe como uma confrontação com a (ir)regularidade das emergências, que portanto devem ser controladas e integradas politicamente, e não ser emissoras de pânicos sociais catastróficos ou causadoras de rupturas constitucionais dramáticas. E a abertura à realidade contempla desde o início todas as possibilidades de interrupção exógena ou endógena da normalidade política. Isto é, estas não são consideradas como aberrações que o pensamento deve excluir ou como condições que um futuro radioso poderá pura e simplesmente abolir. A filosofia política não procede da reflexão sobre a excepcionalidade — aliás, essa sequência é vista como um erro com consequências sérias —, mas também não o reduz à insignificância política, teórica ou histórica.

O conservadorismo do futuro contém uma crítica central ao desejo de fuga à realidade, na sua concretude e complexidade, que marca os diagnósticos e prognósticos provindos dos socialismos e liberalismos. Estes anseiam por uma síntese, ou por uma formulação, que lhes descreva e justifique a realidade — e de preferência lhes indique os caminhos da transformação desejável. Não conseguem viver sem esta legenda sintética da realidade. Investem na sua formulação, na sua coerência, na sua sonoridade. E, da perspectiva conservadora, fazem-no de costas para a complexidade do real que os assusta e intimida. Pelo contrário, o conservador assume como dever intelectual e político o mergulho resoluto na complexidade da realidade. Recebe-o, não por conformismo, nem porque procure secretamente uma justificação para uma suposta paralisia. Acolhe a realidade complexa e absorve-a porque esta é uma evidente manifestação da riqueza do mundo. Relativiza os indivíduos, os momentos e os pensamentos. É na subtileza do complexo que o conservador quer inspirar-se para o seu pensamento político e para estruturar a sua acção projectada para o futuro. E uma vez mais a profundidade da complexidade do real acomoda a acção do estadista que tem de conhecer e decidir no lugar concreto e no tempo da circunstância — ao mesmo tempo que afoga a veleidade ideológica. Infelizmente, esse naufrágio raramente deixa de cobrar o preço a quem nem sequer ouviu falar da dita ideologia. Mas a incompatibilidade é declarada, e nós sabemos quem quis remar para o remoinho — proclamando triunfantemente «não existe remoinho».

IV

É neste espaço aberto pelo acolhimento da realidade que surge a diferença atitudinal ou disposicional entre o conservadorismo e as ideologias conhecidas não totalitárias no que diz respeito ao momento de excepcionalidade. O conservador abraça a responsabilidade de dominar o estado de excepção. Não tanto pela dimensão heróica associada à tensão existencial máxima que o político pode experimentar da decisão permanentemente no fio da navalha. Essa seria outra forma danosa de romantismo. A perspectiva é outra. Aqui, a visão céptica, ou cínica, que rouba qualquer autenticidade às profissões de entrega devocional, enfrenta o seu inimigo mais renitente. Na interpretação conservadora, a dedicação ao país e à comunidade política — o patriotismo — é simultaneamente descoberta e revela-se num teste abrupto precisamente nesta forma de actividade. A invocação do patriotismo força-nos a uma justificação. Até porque o patriotismo se cruza com um tema que gera frequentemente uma enorme confusão na interpretação do conservadorismo — a sua afinidade com o relativismo cultural ou com inclinações semelhantes. É evidente que o patriotismo não é propriedade de qualquer corrente ou de uma abordagem à política em particular. Simplificando: não é de esquerda nem de direita. No passado, ali por volta da Revolução Francesa, a esquerda nascente tinha quase um cordão umbilical com a devoção patriótica. O republicanismo do século XIX viveu disso até ao (seu) fim. Mas a esquerda mudou, e muito. A este respeito, o marxismo e o anarquismo deixaram uma marca profunda nas esquerdas (modernas e pós-modernas) e o patriotismo saiu discretamente pela porta das traseiras da História. O resto é propaganda eleitoral.

Todavia, o conservadorismo reconhece o facto primordial de a existência política dos homens e dos povos ser situada — no tempo, no espaço, no contexto espiritual, e por aí em diante. Essa *situação* é tão concreta quanto pode ser. Todas as manifestações institucionais, culturais e espirituais começam, pelo menos, por estar enraizadas numa porção de território, e, mais importante do que isso, numa comunidade. A comunidade política é um mundo histórico particular. Por ser particular, é também parcial e perspectiva. A verdade histórica que se abre e revela pela comunidade política *em actividade* é uma manifestação da verdade dos seres. A interpretação que cada comunidade faz de si mesma deve ser encaminhada para a verdade que ela própria clareia. O facto de uma comunidade estabelecer o padrão dos valores e hábitos que configura a sua consciência de si mesma não exclui a abertura aos interesses das outras comunidades — assim como inevitavelmente estabelece pontos de rejeição([7]).

([7]) Ver George SANTAYANA, «A Naturalist Looks at Society», in *Physical Order and Moral Liberty: Previously Unpublished Essays of George Santayana*, John Lachs, dir., Nashville, Vanderbilt University Press, 1969, p. 240.

Mas o patriotismo consciente reconhece tanto esta parcialidade quanto aquilo que decorre de outro facto primordial — a existência de muitas outras comunidades políticas particulares, parciais e perspectivais. O patriotismo *fechado* é complacente, e esgota-se no amor cego que se tem pela própria comunidade como se esta concretizasse o momento de consumação do Absoluto — como se a verdade que ela abre e revela fosse a Verdade universal. A tendência é, portanto, para a reverência inflexível do passado e o amor obsessivo com as representações da «pátria» no presente.

Em contrapartida, o conservadorismo do futuro revê-se num patriotismo *aberto*. Aberto ao facto primordial da pluralidade de comunidades políticas particulares e parciais, que perspectivam uma verdade histórica dos seres. Esta abertura é uma forma de autoconsciência, ou de reconhecimento da parcialidade da comunidade política que eu amo — porque o patriotismo não pode deixar de ser um amor. Reconhece os contributos que as outras comunidades podem dar, à luz da universalidade dos bens que uma única comunidade e modo de vida podem reproduzir na acção concreta. Mas isso também depende de uma cultura específica, aquela que tem de ser produzida por uma pátria ou por um conjunto próximo de pátrias — uma cultura que faça crescer o que decorre da essência dos seres humanos como seres históricos e comunitários, mas também racionais e espirituais. Entre essas coisas a cultivar está esta dialéctica com a particularidade e a universalidade, com a absorção existencial numa totalidade referencial comunitária e uma certa retirada que só é permitida pelo cultivo da actividade de pensar que vimos anteriormente. Por conseguinte, o patriotismo *aberto* tem óbvias afinidades com o conservadorismo do futuro porque coloca o patriota, não de costas para o seu próprio futuro, mas exactamente aberto para um diálogo com as comunidades parciais que dispõem de um entendimento da vida importante para o património comum da humanidade, ainda que o mesmo esforço de universalidade, a par do amor à minha particularidade, faça discernir as comunidades políticas que destroem o património comum de todos e, se for caso disso, conferir o distanciamento crítico para a nossa própria comunidade política.

No entendimento de patriotismo, portanto, não precisamos de ir além da formulação que Soljenitsin nos deu: «um sentimento de amor integral e persistente pela terra de origem, com uma disposição para fazer sacrifícios por ela, para partilhar os seus problemas, mas não para a servir inquestionavelmente ou para apoiar as suas pretensões injustas; antes para avaliar com franqueza as suas culpas, as suas transgressões, e arrepender-se por elas» ([8]).

Se as ideias cosmopolitas consistirem numa opção pelo desenraizamento da vida humana, por uma entrega abstracta aos valores da «sociedade global» enquanto tal ou pela indiferença teórica e/ou prática relativa à situação concreta em que a comunidade e os seus membros nascem, agem e morrem, então o conservadorismo do futuro distancia-se dessas escolhas. Mas, vendo a sua afinidade com o patriotismo *aberto*, por contraposição com o patriotismo *fechado*, então o conservadorismo do futuro é, por necessidade e por vocação, cosmopolita. O apelo ao que transcende a particularidade remete necessariamente para a abertura a uma forma de pensar universal, que, por essa razão, pode ser descrita como cosmopolita.

O modo de amar que é o patriotismo só é «aberto», no sentido que lhe dei, se for condicionado ou regrado por algo que lhe seja externo. E, na medida em que a política é assumida como uma extensão da moral, então a fonte externa de regramento também terá de ser racional-moral. Terá de ser moral para que no meio da energia do amor sobre espaço para a condenação das carências da nossa particularidade. Terá de ser moral para sublimar esse amor num espírito de gratidão pelo que esta particularidade nos deu e pela proximidade que estabeleceu com o património comum da humanidade. Terá de ser moral para acatar uma

---

([8]) SOLJENITSIN, «Will we Russians Continue to Be?», in *The Solzhenitsyn Reader: New and Essential Writings, 1947–2005*, Wilmington, Intercollegiate Studies Institute, 2009, p. 473.

aproximação ao princípio da reciprocidade face às restantes particularidades (ou comunidades políticas). Terá de ser moral para ir ajustando o amor aos bens que aparecerão no futuro e que transformarão a particularidade amada, assim como para discernir os melhoramentos, cuja necessidade a particularidade oculta, mas a universalidade ilumina.

O amor ao que nos é próximo, nos viu nascer e nos criou é justificável. Não é uma superstição. Mais: é a gravação no coração humano, e que se expõe com a força da própria experiência concreta dos homens, da noção primordial de que a *situação*, bem como a consciência que adquirimos dela, é um elemento integrante da essência da condição humana. É o atendimento mais intenso ao facto de a existência humana gozar e depender da realidade *material*, que não é infinitamente plástica, que pressiona essa existência, e qual a existência tem de se ajustar.

Aquilo a que temos aludido com a palavra «circunstâncias» não deve ser entendido como um *dado* quantitativamente determinável. Também não deve ser entendido como uma constante matemática, que se oferece pela sua inevitabilidade e pela sua independência relativamente à nossa vontade. As circunstâncias são também as coisas que nos equipam e que nos dão aquilo de que precisamos para construir a nossa casa. Estas não devem ser como limites aborrecidos ou castradores de possibilidades infinitas que a mente vazia proclama aos sete ventos. São antes o conteúdo co-primordial da própria existência. Evitar esta dependência é a fragilidade a que se convencionou chamar *psicologismo* e que ainda hoje patrocina tanta ideologia com voz no espaço público e com sussurro no espaço mais discreto.

V

Como fiz notar de passagem, a política é aqui interpretada como uma extensão da moral, à maneira de Aristóteles. Que isto não ofenda os menos versados nestas matérias, porquanto por aqui se caminha na estrada inversa à que conduz ao moralismo. A ação política não é autónoma da eticidade, da ética das virtudes, nem sequer dos limites e carácter da acção, sempre e também circunstanciada e relacional, ou da consideração dos efeitos morais dos actos e decisões humanas. A negação de cada um destes elementos na caracterização ética da política conduziu historicamente, assim como ainda conduz, às pregações moralistas mais dissimuladas e insuportáveis que o nosso tempo autoriza. É neste contexto que a teoria da acção deve ser colocada.

É provável que não seja possível delinear uma teoria política conservadora unificada sem que esta se autodestrua nas mãos do comentador, seja a simpatia dele pela ideia grande ou pequena. Tal teoria deve, pelo contrário, partir de diferentes fontes e raízes. Na sua diversidade, a filosofia política conservadora persiste em manter-se céptica e aberta. O cepticismo traduz-se numa salutar distância, mas não indiferença, relativamente às coisas transitórias que a mudança introduz no mundo, sobretudo às coisas que agravam a absorção dos homens em hábitos e actividades «líquidas» ([9]). Mas é um cepticismo que deve fundar uma certa abertura relativamente à indeterminação do futuro. Por outras palavras, o conservadorismo tem de saber integrar uma teoria do agir político em condições de fundamental incerteza. Não pode satisfazer-se com o deleite numa espécie de (para ir buscar expressões caras à teoria macroeconómica do crescimento elaborada a partir dos anos cinquenta por Robert Solow e pela sua descendência) estado estacionário ou de evolução estacionária.

Com a incerteza articula-se também a condição estrutural da escassez, e não especificamente económica. A escassez prolonga-se para lá do problema da produção e distribuição de bens económicos. Enquadra a irreversibilidade do tempo,

---

([9]) Ver Zygmunt BAUMAN, *Liquid Modernity*, Cambridge, Polity Press, 2000. Ver também discurso de Bento XVI, 8 de Maio de 2011, acessível em http://www.vatican.va/holy_father/benedict_xvi/speeches/2011/may/documents/hf_ben-xvi_spe_20110508_mondo-economia_en.html

a dinâmica do desejo humano e a primordialidade do acto de comparação a que sujeitamos os outros — e a que nos sujeitamos a nós mesmos. Desta abertura à indeterminação decorre um exercício permanente de busca de um chão a partir do qual pensar o mundo. Não para encontrar uma ideia, ou um sistema de ideias, com o qual possamos forçar o mundo a definir-se. Mas para fazer algo que será por necessidade frequente: pensar os elementos oferecidos pelo mundo que parecem não ser conjugáveis ou que à luz da ideologia aparecem como incompatíveis. Uma vez mais, regressamos à necessidade de preservação das condições do pensar.

Talvez se questione a pertinência da irreversibilidade do tempo e da mortalidade numa reflexão sobre as comunidades políticas. Isso parece valer apenas para as existências individuais, não para a existência das comunidades. Porém, de um certo ponto de vista, as comunidades estão sujeitas à mesma escassez e irreversibilidade. As oportunidades históricas perdidas por um regime político são por vezes, e ao contrário de uma pessoa individual, causa de morte. Isto é, ver fracassar projectos ou possibilidades não arrasta habitualmente uma pessoa individual para o seu aniquilamento. Mas é frequente ver nesses fracassos as causas directas ou indirectas da morte de regimes políticos e, por vezes, das próprias comunidades políticas. Nesse sentido, o tempo das comunidades políticas também é escasso, e a estrutura temporal da sua existência caracteriza-se igualmente por esta forma de escassez.

Ora, isto tem consequências práticas. O conservadorismo valoriza a decisão responsável, isto é, a resolução na acção política, porque sabe que cada oportunidade histórica é irrepetível. A hesitação por fuga ao confronto com o momento aparece como sintoma de debilidade política e sacrifício do interesse comum da sociedade. Note-se, no entanto, que a irrepetibilidade da ocasião histórica também serve o intuito da inacção deliberada e consciente — que não se confunde com a hesitação por fuga. A decisão de não agir é tão relevante politicamente quanto a decisão de agir. Na verdade, ambas podem ser indestrinçáveis. Aqui o que interessa é a relação da ocasião com o tempo irreversível, e como a consciência dessa relação enforma uma disposição para a acção política.

Neste ponto é forçoso discutir a tradicional problematização que coloca as coisas nestes termos (termos simplistas e enganadores, diga-se): a de se saber se quem goza de prioridade são os indivíduos sobre a comunidade ou a comunidade sobre os indivíduos. É preciso superar este dualismo construído no decalque do confronto entre democracias e totalitarismos. Do ponto de vista sociológico, o conservadorismo do futuro não reduz a realidade social ao indivíduo ou faz dos restantes grupos e estruturas — nem sequer o Estado — meras derivações das vontades individuais. Talvez se possa falar em comunidade orgânica, na medida em que o todo e as partes que o compõem gozam de realidade nos seus próprios termos. Isto é, têm valores e justificação próprios. E estão todos em relação, pelo que a mudança numa parte afecta todas as outras, assim como afecta o todo.

Não há dúvida de que as partes do todo, e o próprio todo, são em última instância constituídos por indivíduos. Esse é um aspecto fundamental da sua realidade material. E também não há dúvida de que a realidade do todo — a comunidade política — não oblitera os interesses, os valores ou os seus projectos autónomos. As partes são constitutivas do todo, para recorrer a uma redundância. Os indivíduos são elementos constitutivos, além de gozarem de uma dignidade intrínseca e incomensurável, que deve ser protegida como prioridade comunitária. Mas os indivíduos estão ligados a comunidades não voluntárias, a começar pela família, que é a base social de todas as ligações que vamos gerando a grupos e associações. Numa sociedade livre, moderna e democrática, a multiplicidade das nossas pertenças é, em grande parte, voluntária, mas isso não omite a origem da nossa pertença comunitária na família e no «país» (bairro, região, nação, etc.), que não tem essa natureza voluntária. Um dos corolários mais óbvios desta interpretação é o de que a vontade individual não é o único determinante dos deveres de obediência política e social.

Importa sublinhar que o conservador não ignora quem são os seus inimigos. Aliás, o conservadorismo nasce da dura consciência de que os projectos ideológicos, mesmo (ou sobretudo) os de vigor mais universalista, são muitas vezes declarações de guerra a quem deles discorda. O espírito contra-ideológico do conservadorismo, que é, logo, portador do contrário de uma declaração de guerra seja a quem for, não se confunde com essa fúria uniformizadora. Porém, não tem outro remédio senão reconhecer a hostilidade com que será recebido num mundo político condicionado pelo furor ideológico. O conservadorismo não declara inimigos, mas também não se esconde quando recebe nas suas mãos uma declaração de inimizade. Mas não serão essas relações de inimizade que farão o conservadorismo decidir-se por uma uniformidade contra-ideológica na acção política e nas políticas públicas.

É por isso que o conservador não se importa, convive bem e considera até mais ajustado à complexidade da realidade combinar princípios que, do ponto de vista puramente ideológico, possam soar contraditórios nas várias acções políticas concretas a tomar na condução dos assuntos públicos. Os vários compromissos possíveis não aparecem a esta luz como contraditórios. Não resultam numa tíbia «diluição» de princípios ou na confusão de propósitos. Seja como for, as combinações e compromissos ou são produto do discernimento político circunstanciado ou então tornam-se tão ideológicos — e, então, constituem realmente confusões e contradições — como a primeira leitura acusava.

Há outro ponto que convém não ignorar. O facto de se evitar recorrentemente abordá-lo força-me a dar-lhe destaque ao expô-lo num texto em que a selecção dos temas é fulcral. Procurei dar um contributo modesto ao escrever sobre um dos pontos de extracção e percorrer a partir daí uma pequena parte do caminho. Falo do meu livro *Autoridade*, que pretendia ser uma introdução à questão da ordem ([10]).

([10]) Miguel MORGADO, *Autoridade*, Lisboa, Fundação Francisco Manuel dos Santos, 2010.

Embora admita que essa evidência está ausente em alguns escritos sobre o conservadorismo, é para mim evidente que não existe teoria política conservadora sem a confrontação do problema da ordem. Por vezes, encontramos nos autores expositores do conservadorismo um refúgio consciente ou inconsciente na redução especificamente liberal da questão da ordem, mas isso não deve servir-nos de consolo ou de atenuante.

Esse problema está certamente presente em Burke, e em Burke persiste menos como via de solução, mas como manutenção do problema enquanto problema. Talvez a faceta que torne mais manifesta essa manutenção seja a da sua tentativa de conciliação do império com a liberdade. A invocação do exemplo inglês como experiência concreta dessa conciliação é precisamente um modo de preservar o problema, e não tanto de o resolver. Além disso, fica também em jogo a abordagem conservadora à mudança institucional e ao atendimento às circunstâncias. Isto é, o contexto de uma ordem estabelecida e estável é necessariamente irreconciliável com o contexto social e político de colapso institucional, ou pelo menos da decadência institucional, de graves perturbações da ordem, de tradições múltiplas e contraditórias ou interrompidas durante longos períodos. O atendimento às circunstâncias força também a reflexão sobre este contraste, a qual deve produzir consequências na abordagem conservadora à mudança. E, se é verdade que o conservadorismo não pode dispensar uma teoria da autoridade enquanto princípio de ordem (conciliada com a liberdade), também não pode dispensar uma discussão da nobreza humana([11]). A que deve acrescer uma discussão da acção política em movimento — da acção política daqueles que têm a seu cargo as decisões que vinculam toda a comunidade política. «Por todas as soluções serem temporárias

([11]) Dei um contributo para a reflexão sobre a nobreza em Miguel Morgado, *A Aristocracia e os Seus Críticos*, Lisboa, Edições 70, 2008.

e provisórias é que a acção política do estadista é uma componente necessária do conservadorismo.» [12]

Mas, a par da prioridade conferida à acção do político *phronimos*, o conservadorismo reflecte uma perspectiva própria sobre as instituições, que fornecem o enquadramento objectivo da conduta do *phronimos*. Neste aspecto, não é hiperbólico ou excessivamente simplificador dizer que o conservadorismo se revê na estruturação da sociedade, no seu espaço público, segundo formas objectivas, e em detrimento dos valores subjectivos. A superação social da subjectividade para a objectividade é estabilizadora, emancipadora e engrandecedora das possibilidades humanas. Daí a preferência — para muitos, fria (e não subjectivamente romântica) — dos conservadores por normas, instituições e, portanto, por formas objectivas. Neste sentido, o projecto político tentado nos Estados Unidos, no final dos anos noventa do século XX, que concebia a invenção do chamado «conservadorismo compassivo», aparece como uma tentativa retórico-política contraditória. Não porque evidentemente o conservadorismo seja destituído de «sensibilidade social» ou porque o conservador seja um sujeito incapaz de se compadecer, mas porque se quis misturar na matriz teórica do conservadorismo a matéria original (a objectividade) com uma fuga romântica para a exibição de um aspecto eleitoralmente recompensador, próprio da subjectividade.

Por conseguinte, a acção política especificamente conservadora corresponde à intensificação da objectividade e da despersonalização nas instituições, nas estruturas sociais básicas — que pode ser acompanhada de um aprofundamento da liberdade subjectiva —, mas também no debate público. A elevação constante do debate público implica uma tarefa simultânea de protecção — de protecção do espaço público face à pulsão ideológica e à fragmentação imparável conduzida pela chamada *identity politics*, porque esvazia a possibilidade da conversação sobre os problemas

---

(12) Richard Samuelson, «John Adams vs. Edmund Burke», in *Claremont Review of Books*, vol. XIV, n. 3, 2014, p. 71.

comuns e nega tendencialmente a possibilidade de uma deliberação comum. Se for entregue à força desses dois factores, a discussão pública acabará por se assemelhar cada vez mais a uma conversa de troca de impressões subjectivas entre interlocutores. Não no sentido de amadorismo a que a expressão está associada, mas no de um espaço de libertação das impressões subjectivas e em que estas se podem tornar a única força motriz da conversação. Para o conservador, isso corresponde a uma degradação da política e ainda a uma subjectivação daquilo que tem de ser intensamente objectivado.

A irritação do não conservador com esta *escolha* é normalmente grande, e a acusação que se segue é a da ingenuidade intelectual do conservadorismo ao supor que «a ideologia pode não estar em todo o lado». Ela está, de facto, em todo o lado, o que é mais uma razão para perceber os seus danos.

VI

Uma tentativa de conclusão para terminar. O conservadorismo do futuro assume-se como uma estratégia permanente de conciliação de bens, e não como um compromisso político fechado com um desses bens. Ou melhor, para atender às teses que falam das contradições insuperáveis entre bens ou «valores», talvez seja mais rigoroso falar de um compromisso desses bens ou «valores», que, não obstante, permite a sua hierarquização. Mais: sabendo que a discórdia relativamente aos valores é, pelo menos potencialmente, uma característica social, também é preciso acrescentar que numa sociedade decente a pluralidade de apropriação dos valores não exclui a sua discussão razoável ou a solução negociada. Não exclui sequer a interpretação razoável da hierarquia contingencial dos valores aparentemente contraditórios em cada momento histórico por quem tem de tomar as mais elevadas decisões soberanas.

E cabe aqui dizer que, para o conservadorismo do futuro, os «critérios da ordem justa» são «mais múltiplos do que contraditórios». «Talvez as oposições entre valores apareçam apenas no plano das soluções concretas históricas, e não no plano dos princípios, que, ao nível mais abstracto, são complementares e não contraditórios.» ([13]) No seio de cada universo espiritual que cada comunidade política necessariamente constitui, não se nega a heterogeneidade ou as tensões. Mas, se for o próprio cariz de universo espiritual a ser negado à comunidade política, se não há qualquer bem comum a ser partilhado pelas partes que constituem a comunidade política, então ela ou já não existe ou está prestes a deixar de existir — de forma violenta ou não.

E há que reconhecer este limite de integridade, estabilidade e até prosperidade da comunidade política — a sua forma de universo espiritual comum, por mais heterogéneo e complexo que possa ser. Se essa unidade for radicalmente posta em causa, a política tem de enfrentar esse facto e não refugiar-se por detrás de uma teoria do pluralismo de valores que silencia a resposta política ao problema em toda a sua extensão e gravidade.

Mas também significa que cabe à política, dentro dos seus limites próprios, cuidar da conservação dos elementos basilares constitutivos desse universo espiritual. Dado que tanta ênfase se tem posto na suposta oposição entre a política conservadora e a igualdade, é importante sublinhar de passagem que o conservadorismo do futuro reconhece a igualdade como um elemento central da justiça, e da comunicação entre as partes da comunidade, mas não ignora a sua *relação dialéctica* com as necessidades hierárquicas estabelecidas pela procura de eficiência e pelos requisitos da própria ordem. Por sua vez, a dialéctica com a hierarquia e a distância são condicionadas pela preservação da comunidade espiritual —, que, não é demais dizê-lo, depende da igualdade e produz igualdade.

Fica assente que também do ponto de vista prático o conservadorismo se rege pela política do compromisso e

---

([13]) Cf. Raymond Aron, introdução a *Le savant et le politique*, Paris, Union Générale d'Éditions, 1959, p. 47.

da conciliação. No entanto, três notas se impõem imediatamente. Primeira: este compromisso e conciliação não têm por sujeitos as forças políticas fácticas (partidos, grupos de interesse, movimentos sociais). Isto é, o conservadorismo não é a política do consenso por sobreposição dos partidos que existem num determinado momento. Não. É antes a política do compromisso e da conciliação dos bens, que, sendo diferentes, concorrenciais ou até rivais (e alternativos nas circunstâncias concretas), devem ser conservados e promovidos sem sermos conduzidos ao sacrifício de um ou mais deles apenas porque se faz uma aposta ideológica num só por exclusão de todos os outros. Portanto, não remeto aqui para a negociação partidária ou social com vista a adquirir a paz ou estabilidade internas. Esse compromisso é necessário, mas não é dele que falo. Obedece a uma pura mecânica do poder suportada por qualquer visão moderada da política. Escusado é dizer que o conservadorismo não é a única visão moderada da política.

Segunda: este compromisso e conciliação querem-se em torno de bens concretos, que aqui traduzimos abstractamente com as designações dos grandes bens ou valores políticos e sociais (liberdade, autoridade, igualdade, etc.). Mais uma razão para não os confundirmos com o «compromisso» entre partidos que estamos habituados a ouvir no discurso político e mediático. Ora, se é irrelevante o compromisso vazio — já que o queremos denso de bens —, é também irrelevante quando a prioridade é dada ao próprio compromisso em detrimento dos bens. É o que sucede ao conservadorismo do presente, que se confunde com facilidade com o liberalismo. Sucede que, nesta concepção, a «associação civil» é despida de qualquer projecto colectivo — tal é o pânico da «telocracia». Daí segue-se que o Estado e o conteúdo cívico, jurídico e social da cidade são reduzidos ao mínimo apenas como instrumentos de compromisso entre os desejos subjectivos dos indivíduos entregues à sua liberdade pessoal. Só essa liberdade pessoal poderá determinar se existem laços de federação (ou preferivelmente de confederação) ou de união com outros concidadãos. Só ela. Se por acaso esses laços forem tão ténues que proíbam qualquer projecto comum, então o compromisso político é tão-só acomodação pacífica de uns indivíduos relativamente aos outros. Porém, esta abordagem tão típica do conservadorismo do presente — o mais liberal de todos os conservadorismos — é recusada pelo conservadorismo do futuro. E não apenas por razões teóricas. Por razões *práticas* também. Não podemos perder de vista que estamos a falar de conservadorismos *políticos*. Isso significa que este conservadorismo não é uma recaída estética ou um puro momento literário. Se o for, então o seu valor é imensamente reduzido. Guiar e esclarecer a acção política tem de fazer parte da justificação do conservadorismo. Ora, neste sentido, o contributo do conservadorismo do presente, tão determinado pelo contexto da Guerra Fria e, por conseguinte, preocupado em mostrar um contraste, por mais abstracto que seja, com a opressão totalitária, é visivelmente insuficiente. Com o seu frenesim antimetafísico, reclama-se do político. Mas, quando chegamos às exigências do político, percebemos que o conservadorismo desertou o político e foi buscar santuário por detrás das paredes indiferentes da academia.

Terceira nota: a conciliação dos bens concretos não pode ficar a cargo de um esquema apriorístico. Cabe ao estadista, ao político com poder de decisão, operar essa conciliação nas circunstâncias concretas. Isso remete obviamente para a centralidade da virtude da *phronesis*, entendida num sentido aristotélico. Nesse, a educação do(s) político(s) e as regras da actuação política têm de constituir preocupação central deste tipo de conservadorismo. A indiferença pelas condições práticas de exercício do poder político e o julgamento da conduta e decisões dos estadistas que estão, por assim dizer, no terreno resultam numa reprovável indiferença pela política. Se cedesse a essa inclinação muitas vezes enquistada no conservadorismo do presente, e em certa medida no do passado, o conservadorismo do futuro alhear-se-ia fundamentalmente do político e prescindiria do seu carácter enquanto teoria política. O conservadorismo do futuro diferencia-se assim das restantes variantes por não alinhar pelo tácito eclipse do político. Porém, a conciliação de bens pode muitas vezes traduzir-se concretamente pela minoração de males, ou pela escolha de males menores alternativos. Por conciliação de bens não se deve tomar a apropriação sempre radiante e triunfante de coisas inequivocamente boas. Muitas das escolhas políticas são trágicas. Esse elemento é inextinguível. Mas também aqui se faz apelo à virtude da prudência aristotélica.

Postos todos os elementos em cima da mesa, pode dizer-se que a conciliação de bens distintos procura alcançar uma harmonia das variações e das diferenças. Uma harmonia ou um equilíbrio sustentados por uma finalidade geral. Então, pode ainda dizer-se que o que há a conservar são bens primordiais, os que dão sentindo a esses equilíbrios. Mas muitos dos bens que perfazem um dado equilíbrio não têm de estar protegidos pela missão de conservação. Porque aí é o *equilíbrio* que se quer conservar. Nessa medida, esses bens não directamente protegidos terão de ser recompostos e/ou reposicionados para garantir a preservação do equilíbrio através da mudança de circunstâncias. Os bens que temos de conservar são frágeis. A sua apropriação e preservação exigem de nós um enorme esforço e sacrifício. A sua perduração e vitalidade não são gratuitas. Cobram um preço. O conservadorismo é a consciência, não só do seu valor nem só da sua fragilidade, mas também deste preço. É a abertura ou disponibilidade para o pagar.

AS ORIGENS INTELECTUAIS DA «SEPARAÇÃO»

Quando se procura examinar as relações e afinidades de um acontecimento como a promulgação da Lei da Separação de 1911 com a história da filosofia política, é-se forçosamente conduzido aos debates em torno da tolerância, ou mais rigorosamente da relação entre o político e o religioso, que tiveram lugar na Europa do século XVII.

Examinando esse complexo debate, que envolveu alguns dos nomes mais famosos e influentes da história do pensamento político moderno, podemos dividir em três as propostas que dele saíram. É evidente que aqui arriscamos uma simplificação drástica, mas uma abordagem deste tipo permitirá uma compreensão mais clara daquilo que está em causa. Por um lado, temos a perduração da antiquíssima proposta da religião civil. Amplamente discutida desde os tempos dos antigos gregos e romanos, a proposta da religião civil considera indispensável o papel político desempenhado pela religião, na formação das lealdades cívicas, no cultivo do patriotismo, no reforço das legitimidades, no adoçamento dos sacrifícios em benefício do colectivo, na aceitação da obediência. Em rigor, neste caso é impossível falar em separação entre o religioso e o político. Não só a separação não existe, como é perfeitamente aceitável que o sacerdote seja o magistrado ou que o magistrado seja o sacerdote. Os deuses reverenciados são os deuses *daquela* cidade em particular. São, por assim dizer, cidadãos da mesma comunidade dos adoradores.

Ficou bem célebre a crítica de Santo Agostinho a esta concepção da religião civil na *Cidade de Deus* aquando da discussão dos três tipos de religião/teologia apresentados por Varrão — a teologia «civil» ou «política», a teologia «natural» e a teologia «mítica». Mas, com o Renascimento, o tema da religião civil voltou ao debate intelectual, sobretudo com a introdução da crítica ao Cristianismo segundo a qual este seria uma religião desadequada às exigências do mundo. Maquiavel destacou-se nessa crítica, o que lhe valeria muitos detractores, mas também outros tantos discípulos. Portanto, no século XVII, a religião civil ainda era uma proposta viva — como de resto seria até ao final do século XVIII, e a própria Revolução Francesa atestou bem esse facto. Em grande medida, a tese da existência e predominância de uma igreja oficial em que a questão dos ritos e dos dogmas teológicos fosse mais ou menos indiferente corresponde a uma certa adaptação da religião civil a tempos cristãos. No século XVII, vemos essa proposta ser feita por homens que eram religiosamente indiferentes, sendo alguns deles inclusivamente ateus, como Hobbes, com o intuito de assegurar a paz e a ordem numa era de pluralismo religioso e com o objectivo geral de garantir que a religião e a Igreja estavam subordinadas ao Estado. O problema mais bicudo era o da liberdade, ou melhor, o conflito entre esta proposta e a liberdade individual, que, em regra, era prezada pelos proponentes desta via para a resolução do problema teológico-político. Assim, Grócio, Bodin e Hobbes, para citar alguns dos exemplos mais famosos, tendiam a insistir mais numa conformidade externa e menos na exactidão dogmática ou na autenticidade da crença. Esta solução não impedia que houvesse modalidades de existência para Igrejas dissidentes da Igreja oficial, mas a sua actividade estaria sempre necessariamente controlada e diminuída. Daí que a religião civil não possa ser confundida com uma proposta de tolerância religiosa. (Por essa mesma razão, não podemos dispensar mais atenção a esta face do debate em torno da questão religiosa no século XVII.)

Além da religião civil, o século XVII assistiu à ascensão triunfante das propostas de tolerância religiosa. Mas nem todas eram iguais. É impossível abranger toda esta riqueza e heterogeneidade. Mas não é difícil descobrir duas respostas típicas e agrupar as diferentes propostas particulares em duas grandes famílias. De um lado, emerge a tolerância religiosa que é promovida em nome dos interesses da religião e do homem religioso, e da salvaguarda da existência e direitos de uma e de outro. No fundo, é em concepções como esta que a noção de tolerância mais se confunde com a de liberdade religiosa, quando esta significa liberdade para a religião florescer, em geral, e decorre de determinados direitos e deveres fundados ou no domínio da subjectividade humana ou na ordem espiritual. Por exemplo, na obra de Roger Williams, um autor inglês que levaria as ideias e a prática da liberdade religiosa para as colónias inglesas na América ainda na primeira metade do século XVII, sendo por isso anterior a Locke, é muito nítido que se pretende que a política deixe de mandar na religião. Williams denunciava a Igreja anglicana precisamente por essa sujeição, isto é, por corresponder à forma especificamente inglesa de erastianismo. (A *Dignitatis Humanae* é uma declaração que pode ser incluída neste grupo.) Em certo sentido, isto significa uma inversão das prioridades assumidas pela religião civil, que, recorde-se, insistia na prioridade do político, na salvaguarda do Estado e na manutenção da ordem pública. Em parte por haver a suspeita generalizada de que a tolerância religiosa, ou mesmo o pluralismo religioso, conduzia mais cedo ou mais tarde ao colapso da ordem pública e à inauguração da guerra civil é que os proponentes desta solução haveriam de ser bastante rígidos quanto às contrapartidas políticas. Para dar um exemplo, Locke, naquele que é talvez o mais célebre texto de todo este debate, a *Carta sobre a Tolerância*, negou a tolerância a católicos e a ateus em grande parte por razões políticas. Com argumentos não muito sofisticados, tanto para o caso dos católicos (que, alegava-se, tinham a sua lealdade vinculada a uma potência estrangeira, Roma) como para o caso dos ateus (alegadamente incapazes de fazer promessas, visto que não acreditavam num sancionador de todas as promessas), Locke subtraiu a estes dois grupos o direito à tolerância para garantir a compatibilidade entre o seu projecto e a salvaguarda da paz e da ordem dos Estados concretos do seu tempo, como a Inglaterra, evidentemente, mas também os Países Baixos. É preciso não esquecer que, na altura da sua publicação, a doutrina expressa na *Carta sobre a Tolerância* foi vista por holandeses como van Limborch como muito próxima das concepções avançadas nas décadas de vinte e de trinta do século XVII pelos arminianos holandeses, com destaque para a grande figura de Simão Episcopius([1]).

A concepção lockiana de tolerância decorre de premissas teológicas e abre-se à concorrência entre religiões. Na mais tímida das hipóteses, procura ser neutra no que diz respeito à influência da religião e do clero sobre a população, mas em larga medida decorre do pressuposto de que o tecido social se adensa sempre sobre uma base religiosa. Por conseguinte, esta concepção de tolerância visa proteger o Estado da religião, nem que seja para preservar a sua neutralidade perante as Igrejas (e religiões) concorrentes, ao mesmo tempo que se dispõe a proteger a religião do Estado e da interferência política em geral. Este último aspecto é importante porque permite perceber a dimensão teológica da consagração da tolerância e da liberdade religiosa, uma vez que o ponto de partida consiste na consideração de que salvar a alma é o desígnio fundamental da vida do indivíduo e de que nenhuma outra agência pode assegurar esse bem, sendo a liberdade a única resposta mundana para o problema. Essa é outra razão, talvez a mais incontornável, para a recusa de se conceder a tolerância aos ateus, que Locke nunca deu, assim como nunca a deram os seus contemporâneos Le Clerc, Barbeyrac e Thomasius, inscritos na mesma concepção de tolerância([2]). Encontramos até a liberdade religiosa associada à revitalização da religião, quando se

---

([1]) Jonathan ISRAEL, *Enlightenment Contested. Philosophy, Modernity, and the Emancipation of Man: 1670–1752*, Oxford, Oxford University Press, 2006, p. 138.

([2]) ISRAEL, p. 141.

considera que a protecção política de uma igreja específica conduz ao entorpecimento da fé e da devoção, garantindo apenas uma conformidade ritual vazia. Ao Estado caberia apenas as tarefas de disciplinador das Igrejas, tendo como exclusivo propósito a garantia da ordem pública e da coexistência pacífica entre grupos religiosos e assegurar o direito de saída daqueles indivíduos que quisessem abandonar as suas comunidades religiosas e estivessem a ser impedidos de o fazer([3]).

Mas a palavra «separação» também deve suscitar uma reflexão adicional e ajudar a vislumbrar uma segunda concepção de tolerância que surge ainda no século XVII e que seria amplamente divulgada e explicitada no século XVIII. É certo que o vocábulo pode ser interpretado apenas como obedecendo a um esforço de distinção e delimitação de fronteiras jurisdicionais entre o Estado e a Igreja, tal como se ouve na proclamação de Jefferson, que estava interessado em instituir um «muro de separação»([4]) que impedisse a violação das liberdades religiosas e a reinstituição de uma igreja oficial nas Américas, tendo-se comprometido com essa ideia. No entanto, é possível atribuir-lhe um sentido ulterior e que está na base da nossa segunda concepção de tolerância.

À partida é difícil distinguir a primeira da segunda concepção de tolerância. Ambas têm como ponto de polémica a denúncia da perseguição religiosa e do uso do poder do Estado para operar conformidade. O que significa que existe uma dimensão moral e política comum a ambas as concepções, ao declararem a perseguição e a conformidade forçada como violações graves da justiça natural. Ambas recorrem frequentemente à ideia dos direitos individuais e/ou da liberdade de consciência. Além disso, veremos que uma análise superficial da obra do primeiro homem a articular a segunda concepção de tolerância, Pierre Bayle, não é suficiente para

---

([3]) A protecção do direito de saída é um dos contributos mais originais de Locke para este debate. Ver *Carta sobre a Tolerância.*

([4]) Thomas JEFFERSON, carta à Danbury Baptist Association, 1 de Janeiro de 1802.

distinguir uma da outra. Bayle esforçou-se bastante por tornar essa distinção inacessível aos leitores apressados, o que teve reflexos muito característicos no modo de escrita usado nas suas principais obras.

A segunda concepção de tolerância caracteriza-se, então, por não assentar em premissas teológicas e por reduzir a questão da liberdade religiosa a uma dimensão estritamente moral. Contudo, o que é mais fundamental na sua caracterização pode ser descrito como a antinomia forte entre «superstição» e liberdade que é por ela avançada. Como primeira diferenciação, pode dizer-se que o clero e a(s) Igreja(s) são considerados como fonte rival, e não apenas complementar, de autoridade face ao Estado. Esta concepção anuncia-se como solução para o problema teológico-político, na medida em que exprime um antagonismo de raiz, embora negociável, atendendo às circunstâncias concretas, face à influência exercida pela religião e pelo clero sobre a população. A tolerância e a defesa da liberdade de consciência proclamam-se para proteger a sociedade e o Estado *da* religião. Neste sentido, talvez se possa dizer que se bate pela liberdade religiosa, mas não pela liberdade das Igrejas. A tolerância ou a liberdade religiosa é entendida como liberdade *da* — emancipação relativamente à — religião, porque finalmente se admite que uma sociedade não assenta necessariamente na crença de um Deus providencial e de um esquema de recompensas e castigos depois da morte. Reconhece-se ainda que uma sociedade totalmente secularizada é não só possível, mas também sustentável e provavelmente superior, por ser menos violenta, mais racional, mais ordeira, mais aberta. Recorde-se que para Locke tal não era nada evidente. Num passo de *The Reasonableness of Christianity*, Locke escreve «que é uma tarefa excessivamente árdua para a razão sem outros socorros estabelecer a moralidade em todas as suas partes, na sua verdadeira fundação, com uma luz clara e convincente» ([5]). Trata-se, portanto, de

---

([5]) LOCKE, «The Reasonableness of Christianity», in *The Works of John Locke*, 9 vols., 12.ª edição, Londres, Rivington, 1824, vol. VI, p. 139.

uma defesa *política* da tolerância em contraposição à defesa *teológica* da mesma vista anteriormente. Convém, no entanto, notar que, tendo em conta o horizonte pós-religioso implicitamente formado, existe uma tensão incontornável entre esta defesa *política* da tolerância e a proposta de religião civil, que, como vimos, correspondia a outro modo de resolver politicamente o problema teológico-político. A razão fundamental reside no facto de esta concepção de tolerância admitir que a religião é dispensável, incluindo da gama de instrumentos políticos. Historicamente, podemos ainda acrescentar que a tensão foi alimentada pelo facto de esta segunda concepção de tolerância trazer muitas vezes consigo um programa ideológico que acabava por funcionar como substituto da crença religiosa. Porém, no século XVII, esta preocupação de substituição da religião pela ideologia política ainda não se manifestara.

Ora, o primeiro grande proponente desta segunda concepção de tolerância, e uma figura maior no debate intelectual do final do século XVII, foi Pierre Bayle. É na obra de Bayle que encontramos todos os fundamentos desta concepção, mas também os elementos que nos ajudam a compreender o alcance da palavra «separação». Pierre Bayle nasceu no seio de uma família huguenote. O seu pai era um pastor calvinista, e provavelmente o mesmo destino vocacional estava traçado para ele. Na adolescência, Bayle desviou-se de um futuro no ministério, sobretudo quando abandonou a casa dos pais para estudar, primeiro num colégio huguenote e depois na Academia Católica, em Toulouse. A sua passagem pela escola católica provocou a conversão ao Catolicismo, que no entanto não durou muito mais de um ano, depois do qual regressou à fé calvinista. A prática não era recomendada pelas leis francesas da época, e em grande medida por essa razão começou a preferir estudar e trabalhar fora de França, primeiro em Genebra, mais tarde e definitivamente nos Países Baixos. É importante não esquecer que este país foi um dos destinos mais apetecidos pelos refugiados huguenotes aquando da revogação do Édito de Nantes, em 1685, e Bayle não só testemunhou esse êxodo, como foi aí que recebeu as notícias da morte do seu irmão Jacob Bayle. Jacob, que entretanto assumira o ofício do pai como pastor calvinista, recusara abandonar o país após a revogação do Édito de Nantes e acabou por morrer nos calabouços, rejeitando abjurar a sua fé, o que trouxe o problema da tolerância religiosa para o seio da vida familiar de Bayle. Bayle foi professor de Filosofia e de História e um escritor incansável. A sua influência sobre o pensamento europeu da sua época e do século XVIII começa agora a ser ponderada em toda a sua extensão.

Na obra onde expõe esta tese, *Pensées sur la comète,* Bayle é naturalmente cauteloso numa exposição cuja intenção subjacente é bastante ousada. Mas nem por isso se deixa de perceber que Bayle desvaloriza a relação entre a religião e a prática da virtude moral, além de invalidar quase por inteiro a outra relação que associava o ateísmo à prática do vício. E, à medida que o leitor se familiariza com o texto, torna-se claro que as crenças religiosas são propiciadoras daquilo que era habitual atribuir ao ateísmo. Doenças como as convulsões sociais e o caos político não encontravam, para ele, melhor ilustração do que os conflitos e guerras religiosos.

Foi Bayle quem primeiro empenhou a sua autoridade pessoal ao conceber a ideia de que uma sociedade de ateus não seria o caos que muitos vaticinavam, mas porventura mais decente e racional do que as sociedades que a história da humanidade conhecera. Foi ele o primeiro a duvidar radicalmente de que a crença num Deus que tudo perscruta e que distribui recompensas e castigos eternos constituía um domador mais eficaz dos comportamentos viciosos e perigosos dos homens do que sanções humanas e a manipulação política das paixões. Todas as vitórias morais da religião no comportamento dos homens, como a honestidade — porque haveria um ateu de cumprir uma promessa quando tal não favorece o seu interesse imediato? — e a castidade, são para Bayle igualmente, ou até superiormente, alcançadas numa sociedade que, contanto que tenha as instituições adequadas e os incentivos certos, seja povoada por ateus.

Bayle é o progenitor intelectual da «separação» no sentido mais abrangente do termo porque a sua ideia de tolerância e de liberdade é indestrinçável do seu entendimento de que era necessária uma emancipação do homem europeu face à «idolatria» e à «superstição». Ou, radicalizando o seu argumento, de que uma sociedade sem «superstição» era superior a uma sociedade «supersticiosa». Por outras palavras, esta concepção de tolerância supõe a validação da possibilidade de uma sociedade de ateus. A pergunta «Porquê Bayle?» tem agora uma resposta mais cabal. É que Bayle foi o primeiro autor a considerar seriamente a possibilidade histórica de uma «sociedade de ateus» e, mais do que isso, a reconhecer-lhe pelo menos alguma superioridade sobre as alternativas ([6]). Assim, conjugando a palavra «separação» com a obra de Bayle, podemos dizer que esta vai além da separação institucional e jurisdicional. Agora o que está em causa é a separação entre religião e (boa) moral, por um lado, e entre religião e (boa) política, por outro. O que significa que se quebra o laço ancestral que unia a moral e a política à religião. Note-se que mesmo nos casos em que estava prevista a divisão institucional e jurisdicional entre sacerdócio e reino, ou entre Estado e Igrejas, permanecia uma consciência, por pouco explícita que pudesse ser, da ligação entre religião e bons costumes e boa prática política. Uma das intenções da crítica radical da prática religiosa disciplinada e austera, bem como da institucionalização da religião, era precisamente *separar* as pessoas da religião, o

---

([6]) Bayle apresentou a tese que o celebrizou em *Pensées diverses écrites à un docteur de Sorbonne a l'occasion de la comète qui parut au mois de Décembre 1680*, publicado em Roterdão, em 1683. Esta obra foi a primeira a sustentar a possibilidade de existir uma sociedade de ateus. Paolo Sarpi (1552–1623) já o fizera, mas apenas nos seus cadernos privados de apontamentos, que só recentemente foram descobertos. E Girolamo Cardano (1501–1576) menciona essa possibilidade, embora muito rapidamente, na sua obra *De immortalitate animorum* (publicada em Lião, em 1545). Kenneth WEINSTEIN, «Atheism and Enlightenment in the political philosophy of Pierre Bayle», dissertação não publicada, Harvard, 1992, p. 121, nota 1.

que é *condição primeira* da sua desaparição como elemento social relevante e estruturante.

Na história do século XX, a rejeição do contributo moral e social da religião aparece-nos como prefiguração teórica da absolutização do Estado. Poderíamos ir mais longe e dizer que a negação da religião na sociedade anuncia o totalitarismo ideológico ou o triunfo das «religiões políticas». Na realidade, este tipo de reflexão já estava bem presente no início do século XIX, em grande medida como resultado da experiência da Revolução Francesa. François Guizot, por exemplo, ao reflectir sobre a Revolução, não se coibiu de dizer que «é uma lei da natureza humana termos de adorar num altar novo quando os antigos altares foram derrubados» ([7]). É curioso notar que, como comentou Weinstein ([8]), Montesquieu faz um reparo deste género a Bayle, que este já antecipara na sua obra. Isto é, o de que a proposta de uma sociedade de ateus esquece a barreira que a religião edifica (para Montesquieu apenas em algumas circunstâncias, vale a pena dizer) contra o avanço despótico, apesar de Bayle explicitamente ripostar ao argumento, recapitulado por ele, da alegada ameaça do governante ateu. O governante ateu seria um criminoso sem freio, pois não reconheceria os agravos de consciência nem recearia o castigo que o aguardaria no leito de morte. Bayle não se importa sequer de recapitular a imagem do governante crente que ama a virtude e teme o julgamento de Deus, uma imagem que se traduz na benevolência política sem mácula ([9]). Porém, Bayle rapidamente se encarrega de contrariar estas duas imagens consagradas pela tradição. E alega que a refutação provém directamente da «experiência». Bayle devolve subtilmente a acusação dizendo que os cristãos devem ser considerados, não segundo uma «ideia abstracta», mas «em

---

([7]) GUIZOT, *History of France*, vol. VI, p. 196.

([8]) Kenneth WEINSTEIN, «Atheism and Enlightenment in The Political Philosophy of Pierre Bayle», dissertação não publicada, Harvard, 1992, pp. 127–128.

([9]) *Pensées*, §133, 135.

detalhe, em todos os lugares que os determinam a agir». Assim se chegará à conclusão de que os cristãos não são cidadãos tão recomendáveis ou governantes tão respeitáveis quanto se pensa[10].

Para Bayle, deveria ser uma evidência para quem vive mais de «quinze dias entre nós»[11] que a religião não consegue mudar a disposição interior dos homens. Logo, o seu efeito é «mais físico do que moral», isto é, traduz-se em coisas exteriores como as cerimónias, os rituais, os templos, etc. Na verdade, Bayle vai mais longe e acaba por tacitamente reconhecer que a religião altera as relações morais e as disposições interiores dos homens, mas, como se poderia prever, no mau sentido. No caso das «nações idólatras» ou «pagãs», a religião liga os homens à sua pátria, por ter sido escolhida pelos deuses, tornando os homens mais ferozes e mais disponíveis para a inimizade com o estranho, com aquele que tem outra pátria e acredita noutros deuses. Todo o Cristianismo, e não só o Catolicismo, padece deste espírito persecutório, repressivo e violento. Não surpreende que Bayle se decida pela superioridade moral do ateísmo. São frequentemente fornecidas ilustrações históricas. Um exemplo. Com uma corte ateísta, França teria sido poupada à guerra civil instigada por Catarina de Médicis e pelos seus aliados[12]. O indiferentismo religioso dos governantes é uma política mais sã do que a devoção. Assim, na opinião de Bayle, em vez de combater a corrupção da natureza do homem, a religião tende a intensificá-la. Acentua a aversão natural que se tem pelos estranhos[13]. O argumento de ordem psicológica fundamental para Bayle é o de que os homens não agem, ou regem o seu comportamento, segundo os princípios abstractos que eles próprios adoptam. São essencialmente hipócritas ou, talvez mais rigorosamente, essencialmente contraditórios. E a religião não resolve este

---

([10]) *Pensées*, §134.
([11]) *Pensées*, §134.
([12]) *Pensées*, §155.
([13]) *Pensées*, §131.

problema. O que é um modo de Bayle dizer subtilmente que as «boas inclinações», a «sobriedade», a «piedade» e a «boa natureza» não decorrem da religiosidade, são independentes dela, *separáveis* dela([14]). A contenção das paixões humanas, passo fundamental para a contenção dos vícios, deve-se mais às relações humanas e sociais, e ao complexo de convenções sociais que elas geram, do que ao temor a Deus. Por exemplo, o jogo social da honra, do desejo de reputação e do medo da vergonha tem mais força moral do que os imperativos de consciência ou até o medo da morte e, evidentemente, muito mais do que a consideração pelos princípios morais abstractos([15]). É outra forma de Bayle dizer que tememos mais os nossos pares, os nossos concidadãos, os nossos rivais do que Deus([16]).

Mas Bayle sugere mais. A subversão continua na sugestão de que a insistência na pureza doutrinal acaba por *substituir* a preocupação com a vida moral. Cabe perguntar: Será que a insistência na pureza doutrinal conduz a uma vida moral mais dissoluta e maléfica? Por um lado sim, porque convida à perseguição, e a violência e a intolerância são males. Mas o que dizer da moral dissoluta, isto é, do argumento acrescido de que a pureza doutrinal conduz não só à violência, mas à degradação dos costumes? A resposta de Bayle parece ser: fecha-se os olhos aos vícios morais precisamente porque toda a prioridade é dada à pureza dogmática. A verdade efectiva da vida religiosa para Bayle é a de que aos homens não é verdadeiramente exigido um comportamento moral recto, mas a simples adesão à ortodoxia doutrinal. A insistência em doutrinas abstractas apaga o esforço da rectidão na vida concreta e acalenta um sentimento de correcção na própria vida e de superioridade sobre os outros — com fúria e ódio à mistura face à incorrecção dos outros. Os viciosos julgam-se justificados pela sua fidelidade religiosa.

([14]) *Pensées*, §145.

([15]) *Pensées*, §164.

([16]) *Continuation*, §138.

Ora, se a religião é impotente para, por si, controlar o comportamento humano e, pelo contrário, o desvia para o mal e para a violência, então a sociedade de ateus pode subsistir assente nas leis da honra e do decoro, além de nas leis civis sensatas e eficazes([17]). E deixa no ar uma nítida sugestão de que seria previsivelmente superior, do ponto de vista moral, face às sociedades idólatras, que, por vezes, parecem incluir as cristãs.

Já do ponto de vista político, Bayle insiste na mesmíssima tese. O fervor religioso promove maus súbditos ou maus cidadãos porque favorece a sedição e a rebelião. É a disposição psicológica da doutrina perniciosa segundo a qual existem no mundo duas autoridades distintas — a do Estado e a da Igreja — com jurisdições sobrepostas, e a autoridade eclesiástica inevitavelmente vai tentar subordinar a política aos seus desígnios. Assim, para Bayle, uma sociedade seria mais duradoura e mais segura com ateus cépticos porque este seria o meio mais eficaz de ver desaparecer a dualidade de poderes, de autoridades e de soberanias. Em rigor, Bayle considera que tal solução não é provável, na medida em que o povo revela uma inclinação invariável para a superstição. Pondera, portanto, uma solução alternativa, a saber, a de confiar o governo a espíritos ateus ou, como Bayle gostava de dizer, *esprits forts*, que mantenham uma posição de neutralidade perante as questões religiosas e que evitem a sua politização. Todavia, é-nos permitido desconfiar desta possibilidade, isto é, a hipótese de evitar a politização das questões religiosas com uma solução deste tipo. Pelo contrário, parece bastante provável que se leve a cabo uma politização extrema da questão religiosa, já que se assume como tarefa primeira da governação fornecer uma solução política para o problema religioso.

([17]) *Pensées*, §172.

PÚBLICO E PRIVADO: A RELIGIÃO ENTRE A «SAÍDA» E A «ENTRADA»

I

Logo no início da sua ambiciosa obra *Politique tirée des propres paroles de l'écriture sainte*, Bossuet escrevia na dedicatória ao Delfim: «O Evangelho de Jesus Cristo torna os homens mais aptos a serem bons cidadãos na terra tal como lhes ensina por esse meio a tornarem-se dignos de virem a ser cidadãos do céu» [1]. O aviso de Bossuet justificava-se pela tensão milenar e cristã entre os compromissos da cidade e as exigências da salvação. Se o cristão era essencialmente um peregrino neste mundo, como desde Santo Agostinho se designava a relação do homem com o *saeculum*, a importância da política, da participação cívica, do exercício do poder parecia ficar consideravelmente relativizada. Bossuet procurava demonstrar que essa tensão poderia ser de algum modo atenuada desde que o político acolhesse as exigências da salvação, por um lado, e desde que o cristão interpretasse devidamente os compromissos da cidade.

Nos nossos tempos, os termos do problema alteraram-se sensivelmente. Desde Bossuet, o mundo recebeu um novo Evangelho: o da instauração da cidade democrática.

---

[1] Bossuet, *Politique tirée des propres paroles de l'Écriture Sainte*, Paris, Pierre Cox, 1709, p. 3.

As regras e os fins desta nova cidade são muito diferentes das que presidiam à monarquia «cristã» que Bossuet queria consagrar. A democracia moderna parecia, no entanto, conter uma resposta cabal para o problema e, segundo as suas melhores aspirações, eliminar a tensão de uma vez por todas. Em abstracto, a resposta podia até apontar para certas raízes cristãs, aquelas que ficaram condensadas na palavra «separação»: a separação do sagrado e do profano, do político e do religioso, do Estado e da(s) Igreja(s), e por aí em diante. A história complexa da relação especificamente cristã entre poder temporal e poder espiritual, assim como o facto de a resposta democrática se ter declarado, não sem uma grande dose de hostilidade face à herança teológico-política do Cristianismo, deveriam ter moderado esta hipótese benévola de uma reconciliação definitiva. Seja como for, a lógica da separação — que a democracia moderna fez alastrar a muitos outros domínios da actividade humana([2]) — estendeu-se a aspectos que envolveram directamente a religião e, ao fazê-lo, reacendeu a tensão — ou apenas mostrou que a tensão afinal de contas permanecia.

Esses aspectos são vários, mas podemos destacar dois que acabaram por estar muito entrelaçados: a separação entre a autoridade e a opinião «cívica» — com o contributo decisivo da ciência moderna na demolição de outras fontes de autoridade — e a separação entre o domínio público e o domínio privado enquanto espaços de acção e de comunicação. Quanto à primeira separação, podemos dizer que a ênfase é colocada na substituição da teologia e da religião

---

([2]) O processo de «diferenciação» que separou diferentes domínios de actividade que estavam anteriormente unidos — sendo o mais comentado aquele que no seio da família separou a função económica da circunstância residencial — e que são entregues a uma racionalidade própria não resultou evidentemente de decisões políticas. As transformações foram de vária índole: tecnológica, demográfica, etc. Mas a democracia moderna, entendida como regime político e como movimento histórico (por outras palavras, a democracia entendida à Tocqueville) acelerou este processo de «diferenciação» e de divisão funcional das actividades humanas.

(e da tradição religiosa) como fonte autoritária de conhecimento e de esclarecimento. Durkheim indirectamente toca neste problema quando refere que, «se a filosofia e as ciências nasceram na religião, é porque a própria religião *começou por servir como ciência e como filosofia*» ([3]). A ciência pode constituir-se como autoridade na discussão pública, tanto como fonte de conhecimento (função professoral) como enquanto fonte de julgamento, que veta opiniões que lhe sejam contrárias (função judicativa), porque essa discussão pretende ser informada. Sobretudo quando socorrida pela racionalidade técnica que lhe está associada. A racionalidade técnica, com a sua tendência para invadir todas as esferas da actividade humana, mina a abertura a considerações que só são inteligíveis à luz de uma racionalidade substancialmente diferente. Num mundo secularista, a teologia e a tradição religiosa, por sua vez, não podem aspirar a ser fontes *públicas* de conhecimento e de julgamento.

II

Mas regressemos à separação entre público e privado. Mesmo a versão mais radical e optimista desta separação demonstrava uma certa consciência de que a tensão não podia ser abolida por meio de uma operação jurídica. A famosa sentença de Marx segundo a qual a religião é o «ópio do povo» raramente é acompanhada da frase que a precede. Marx escreve: «A religião é o suspiro da criatura oprimida, o coração de um mundo sem coração, como é o espírito de uma condição sem espírito» ([4]). A religião aparece na crítica marxista como uma tentativa desesperada de dar sentido ao que não tem sentido, de humanizar um mundo

---

([3]) Émile Durkheim, *The Elementary Forms of Religious Life*, trad. inglesa Karen E. Fields, Nova Iorque, The Free Press, 1995, p. 8. Os itálicos são meus.

([4]) Karl Marx, *Critique of Hegel's Philosophy of Right*, trad. inglesa Joseph O'Malley, Cambridge, Cambridge University Press, 1970, p. 131.

desumanizado. Mas não se trata apenas de essa tentativa ser evidentemente mal direccionada; ela é uma tentativa desesperada de reconciliação com um mundo que não oferece qualquer possibilidade de conciliação — pelo menos não antes de uma apocalíptica transformação social. Assim, a religião torna-se um ópio dos fracos e impotentes, num soporífero que desprotege, num narcótico que adormece, que desarma quem esteve sempre desarmado e a quem cabe despertar e pegar na pistola. Para virar o mundo do avesso.

O instrumento dessa transformação está na tomada de consciência de que não pode haver conciliação com este mundo social. Não há coração divino que possa ser transplantado para um autómato cruel que dispensa os corações. Mas entretanto, enquanto subsiste o mundo da opressão, a religião dá um sentido à existência dos homens que o mundo social não possui. Enquanto não chegar a era de todas as conciliações, ao homem oprimido resta apenas o (falso) calor da religião. A verdadeira espiritualidade, por assim dizer, de um homem que finalmente se encontra consigo mesmo substituirá a falsa espiritualidade. A crítica marxista continua dizendo: enquanto a resposta que prevalecer for a da sociedade democrática (mas capitalista), com a sua consagração da separação entre público e privado, alicerçada nos valores da liberdade individual e da igualdade jurídica, o problema que se joga entre um mundo social (e público) «sem espírito» e a busca da espiritualidade permanecerá por resolver.

Mas a crítica marxista não se fica por aqui. Em *Questão Judaica*, inclui também uma crítica da separação que atravessa a «sociedade civil burguesa». Podemos sumariamente descrever essa crítica do seguinte modo. O conceito de cidadania invocado pela sociedade moderna pressupõe a «emancipação política». Esta emancipação contém dois elementos: de um lado, a esfera política é separada da esfera civil/social; do outro, a religião (e a propriedade) é relegada para a esfera civil/social. Mas a sociedade moderna opera uma separação estruturalmente idêntica em cada indivíduo. O homem é «dividido» num si-mesmo público e num si-mesmo privado. Cada homem divide-se entre «judeu e cidadão, protestante e cidadão, homem religioso e cidadão». Com esta dupla transformação, a religião torna-se assunto estritamente privado, sendo reduzida à categoria de crença pessoal e subjectiva. É assim que o Estado se «emancipa» da religião e que os homens se «emancipam» da religião. De um ponto de vista mais fundamental, o Estado moderno padece de uma contradição que não pode superar sem se destruir a si próprio. A vida política moderna pressupõe a «universalidade» própria da cidadania democrática, ou proto-democrática. Os assuntos políticos passam a dizer respeito a *todos*. Mas, ao mesmo tempo, a lógica dos «direitos do homem» que protege a vida social burguesa atomizada — contextualizando a privatização da religião e a privatização da propriedade — contraria essa «universalidade», ou «comunidade», e promove a individualização da sociedade e a «perfeição do materialismo da sociedade civil». A sociedade civil burguesa perde todo o carácter político, o que, por um lado, corresponde a uma sua «emancipação» relativamente à política, mas, por outro, contradiz a «universalidade» própria de uma política dedicada ao apuramento de uma vontade comum e de uma preocupação geral da cidadania com o bem comum. O «espírito egoísta» perde os freios que ainda tinha, e a sociedade civil torna-se a grande guerra de todos contra todos. A consciência e a realidade do que é comum desaparecem também. Num paralelo com a vida do cristão, Marx afirma que cada um leva uma vida dupla, a do céu e a da terra, dividido contra si mesmo. A vida celeste é a vida em «comunidade»; a vida terrestre é a vida entregue a si próprio. Este dualismo confirma e agrava a opressão de todos([5]).

([5]) Karl MARX, «On the Jewish Question», in Karl MARX, *Early Writings*, trad. inglesa Rodney Livingstone, Londres, Penguin Books, 1992. Cf. David LEOPOLD, *The Young Karl Marx. German Philosophy, Modern Politics, and Human Flourishing*, Cambridge, Cambridge University Press, 2007, pp. 100–182.

Quando assumimos a perspectiva da cidadania cristã comprometida com os valores democráticos básicos, percebemos que os equilíbrios em que se revê não são fáceis de alcançar. Em síntese, podemos descrever essa perspectiva do seguinte modo. A política e as estruturas da vida colectiva não podem organizar obstáculos à espiritualidade. Mas também não podem ser estritamente preparadas para se constituírem como oportunidades para a espiritualidade ou como catalisadores da espiritualidade. Porquê esta ambiguidade? Porque, se de um lado está o perigo do laicismo agressivo, do outro espreita o perigo do fundamentalismo teológico-político. A cidadania cristã não poderia deixar de ver a política — como de resto qualquer outra actividade humana — como domínio a «espiritualizar». Mas não pode arriscar a politização dessa mesma espiritualidade. Aí, deparamo-nos com um limite inultrapassável, quer estejamos a reflectir o interesse da política democrática quer estejamos a reflectir o interesse da cidadania cristã. Porque, afinal de contas, do lado de lá desse limite, estará sempre a degeneração e a corrupção da política e da religião. Estará o esvaziamento de ambas, que é substituído mais tarde ou mais cedo pelo niilismo e pela violência.

É certo que nas democracias contemporâneas o objecto da discussão é mais modesto e segue a formulação comum da «presença/ausência do religioso no espaço público». Mas não podemos perder de vista que abordar este objecto de discussão é, em grande medida, apenas outra forma mais circunscrita de revisitar o tema perene da relação entre a religião e a política. Ou, em termos historicamente mais situados, entre a religião e a democracia. Dadas as suas finalidades e valores básicos, a primeira inclinação da política é a de não reconhecer essa presença do religioso no espaço público. Já vimos que historicamente a promessa de abolição da tensão clássica foi extremamente sedutora. Mas, em termos mais prosaicos, talvez se possa explicar essa primeira inclinação segundo uma dualidade estilizada: ou a religião é pouco importante, e então não pode ocupar espaço público porque é insuficientemente relevante, ou pode adquirir uma importância excessiva, e nesse caso não pode ocupar o espaço público porque é perigosa. Dir-se-ia que oscila entre uma coisa e outra.

Porém, esta formulação não é mais do que uma simplificação algo grosseira do problema. Até porque toma como auto-evidente e cristalina a distinção entre espaço público e domínio privado. De uma certa óptica, não há nada de complexo nesta distinção. À partida, o público está ligado a um compromisso com a universalidade, enquanto o privado determina o espaço da pura particularidade. Nestes termos, o laicismo mais militante vê a religião como uma extensão da particularidade (adoptando a perspectiva subjectivista e imanentista que lhe convém e que o conduz). Como tal, a religião é devolvida à esfera privada. Além disso, a sua saída da esfera privada acarretaria um risco insuportável e que decorre do facto social do pluralismo religioso — a irredutível diversidade de crenças, bem como a presença e protecção da não crença. Daí a recomendação da privatização absoluta do religioso a todo o custo. O melhor modo de prevenir o conflito social é fingir que as suas causas (já que a religião, ou a diversidade religiosa, é ainda vista por largos sectores como causa de conflito) não existem. Se estiverem escondidas na penumbra do privado, e se assim se mantiverem, é como se não existissem.

Talvez estes termos não sejam os mais adequados, tendo em conta que o propósito político que se pretende realizar é o da neutralidade do Estado, entendida na sua acepção mais severa. Por conseguinte, a religião é remetida para a esfera privada, que pode ser regulada, inclusivamente nos interesses das pessoas religiosas, tal como são entendidas pelo laicismo, segundo a liberdade estritamente privada de consciência. O caso torna-se mais bicudo quando se abordam as consequências comportamentais — e, portanto, sociais — dessa liberdade de consciência. Contudo, o assunto parece ficar resolvido com essa formulação inicial. O compromisso com a unidade na universalidade (que se traduz num certo consenso em torno de valores políticos fundamentais e da manutenção de laços sociais indispensáveis) estrutura o espaço público, que, assim definido, tem de se proteger de invasões privadas. O público é o que pode ser partilhado por todos; é aquilo que pode ser comum a todos. Ora, segundo esta visão das coisas, a religião não o pode ser. O assunto declara-se encerrado.

Claro que este raciocínio razoavelmente linear, que justifica a tese da neutralidade estrita, só se preserva se se mantiver num elevado nível de abstracção. Supõe a figura do cidadão abstracto. Abstracto porque pode agir publicamente despindo-se do que em concreto estrutura as suas opiniões, convicções e projectos. Abstracto como um actor que memoriza diferentes falas encarnando diferentes personagens, sem que isso ameace a integridade da sua personalidade. Tal como o actor da nossa era cinematográfica, o bom cidadão passa a ser o cidadão versátil que se define pela sua mutabilidade e adaptabilidade no trânsito entre espaços sociais. Porém, este esforço de abstracção esbarra no facto de esta decisão política ser concreta, determinando o mundo específico das relações sociais e inter-subjectivas, para nada dizer da organização e conduta do poder político.

Hobbes foi porventura o primeiro filósofo político a estabelecer uma separação política (não teológica) entre os domínios público e privado. O soberanista Hobbes, o pensador da determinação política soberana do que pode ser aceite como milagre — e do que pode ser proibido enquanto tal —, enquadrou esta distinção numa resposta teórica ao problema da pluralidade e do conflito entre confissões religiosas. Por um lado, Hobbes quis garantir que o soberano determinava a homogeneidade da confissão religiosa pública — que todos os cidadãos, nas suas manifestações religiosas públicas, teriam de acomodar, mas não acreditar. Isto é, apesar de tudo, Hobbes não queria que os direitos de «consciência» (embora se recusasse a usar tal designação e a tolerância fosse para ele uma consequência de um cepticismo radical e não de uma doutrina dos direitos) fossem obliterados por necessidades soberanas ou — e era sobretudo isto que o preocupava — pelas tendências do clero dito «estabelecido» para conformar a população, com mais ou menos violência, às suas doutrinas inverificáveis. Assim, Hobbes especificou que no lugar *privado* da crença individual cada cidadão dispunha da liberdade de acreditar no que quisesse, o que implicava que a confissão pública não tinha de constituir objecto de adesão *in foro interno*, mas apenas *in foro externo*, como gesto e ritual públicos. O privado ficava portanto escondido, mas também protegido. A confissão pública tinha direito a ser encenada com a participação de todos — obediência universal —, mas os seus conteúdos não tinham qualquer relevância *privada*(6).

À partida, a distinção público/privado que mais prontamente se aproxima das intuições comuns dos cidadãos dos nossos tempos rejeita esta categorização hobbesiana. Desagrada-lhes a imposição de homogeneização das opiniões no domínio público, bem como a centralidade da obediência política unívoca. O espaço público que acarinhamos não pode ser monolítico e deve ser preenchido pela discussão livre, isto é, pela exposição de opiniões *diferentes* segundo regras e princípios de discussão, persuasão e crítica, que, podendo variar conforme as teorias, terão de recolher algo próximo do consenso dos participantes. Sendo o domínio da discussão e da deliberação, o espaço público não pode colocar a *obediência* política no seu centro ou decidir o *conformismo* como seu produto. E a reacção laicista às pretensões da religião de obtenção de voz no espaço público alimenta-se do protesto contra estes dois perigos: a obediência imposta (pela religião) e o conformismo decidido (pela religião). O espaço público pode, na melhor das hipóteses, requerer lealdade cívica, mas os seus pilares serão sobretudo feitos de igualdade, de liberdade e de empenho cívico na deliberação do bem ou do interesse público. O projecto de Hobbes que combina a tolerância religiosa (privada) com o ofício da censura(7) e a encenação de uma confissão pública

---

(6) Thomas HOBBES, *Leviathan*, ed. por Richard Tuck, Cambridge, Cambridge University Press, 1994, caps. XII, XLII.

(7) Cf. *Leviathan*, cap. XVIII.

aparecem aos nossos olhos democráticos e liberais como aberrações.

Mas Hobbes é importante não só porque nos permite assinalar o início da ideia da neutralidade e da contenção no espaço privado das opiniões religiosas autênticas de cada um como resultado de uma política de Estado, mas sobretudo porque torna clara a relação entre a neutralidade do Estado e a *neutralização* das opiniões expressas civicamente. Hobbes queria neutralizar também opiniões especificamente políticas (por exemplo, as vozes «republicanas») e não só as opiniões com fundamento e forma religiosa. Mas seriam estas que, com o tempo e sobretudo a partir do final do século XVIII, acabariam por ser o objecto da dita neutralização. Com Hobbes vemos que o secularismo pretende esvaziar tanto quanto lhe é possível a densidade cultural e metafísica do espaço público para que restem apenas formas processuais e acordos políticos contingentes. E sobretudo para que reine a imaculada, ou neutra, razão de Estado — ou, numa versão democrática mais recente, a razão pública. No caso de Hobbes, a prioridade não é estabelecer um espaço público de deliberação cívica. A razão que delibera sobre assuntos públicos é a soberana e nenhuma outra. Mas podemos ver que o autor abriu caminho para o entendimento mais consensual de «separação», a saber, a divisão socialmente funcional e politicamente assimétrica entre a fé religiosa privada e a argumentação (pública) estritamente secular. Esta separação visa sobretudo salvaguardar, não a fé religiosa, mas a argumentação (pública) secular, na medida em que a confusão entre uma e outra acabaria por bloquear e subverter a discussão pública que se quer «racional», através da precarização das regras de julgamento, de persuasão e de acção discursiva em geral. Aliás, este aspecto é revelador de um movimento mais abrangente relativo ao aparecimento e consolidação do chamado Estado soberano, uma instituição que quer unir, mas que para isso tem de separar — neste caso, tem de separar a política da religião e, no limite, da moral estruturada em princípios metafísicos robustos. A unidade, que, do ponto de vista do poder, é o grande feito do Estado soberano nestes últimos três séculos, assenta na criação de uma divisão e não é pensável sem ela.

III

Excluindo o ímpeto anticristão que motivou algumas correntes políticas e doutrinárias a fazerem incidir o seu esforço de neutralização das opiniões de carácter religioso e metafísico, há outras razões que fizeram esse tipo de opinião encaixar no alvo prioritário. Uma delas parece assumir o molde que se segue. A religião, e por maioria de razão a opinião nela alicerçada, assume uma pretensão pública de verdade objectiva sobre o mundo. Diante do facto social da pluralidade religiosa, somos confrontados com a pluralidade de conteúdos de verdade diferentes. Do ponto de vista público, a pretensão de verdade objectiva frente a frente com outra sua rival é imediatamente reduzida à particularidade. A diferença neste primeiro momento coloca um problema. Daí que, pelo menos desde o século XVI, tenha havido vários projectos de redução dessas diferenças através de reformulações da verdade religiosa. A estabilidade ganhava vantagem sobre a verdade. Isto é, as diferenças deveriam ser reduzidas ao ponto mínimo, não para tornar a religião respeitável no espaço público, mas para resolver conflitos que estalavam nos domínios públicos e privados. Em grande parte, o projecto de «religião civil» de alguns filósofos nos séculos XVI, XVII e XVIII pretendia ser uma solução hipotética para este tipo de problemas([8]). Mas depois das várias concretizações desse tipo de projecto, nomeadamente durante a Revolução Francesa e depois do seu insucesso, a tarefa passou a ser algo diferente.

([8]) Sobre o tema da religião civil, cf. Ronald BIENER, *Civil Religion. A Dialogue in the History of Political Philosophy*, Cambridge, Cambridge University Press, 2010; Merio SCATTOLA, *Teologia Política*, trad. portuguesa José Jacinto Correia Serra, Lisboa, Edições 70, 2009.

O projecto de uma religião com um conteúdo teológico e metafísico suficientemente diluído para obter a adesão dos que se guerreavam em torno dessas diferenças, e assim gerar um consenso social religioso, deixou de fazer sentido. E não apenas pelos receios de que projectos de determinação política das convicções de cada um exiba garras totalitárias. A relativização do político que acompanhou a ascensão da sociedade democrática levantou suspeitas quanto a projectos deste tipo, porque, como não poderia deixar de ser, a diluição e simplificação da doutrina de tal religião civil teria de ser evidentemente predeterminada pelo político e pelas suas conveniências. A desistência, se é que foi disso que se tratou efectivamente, deveu-se antes de mais nada à constatação óbvia de que a renúncia a pretensões de verdade objectiva e substantiva sobre o mundo e sobre a pessoa (por exemplo, a religião indica o caminho da salvação da alma) colocaria a nova «religião» mais ou menos «civil» no mesmo plano das crenças estritamente políticas e morais, que, dentro de limites não muito apertados, podem ser consensualizadas nas democracias que reúnam certas condições. Foi esse o percurso de todas as sociedades ocidentais, umas com maiores dificuldades do que outras.

Mas porque constitui problema a circunstância de o contributo das religiões para a discussão das questões públicas se alicerçar inevitavelmente, de um modo directo ou indirecto, numa pretensão de «verdade»? Em parte porque, sendo pretensões de verdade, não podem ser avançadas ou validadas nos termos de simples preferências que podem ser contrapostas a outras preferências, as quais podem ser somadas ou subtraídas. Segundo algumas concepções, as simples preferências reveladas são susceptíveis de grandes agregações, permitindo que as decisões políticas não sejam muito diferentes de actos de contabilidade nacional. Por outro lado, as pretensões de verdade podem, com mais dificuldade, ser negociadas ou, no limite, refutadas pelos valores básicos do regime, pelo menos em comparação com puras emanações de escolhas individuais transitivas ou com opiniões testadas processualmente, mas não substantivamente. Para muitos, o espaço público democrático aparece preferencialmente como domínio da «opinião», e da negociação de «opiniões», e nunca da consagração ou do reconhecimento da «verdade», enquanto tal inegociável — pelo menos de acordo com as teses mais inflexíveis, quer do lado secularista, que a caricatura, quer do lado fundamentalista, que a subtrai a qualquer compromisso ou acomodação. Significa isto que as meras opiniões não são pretensões de verdade? Não, mas que as opiniões podem ser negociadas e acordadas. Significa portanto que a prossecução do diálogo entre opiniões é mais importante do que a conclusão desse diálogo.

Uma pretensão de verdade afirma a opinião como verdade definitiva, final e inapelável. Ora, estas propriedades inscrevem-se num autoritarismo que o espaço público democrático não pode aceitar sem se autodestruir. A conclusão deste diagnóstico segue-se do que já dissemos. Se a religião como voz pública põe em causa a indeterminação essencial do debate público democrático, ou pelo menos a provisoriedade das suas escolhas, se a religião como voz pública fecha o que não pode ser fechado, se fecha o que tem de permanecer sempre aberto, se fecha o «horizonte dos possíveis» (de todos os possíveis?), então a religião, como voz pública, colide frontalmente com o espírito que preside ao espaço público enquanto espaço de comunicação democrática. Sem se acrescentar mais nada, a conclusão parece ser coerente com o diagnóstico.

Mas esta posição laicista avança também rumo a uma contradição séria. A religião pode ter uma resposta definitiva e autoritária para uma determinada questão pública. Se a discussão pública acedesse à posição afirmada por essa religião, o debate público resolver-se-ia, por assim dizer, com recurso a um argumento de autoridade. Ora, isso representaria, como vimos, uma ameaça à autodeterminação dessa sociedade democrática em particular. Constituiria uma limitação à deliberação democrática, que não pode ter limitações.

Não pode? Na verdade, algumas limitações terá de aceitar. A deliberação pública é enquadrada por um conjunto de regras. Os exemplos mais comuns seriam os valores políticos e constitucionais fundamentais, o conjunto dos direitos humanos, e por aí em diante. O diálogo — qualquer diálogo — pressupõe condições para o seu estabelecimento. E condições que supõem valores. Esta foi, afinal de contas, uma razão crucial para excluir a voz religiosa do debate público. Mas fica a contradição. Essas condições — e esses valores supostos — estão sujeitos ao diálogo e à negociação? Como aceitar que a deliberação em torno das regras fundamentais possa estar fechada? Não terá ela de permanecer em aberto? Esta dúvida, ou esta contradição, não favorece a posição da religião no espaço público, mas não deixa de fragilizar a segurança da posição laicista quanto às suas próprias certezas.

Hobbes quis construir uma distinção teórica (e que conduzisse a prática) entre público e privado. Não a tomou por garantida muito provavelmente porque ela não existia ou não lhe foi dada. Hoje, fazemo-lo, o que raramente se recomenda. São várias as vozes que sugerem a recolocação da distinção público/privado como um *problema*. Vista nos termos de uma polaridade, rapidamente se percebe que os domínios público e privado não se separam com a clareza que por vezes se supõe. Percebe-se que se situam numa relação de tensão que não pode deixar de afectar a própria composição de cada um deles. A fronteira entre ambos torna-se imensamente problemática, com zonas de indiferença e de indeterminação. Giorgio Agamben é daqueles a quem parece óbvio que cada vez com mais frequência nos é vedada a possibilidade de diferenciar o público do privado. Mais: diz até que «ambos os lados da oposição clássica parecem estar a perder a sua realidade». Radicalizando a tese, Agamben explica que o temido estado de excepção «consiste também na neutralização desta distinção»([9]). Em *Homo sacer*([10]), a

---

([9]) Giorgio Agamben, Ulrich Raulff, «An Interview with Giorgio Agamben», in *German Law Journal*, 5:5, 2004, p. 612.

([10]) Giorgio Agamben, *Homo sacer. Sovereign Power and Bare Life*, trad. inglesa Daniel Heller-Roazen, Stanford, Stanford University Press, 1998, p. 188.

distinção entre privado e público é a superfície da distinção entre o homem enquanto *zoe* e enquanto *bios*, entre a vida privada dentro das paredes da casa e a existência política na cidade. Mas, por ser apenas a superfície, esconde gigantescas zonas cinzentas que, independentemente de todas as questões ontológicas, dificultam os arranjos políticos e os enquadramentos jurídicos.

As dificuldades políticas e jurídicas destas zonas de indiferença ou o impedimento de traçar fronteiras nítidas entre domínio privado e público são imensos. Considere-se o caso seguinte. Quem tem acesso ao espaço público deve ter acesso a recursos públicos, se a sua actividade característica o solicitar? Esse seria um modo de interpretar política e juridicamente a relevância «pública» de uma instituição. A separação entre Estado e Igreja enquanto princípio geral não é suficiente para resolver o assunto, presumivelmente pela resposta negativa. O debate histórico que ocorreu nos primeiros anos da fundação da república americana é a este respeito muitíssimo elucidativo. Deve notar-se que nos nossos dias esse debate ainda não terminou e que ninguém se atreve a prever a sua conclusão. A complexidade do debate não pode sequer ser resumida aqui, mas a formulação da chamada *establishment clause* (Primeiro Aditamento à Constituição dos EUA) e posterior interpretação foram sujeitas a uma discussão e escrutínio intensíssimos. A intenção primordial era invalidar actos legislativos do Congresso que conduzissem ao estabelecimento de uma religião oficial nacional. Mas várias dúvidas subsistiram. Destaco duas: os arranjos entre Estado e Igreja ao nível estadual estavam subordinados a essa cláusula ou o seu alcance era apenas nacional/federal (a tese do «federalismo reforçado»)?; e, ainda, o Estado poderia usar recursos públicos (obtidos através de tributação universal) para financiar as Igrejas desde que nenhuma fosse discriminada negativa ou positivamente (tese dos *non-preferentialists*)? (11)

---

(11) Cf. Donald L. Drakeman, *Church, State, and Original Intent*, Cambridge, Cambridge University Press, 2010. Uma terceira posição

A dupla resposta laicista é a mais previsível: a cláusula subordina os Estados, e os recursos públicos não podem ser usados por nenhuma igreja, haja ou não haja condições de igualdade para todas. Mas a história constitucional dos EUA mostra que pelo menos a segunda dúvida (já que a adopção do 14.º aditamento em 1868, embora de legalidade processual duvidosa, parece ter posto um ponto final à primeira dúvida) é bem mais complexa do que parece aos olhos laicistas, e podemos dizer que ainda não foi definitivamente esclarecida. Em parte, a tese dos *non-preferentialists* traz implícita, quando não explícita, a ideia de que, para usar as palavras de um americano do século XIX, Philip Schaff, «a separação entre Estado e a Igreja, tal como ela existe [nos EUA], não é uma separação entre a nação e o Cristianismo» ([12]). Claro que é possível adoptar uma postura não preferencialista supondo uma abordagem exclusivamente funcional. Se as Igrejas cumprem determinadas funções que, quando são desempenhadas por outras entidades privadas, permitem acesso a recursos públicos (por exemplo, as funções de assistência social ou, o que é mais complexo, as funções de educação), então as Igrejas, em pé de igualdade, devem poder aceder a recursos públicos. Mas, nesse caso, a força do argumento inicial perde-se, na medida em que se começava por associar o acesso a recursos públicos por haver relevância pública da instituição, e não

---

neste debate recolheu o nome de «acomodacionista». Os «acomodacionistas» não insistem na igualdade de acesso aos recursos públicos, antes reivindicam que o Estado «acomode» as necessidades da prática religiosa dos cidadãos, sem quaisquer transferências orçamentais. Por exemplo, que os trabalhadores disponham de tempo para o culto nos seus horários de trabalho ou, como o Supremo Tribunal dos EUA decidiu em 1952, que os alunos devem dispor de tempo concedido pela escola para poderem abandonar o edifício escolar e dirigirem-se ao local de culto adequado às suas crenças com o fito de receber instrução ou de praticar a liturgia. Cf., por exemplo, Franklyn S. HAIMAN, *Religious Expression and the American Constitution*, East Lansing, Michigan State University Press, 2003, pp. 15–19.

([12]) Citado em DRAKEMAN, *Church, State, and Original Intent*, p. 323.

porque, numa lógica de subsidiariedade, entidades privadas podem fornecer serviços que o Estado pretende ver fornecidos à população. O que parece indicar que é preciso assumir, como Schaff assumia, que a «religião» enquanto tal (cristã, no exemplo citado) constitui um bem «público». Isso é que daria relevância pública às Igrejas.

IV

Mas é evidente que a análise da distinção entre público e privado não pode ser separada da discussão mais alargada sobre a «secularização» da sociedade ou das sociedades ocidentais. A literatura sobre este assunto é tão extensa que não podemos sequer começar a discuti-la neste espaço. Podemos, no entanto, aceitar o entendimento de «secularização» como o processo histórico de enfraquecimento da crença cristã, em particular nos mistérios da vida para além da morte, de declínio da prática religiosa, de desligamento entre, por um lado, a ética pessoal e social e, por outro, os preceitos religiosos, de triunfo de uma cultura que deixa de estar essencialmente integrada com o Cristianismo, de separação entre a identificação política e a orientação confessional.

Todavia, os problemas surgem de todos os lados. Mesmo a cronologia de todo o processo, nas suas evoluções e nas suas involuções, que poderia constituir um objecto mais viável de consenso académico, tem sido alvo de diversas interpretações e contestações. Em todo o caso, parece ser razoável admitir que, nas sociedades ocidentais a partir dos anos sessenta do século XX, começa a cumprir-se a profecia iluminista da quebra das crenças religiosas tradicionais, das dificuldades de mobilização das Igrejas, do esvaziamento dos templos, e por aí em diante. Mas mesmo este ponto empiricamente verificável com estudos de opinião, por exemplo ([13]),

---

([13]) Em Espanha, em 1970, 90 por cento dos bebés eram baptizados, ao passo que em 2000 apenas 79 por cento o eram. Os números equivalentes para França são 78 por cento e 51 por cento. Para

pode ser parcialmente contestado se o descrevermos assim: até aos anos de setenta do século XX e um pouco depois, parecia que a questão do lugar da religião na discussão pública, na orientação política, na expressão quotidiana da conduta de cada um estava a ser gradual mas definitivamente resolvida pelo devir histórico. A religião encolhia-se, a secularização agigantava-se, e o problema, por assim dizer, resolver-se-ia por si mesmo. Contudo, no início dos anos oitenta, era evidente que a história já não tinha assim tantas certezas e que a questão teria de regressar às interrogações dos homens. Desde a falência teórica e prática dos regimes ateístas (comunistas) à ascensão das igrejas evangélicas nos EUA, com reflexos políticos imediatos, passando pela revolução islâmica no Irão e até à crescente importância da Igreja Católica em vastas regiões asiáticas, bem como à fundação de movimentos internos à Igreja apostados numa devoção renovada, vários foram os acontecimentos que refrearam as teses triunfalistas do avanço da política sem religião, para nada dizer das sociedades sem Deus. Cada vez mais se tornou notório que a modernidade europeia poderia não ser o guião das modernidades de outras partes do mundo, antes uma excepção na história dos povos.

Vendo com um pouco mais de atenção, e sem ter de omitir o efeito deletério que aos anos sessenta produziu quer sobre os números e comportamentos dos fiéis cristãos europeus (ou sobre a chamada «crise de vocações»), quer sobre o surgimento de novos grupos no seio do Catolicismo, quer ainda sobre a religiosidade de grupos imigrantes minoritários nos países ocidentais, percebia-se que a história da Europa e da América do Norte neste aspecto não seria tão linear como se previra. O entrelaçamento entre a confissão

---

Inglaterra (baptismos anglicanos), 47 por cento e 29 por cento (em 1988). Na Suíça, 95 por cento (católicos e protestantes) e 65 por cento. Ver Hugh McLeod, «The Crisis of Christianity in the West: entering a post-Christian era?», in Hugh McLeod (dir.), *The Cambridge History of Christianity*, Cambridge, Cambridge University Press, 2006, vol. IX, p. 324.

religiosa e a identidade nacional começou a tornar mais complexas as relações de alguns povos europeus com o processo histórico de integração política da União Europeia, por exemplo. A este respeito, ficam apenas sugeridos, a título de mero exemplo, os problemas futuros das identidades nacionais irlandesa e polaca, profundamente ligados à afirmação católica, não raras vezes como expressão de resistência a opressores estrangeiros que entretanto desapareceram. E, uma vez mais como exemplo, as dinâmicas históricas inerentes à integração europeia, particularmente acentuadas em determinadas regiões do continente, que suscitaram à Igreja Católica o desafio de uma «nova evangelização». João Paulo II foi o seu proponente mais enfático([14]).

Estas qualificações são importantes para moderar concepções muito lineares do andamento histórico destas relações e para recordar que os movimentos pendulares também sucedem na história. Houve quem sugerisse um paralelo entre a década de sessenta do século XX e meados do século XVIII, período em que se atingiu um ponto de viragem, ou de arranque, no processo de «descristianização» da Europa([15]). Claro que o que se observa a propósito dos meados do século XVIII, que em rigor foram um momento talvez não inteiramente de declínio religioso, mas de mudança da religião e da religiosidade, também pode ser observado acerca dos anos sessenta. Afinal de contas, foi com esta década que apareceram com expressão mais vincada os novos movimentos religiosos. Foi a partir dessa altura que se tornou mais notória a ascensão generalizada dos movimentos evangélicos, assim como só depois dos anos sessenta, e não antes, se pode falar num recrudescimento do fundamentalismo islâmico fora e dentro da Europa. Estes e outros factos levaram à revisão da tese linear de triunfo da secularização e

---

([14]) Cf. Michael H. Weninger, *Uma Europa sem Deus? A União Europeia e o diálogo com religiões, igrejas e comunidades confessionais*, trad. portuguesa Lino Marques Lisboa, Edições 70, 2009, pp. 348–349.

([15]) Hugh McLeod, «Introduction», in Hugh McLeod e Werner Ustorf (dir.), *The Decline of Christendom in Western Europe, 1750–2000*, Cambridge, Cambridge University Press, 2003, pp. 1–26.

impuseram as teses alternativas da des-secularização([16]) e da recomposição da religião([17]).

Em todo o caso, não restam muitas dúvidas, sejam quais forem as causas, de que os anos sessenta testemunharam uma súbita aceleração do processo de secularização das sociedades ocidentais — e também de outras não situadas no «Ocidente». Ao contrário do exemplo mais ou menos adequado do século XVIII, essa aceleração que esta década trouxe ocorreu por toda a parte no chamado mundo ocidental, sem que seja fácil encontrar aí regiões de excepção. Em alguns casos de modo abrupto e imprevisível, como no Quebeque. Com efeito, só com os anos sessenta o homem ocidental começou a participar de uma experiência historicamente inédita: a de viver, não num *Estado laico* ou *religiosamente neutro*, mas numa *sociedade secularizada*. Assim sendo, é importante sublinhar que secularização não significa apenas «separação»; é um processo que comporta o declínio da religião, isto é, a retirada da religião da vida pública, a queda nas crenças e na prática cultual e a alteração das condições da crença([18]). Ou, na expressão de Gauchet, um processo que comporta a «saída da religião».

O ponto de Gauchet é bem afirmado neste passo:

> A religião só pode expressar-se historicamente do ponto de vista formal e material se tiver uma função claramente definida. A sociedade moderna não é uma sociedade sem religião, mas é uma sociedade cujas principais articulações se formaram pela metabolização da função religiosa.([19])

([16]) Cf., por exemplo, Peter L. BERGER, «Further Thoughts on Religion and Modernity», in *Society* 49 (2012), pp. 313–316; Rob WERNER, *Secularization and its Discontents*, Londres, Continuum, 2010.

([17]) Callum G. BROWN, «The Secularisation Decade: what the 1960's have done to the study of religious study», in Hugh MCLEOD e Werner USTORF (dir.), *The Decline of Christendom in Western Europe, 1750–2000*, Cambridge, Cambridge University Press, 2003, pp. 29–44.

([18]) Charles TAYLOR, *A Secular Age*, Cambridge, Harvard University Press, 2007, p. 423.

([19]) Marcel GAUCHET, *The Disenchantment of the World: A Political History of Religion*, trad. inglesa Oscar Burge, Princeton, Princeton University Press, 1999, p. 163.

Este é um processo de gradual, e não necessariamente linear, esvaziamento do significado social, e portanto público, da religião nas sociedades modernas. A crença religiosa individual pode permanecer sem que a «saída da religião» seja comprometida, pois aqui do que se trata é de um abandono do mundo em que a religião é estruturante na disposição das relações sociais, na definição da forma política, na determinação e consagração dos fins da acção política. A noção de «saída da religião» é particularmente interessante porque, no limite, é compatível com uma sociedade inteiramente constituída por crentes, ainda que estes estejam «além do religioso». Isto é, o que conta não são as crenças pessoais, mas o «padrão dos processos mentais» dos crentes, o seu «modo de coexistência, a forma da sua integração com o ser e a dinâmica das suas acções». Os crentes na religião da «saída da religião» já não têm a sua vida social, material e mental, moldada pela religião. A religião é para eles uma experiência individual, e as relações que o antigo enquadramento religioso estruturava — entre o crente e a comunidade, entre o crente e a natureza, entre o crente e a história — esboroam-se([20]).

Quer recorramos à noção de «saída da religião» quer não, podemos dizer que gradualmente os vínculos entre a religião, ou entre a autoridade da Igreja, e a sociedade se foram tornando cada vez menos apertados. No caso do Cristianismo nas sociedades ocidentais, a religião deixou de fornecer uma linguagem comum com a qual se discutiam as questões sociais e se construíam referenciais públicos. Perdendo o estatuto de linguagem comum, a religião adquiriu outro, o de dialecto local, que não facilita nem a articulação de uma voz pública religiosa nem a inteligibilidade do diálogo público entre grupos sociais diferentes. As crenças religiosas puderam até certo ponto permanecer sem que essa permanência evitasse que as pertenças religiosas fossem sendo organizadas ao lado do espaço social comum, como separação cada vez mais evidente — o que não

([20]) GAUCHET, *Disenchantment*, p. 101.

foi impeditivo do crescimento de Igrejas e seitas enquanto grupos, como é manifesto na sociedade americana, por exemplo.

Também é verdade que as várias tentativas de reconstituição de uma linguagem comum isenta de referências religiosas, ou de conceitos metafísicos, não foram inteiramente bem-sucedidas. Mas a insistência numa racionalidade inteiramente secular, a única autorizada a assistir as várias fases da argumentação pública, persiste. O secularismo mais enfático propõe uma única fonte autoritária de argumentação pública, mas as últimas décadas têm assistido um pouco por toda a parte à resistência nem sempre residual a esta proposta. O efeito dessa oposição tem sido uma coexistência de racionalidades e de referenciais simbólicos na grande maioria das democracias, embora as fontes não seculares estejam mais frequentemente à defesa do que as rivais. A chamada «crise da modernidade» não tem ajudado a causa da presença da religião no espaço público, mas tem certamente contribuído para impedir o triunfo do absolutismo secularista na imposição de uma única fonte de autoridade na regulação de todos os aspectos associados ao desenvolvimento do debate público nas sociedades democráticas. O desencanto com a racionalização hiperbólica da vida humana e com a reconfiguração da sociedade segundo os ditames de uma racionalidade de tipo instrumental tem contado na relativização do projecto racionalista secularista e contribuído para favorecer hábitos de espiritualidade — embora também para um novo cultivo do instinto e da expressão das emoções sem mediação. As mudanças na vida espiritual e na religiosidade que têm ocorrido nas sociedades ocidentais, com a sua tónica no experimentalismo, na desinstitucionalização do culto, na individualização da prática, decorrem bastante desse desencanto([21]).

([21]) Yves Lambert, «New Christianity, Indifference and Diffused Spirituality» in Hugh McLeod e Wener Ustorf, *The Decline of Christendom in Western Europe, 1750–2000*, pp. 63–68.

Nas sociedades modernas, segundo Gauchet, a religião (no singular ou no plural, pouco importa para este efeito) sobrevive, mas separada do mundo social e político. Separada no sentido em que os não influencia e muito menos os determina. Mas, como se disse há muito tempo, quando cai a teoria platónica dos dois mundos e se abole o mundo transcendente (ou o mundo das formas ou o mundo das ideias), o mundo que resta (o mundo sensível, temporal, da experiência, o mundo «meramente humano») afinal também não sobrevive. Quer dizer que a relação entre ambos também era constitutiva do mundo da «experiência». Desaparecendo o mundo do além, é «este» mundo que se vê radicalmente diferente. A dinâmica da «saída da religião» parece seguir o andamento nietzschiano do colapso da teoria dos dois mundos. Neste caso, o mundo social e político transforma-se porque absorve e reconstitui o reflexo que a religião emitia sobre ele. Não se trata de uma simples operação aritmética de subtracção. A «política do homem» faz-se agora, não a prefigurar o céu, não em substituição do céu, nem contra o céu, mas simplesmente *sem* o céu([22]). Uma experiência que, como se sabe, não tem quaisquer precedentes históricos.

Se é verdade que o homem ocidental se tornou «metafisicamente democrata»([23]), isto é, consciente de que a ordem que habita é da sua criação e de que se rege por leis que ele próprio fez e mais ninguém, então a invocação de uma terceira pessoa fora do universo dos homens obreiros da ordem que habitam tem de assumir um carácter clandestino e até insuportável. Insuportável porque, na luta entre a política da autonomia e a política da heteronomia, a primeira é para a segunda a manifestação da insolência e da soberba, e a segunda é para a primeira um despotismo intrusivo e paternalista. A invocação de Deus na discussão pública equivaleria, portanto, à invocação de um intruso, algo evidentemente inadmissível. A imanência radical da

---

([22]) Para esta bela formulação, cf. Marcel GAUCHET, *La religion dans la démocratie*, Paris, Gallimard, 1998, p. 89.

([23]) *Idem, ibidem*, p. 11.

vida colectiva nas sociedades modernas tem esta consequência. «A compreensão temporal de nós mesmos — falo da compreensão espontânea, quotidiana, prática — é real e completamente subtraída à imemorial estruturação religiosa do tempo.» ([24])

Quando se fala de recomposição da religião ou da religiosidade, na grande maioria dos casos essa recomposição tem sido coerente com as restantes tendências morais, psicológicas e sociais do mundo tardo-moderno. A nova religiosidade tem de se apresentar a si mesma e à restante sociedade como uma extensão espontânea da liberdade e da autonomia do sujeito, incluindo da autonomia para reconstruir e se apropriar dos elementos potencialmente constitutivos da identidade. As opiniões que aparecem no espaço público seguem a mesma tendência. Antes de mais nada, isto quer dizer que a autoridade pública e social das Igrejas organizadas (incluindo a Igreja Católica) pode estar a degradar-se, ainda que os números reflictam a recomposição da religião e não indiquem um abandono drástico das práticas cultuais. Esta primeira hipótese não deve surpreender. A individualização das crenças e a privatização do sentir têm de suscitar estas consequências no plano do espaço público. Mais: a circunscrição estreita da autoridade social da religião há muito que é entendida como condição indispensável para a autonomia das consciências e, apesar de haver muitos espaços geopolíticos em que o discurso público constituído por apelos e elementos religiosos parece ser mais frequente hoje do que era há 40 anos, como nos EUA, no entanto, o limite severo para a autoridade social da religião não recuou. A serem verdadeiros estes elementos, são colocadas sérias limitações às possibilidades descritivas e explicativas dos estudos de opinião sobre os «hábitos religiosos e cultuais». Os números terão dificuldade em representar processos deste tipo em que a religião «sai» da sociedade, mas não desaparece necessariamente da vida individual das pessoas.

([24]) Gauchet, *La religion*, p. 30.

Temos, então, um resultado provisório que soa a paradoxal: a «saída» da religião pode ser acompanhada de números expressivos, indicativos de um «ressurgimento» da religião, ou que pelo menos afastam categoricamente a sua «morte» antecipada pelas correntes iluministas-ateístas dos séculos XVIII e XIX, para não mencionar os milenarismos totalitários anunciadores de uma era histórica pós-religiosa. Mas não existe aqui qualquer paradoxo. Apenas a sobreposição histórica da «saída» da religião da sede da autoridade social, com a entrada, por uma porta diferente, das diferenças humanas no espaço público democrático de comunicação. Ambas correspondem ao impulso dado pela descoberta e pelo triunfo da subjectividade no mundo moderno, mas, do ponto de vista que nos interessa, não podem ser confundidas. As crenças e as pertenças particulares têm ganho acesso ao espaço público, mas numa condição diferente da que era antecipada por concepções deliberativas da sociedade democrática. Nas últimas décadas, um pouco por todas as democracias ocidentais, as reivindicações de voz própria no espaço público político têm surgido das apropriações subjectivas das realidades sociais. A identidade pessoal que reclama presença e voz decorre de um amplo e heterogéneo movimento de apropriação subjectiva das diferenças étnicas, sociais e, claro, religiosas. A personalidade é construída pelo sujeito e, na medida em que é subjectivamente construída, reclama reconhecimento do resto da «sociedade», para não falar do Estado e do seu aparelho jurídico. A consequência para a fluidez da comunicação no espaço público democrático é fácil de constatar. Se essas divergências forem afirmadas como diferenças identitárias subjectivamente produzidas e intraduzíveis, então as condições para o diálogo tornam-se muito mais precárias. Dissemelhanças dessa ordem não se juntam ao processo de consolidação de uma identidade social comum; pelo contrário, operam como fontes de dissociação relativamente ao conjunto da sociedade.

Ora, se as pessoas religiosas assumirem o seu papel de minorias que devem ser protegidas enquanto tais, então nada mais resta em termos de significância pública e social da religião do que uma simples reivindicação de direitos constitucionais e humanos — mesmo que estejamos a falar da sumamente importante liberdade religiosa. A relevância pública que confere estatuto de interlocução de primeira ordem nada ganha com esta viragem. As minorias religiosas ficam situadas junto de outras minorias com reivindicações parciais de respeito pelos seus direitos enquanto minorias. De um ponto vista geral, as crenças e os seus corolários sociais podem ser debatidos; as identidades e as suas consequências sociais não. Nesta perspectiva, é crucial resistir à tentação, por parte dos católicos, por exemplo, de quererem ser reconhecidos enquanto tais no espaço público para depois nada terem a contribuir para o debate e apenas recapitularem aquilo que são ou descreverem o modo como se identificam a si mesmos. Isto é, se apenas falarem de si próprios.

É certo que o impulso da reivindicação de reconhecimento — e a disponibilidade da sociedade e do Estado para o consumarem — é contrário à ocultação da religião do espaço público que parecia ser a decorrência irresistível da radicalização da secularização dos anos sessenta. Mas esta «política do reconhecimento», como é comum designá-la, confere publicidade às diferenças sociais enquanto tal. É inegável a crescente publicidade das pertenças subjectivas. Mas esta não traz consigo a consolidação de um espaço comum em que opinião/crenças radicadas numa pertença comum são postas em comunicação. O reconhecimento público da crença privada não é um acontecimento discreto. Produz uma sequência contínua de consequências. Quem se vê reconhecido sente-se autorizado a deliberar com razões não partilhadas pelos outros precisamente em virtude desse reconhecimento.

> [As crenças e os novos movimentos sociais] procuram ser reconhecidos nas esferas públicas internas, na constituição da sociedade civil em relação ao Estado enquanto grupos culturalmente distintos, e não ser confinados apenas à esfera privada. Além disso, também reivindicam, como ficou patente no recente

> debate sobre a *laïcité* em França, a reconstrução tanto dos novos espaços públicos, bem como a reconstrução dos símbolos da identidade colectiva das respectivas sociedades. Isso implica a transposição da maior parte do que era até então sub-identidades — embora, é certo, de um modo profundamente reconstruído — para os centros das respectivas sociedades e para as arenas internacionais, contestando a hegemonia dos antigos programas homogeneizantes da modernidade ou reclamando os seus próprios lugares autónomos nos espaços simbólicos e institucionais centrais das respectivas sociedades [...]. Muito frequentemente também fazem reivindicações de longo alcance respeitantes à redefinição da cidadania e dos direitos e prerrogativas a ela associados [...].([25])

Se o espaço público se pode definir como o «conjunto de processos sociais que tem como protagonistas instituições e organizações com formas variadas de assunção de responsabilidades e de crítica»([26]), então é preciso acrescentar: é também um espaço de comunicação em que a relação dessas instituições e organizações umas com as outras, e com o resto da sociedade, é estruturada por uma obrigação interna e externa muito particular, a de se dar a conhecer e de conversar sobre esse conhecimento mútuo.

V

E a Igreja Católica, como se posiciona neste debate? É evidente que a Igreja não pode aceitar uma das traves-mestras do laicismo mais extremo, a de que existe apenas uma fonte autoritária da razão pública que regula a acção comunicativa, as regras da discussão, da persuasão e da

---

([25]) Shmuel N. Eisenstadt, «The Transformations of the Religious Dimension in the Constitution of Contemporary Modernities», in Bernard Giesen e Daniel Suber (dir.), *Religion and Politics*, Boston, Brill, 2005, pp. 22–23.

([26]) A definição sintética é de Luca Diotallevi, *Una alternativa alla laicità*, Roma, Rubbettino Editore, 2010, p. 15, nota 19.

crítica. A Igreja também tem de estar muito atenta quanto ao crescente monolitismo do espaço público em algumas sociedades europeias em que o Estado aparece como interlocutor primordial de toda a conversação. A abordagem poliárquica do exercício da liberdade da Igreja é a que melhor serve os seus fins, a sua natureza e a sua vocação. Isto é, a concepção de sociedade e de política que mais se lhe adequa é a que insiste nos limites da política, nas limitações do poder do Estado, do seu alcance legislativo, da sua autoridade e da sua jurisdição. É a que insiste num tecido social e político multicêntrico, em que a descentralização é prática recorrente, e a subsidiariedade o seu princípio.

Mas não basta assumir a defesa de uma liberdade religiosa meramente negativa, de uma liberdade da Igreja meramente defensiva e compatível com a sua retirada para uma esfera estritamente privada. Não basta porque essa concepção minimalista de liberdade religiosa não responde à vocação autêntica da Igreja. Afinal de contas, a Igreja é um Povo. É uma comunidade estruturada e organizada, que assume como dever a procura do bem-comum de *toda* a sociedade. Ora, esse é também o fim da comunidade política. Por isso diz a *Gaudium et spes*: «No campo que lhe é próprio, a comunidade política e a Igreja são independentes e autónomas uma da outra. Mas ambas, embora a títulos diferentes, estão ao serviço da vocação pessoal e social dos mesmos homens» ([27]). Assim sendo, a comunidade e a política e a Igreja, apesar de sociedades autónomas, concorrem para pelo menos um fim coincidente: o bem-comum de *toda* a sociedade e o desenvolvimento integral da pessoa. Com este fim coincidente nasce a necessidade de conversação e de cooperação entre o Estado e a Igreja. Mais: a justa autonomia da esfera temporal, reconhecida pela Igreja, não pode no entanto excluir a integração do mundo social e político de uma «visão integral do homem e do seu destino eterno» ([28]).

([27]) Concílio Vaticano II, Const. Past. *Gaudium et spes*, n.º 76.

([28]) Bento XVI, 24 Junho 2005, «Discurso do Papa Bento XVI durante a visita oficial ao Presidente da República Italiana», [URL]

A esta luz, a autonomia das duas sociedades, a temporal e a Igreja enquanto *societas perfecta*, não pode ser interpretada como completa independência uma da outra, como se fosse possível a Igreja estar de costas voltadas para a sociedade alargada e concentrada exclusivamente na sua vida interna. Por outro lado, também estão inteiramente fora de causa projectos de confusão entre as instituições políticas e as funções religiosas. A autonomia de ambas deve ser levada muito a sério e como condição de integridade do desempenho saudável das respectivas funções e vocações. Mas, no final de contas, a Igreja e as instituições políticas actuam na mesma sociedade, servem as mesmas pessoas. No dizer da *Gaudium et spes*, «tanto mais eficazmente exercerão este serviço para bem de todos quanto melhor cultivarem entre si uma sã cooperação» ([29]).

Cabe à Igreja cultivar uma relação de parceria e colaboração com o Estado. Se as delimitações institucionais de cada um estão perfeitamente delineadas e esclarecidas, essa relação pressupõe um diálogo constante entre a Igreja e o Estado, e sobretudo entre a Igreja e a entidade que se entende ser representada pelo Estado, mas que não se confunde com ele: a sociedade alargada. Mas para isso é necessário que se encontrem num espaço comum para levar a cabo essa conversação que não deve ser interrompida. Pois então a liberdade religiosa que a Igreja tem de invocar não pode estar circunscrita a uma noção meramente negativa, que se limite a proibir impedimentos externos à acção da Igreja no domínio privado. Essa liberdade não é suficiente para o desenvolvimento do diálogo sem o qual a relação de parceria e de coordenação entre a Igreja e a Sociedade (e o Estado) não pode subsistir. A liberdade religiosa tem de ser uma verdadeira liberdade pública. Não basta a liberdade como isenção de interferência externa — do Estado — nos

---

<http://www.vatican.va/holy_father/benedict_xvi/speeches/2005/june/documents/hf_ben-xvi_spe_20050624_president-ciampi_po.html>

([29]) *Gaudium et spes*, n.º 76.

seus assuntos e na sua vida interna. É preciso uma liberdade democrática de participação.

A Igreja Católica deve manter, portanto, uma relação de parceria com o Estado. A Igreja vive e trabalha na mesma sociedade que os restantes homens, mas não lhe é idêntica. Já vimos que uma presença muito activa da Igreja no espaço público desperta o receio secularista (e não apenas secularista, diga-se) de uma ameaça autoritária. Por outro lado, não deve ser desvalorizado o receio oposto, isto é, o receio que traduz a ansiedade seguinte: se permitirmos que o espaço público seja esvaziado de tudo o que pode ser considerado «autoritário» — no sentido de ser portador de uma pretensão coerciva de verdade — e portanto impositivo, acordaremos um dia com um espaço público vazio. Ou, melhor, com um vazio que vai sendo imediatamente preenchido pela única referência que resta, à medida que o mínimo denominador comum da opinião se vai reduzindo e encolhendo: o Estado. O caminho fica mais aberto para a sacralização do Estado e para a redução do horizonte público de cidadania ao Estado e a nada mais do que o Estado.

Em 2002, numa «Nota doutrinal sobre algumas questões relativas à participação e comportamento dos católicos na vida política», a Congregação para a Doutrina da Fé fazia ver que «a fé verdadeiramente vivida tem uma meta pública, participando no público» e que os leigos devem praticar a cidadania com o propósito geral de «animar cristãmente a ordem temporal» ([30]). Os católicos têm de respeitar a natureza própria, os mecanismos de legitimidade e a autonomia da ordem temporal e devem fazê-lo na cooperação e conversação com os demais cidadãos (não católicos). A nota doutrinal alerta para uma certa armadilha secularista,

---

([30]) Joseph Ratzinger, «Nota doutrinal sobre algumas questões relativas à participação e comportamento dos católicos na vida política», in Congregação para a Doutrina da Fé, 24 de Novembro de 2002, n.º 1. [URL] <http://www.vatican.va/roman_curia/congregations/cfaith/documents/rc_con_cfaith_doc_20021124_politica_po.html#_ftnref25>

coberta por um apelo erróneo à tolerância, segundo a qual se apela aos cidadãos católicos — entre outros — para que

> renunciem a contribuir para a vida social e política dos próprios Países segundo o conceito da pessoa e do bem comum que consideram humanamente verdadeiro e justo, a realizar através dos meios lícitos que o ordenamento jurídico democrático põe, de forma igual, à disposição de todos os membros da comunidade política.[31]

É preciso, portanto, resistir à negação laicista do «direito-dever» dos cidadãos católicos enquanto tais de «procurar sinceramente a verdade e promover e defender com meios lícitos as verdades morais relativas à vida social, à justiça, à liberdade, ao respeito da vida e dos outros direitos da pessoa»[32].

As racionalidades específicas (evidentemente alicerçadas na fé e nos ensinamentos divinos) que assistem à formação dessas opiniões/verdades avançadas pelos católicos no espaço público não lhe retiram legitimidade de argumentação pública, nem podem constituir motivo para a sua supressão. E é precisamente por uma perspectiva democrática que a nota doutrinal reafirma este direito-dever. A participação democrática ou é livre ou não o é. Em democracia, «todas as propostas são discutidas e avaliadas livremente»[33]. A origem da racionalidade (e, no limite, da fonte de autoridade) para a argumentação pública desenvolvida não pode servir de princípio de desqualificação política dos cidadãos. Se o for, entramos numa era intolerante — e *portanto não democrática* — e laicista. A negação do «direito-dever» dos católicos no espaço público atenta contra a «relevância política e cultural da fé cristã» e contra a «possibilidade de uma ética natural»[34]. Do ponto de vista laicista, esta

---

[31] «Nota doutrinal», n.º 2.
[32] «Nota doutrinal», n.º 3.
[33] «Nota doutrinal», n.º 3.
[34] «Nota doutrinal», n.º 3.

acusação pode não ferir muito fundo. Mas a acusação de que assim se atenta contra o legítimo pluralismo das sociedades modernas, que necessariamente deve incluir a voz católica na sua formação, já atinge os elementos centrais do laicismo democrático. Atinge a sua defesa da imparcialidade e da neutralidade entre confissões religiosas e entre religiosos e não religiosos([35]).

É evidente que a formação de um verdadeiro pluralismo social está longe de esgotar a justificação da Igreja e dos católicos para a sua intervenção no espaço público. O ponto é o da indivisibilidade da verdade e da moral. Estas são indivisíveis porque não podem estar separadas em domínios temporais e espirituais independentes. A adequação da ordem social e política aos princípios éticos (inseparáveis da verdade acerca do homem e do seu destino) não possui um molde único ou conhece uma modalidade exclusiva de concretização histórica. Isso constituiria um erro desproporcionado. Do mesmo modo, os católicos não se devem sentir intimidados pela instrução habermasiana de que o acesso dos argumentos religiosos ao espaço público esteja condicionado à sua traduzibilidade para a linguagem da razão — desde que da «linguagem da razão» não se tenha uma ideia monolítica e exclusivamente processualista. Pelo contrário, as modalidades de concretização histórica da adequação da ordem social política aos princípios éticos e de desenvolvimento integral da pessoa têm de ser negociadas e construídas em cada momento com os restantes cidadãos e instituições não católicos. E em público. O que solicita imediatamente a ideia de moderação e de compromisso. Mas a moderação e o compromisso não corrompem os princípios ou desdizem as palavras de João Paulo II, na Carta Apostólica para a proclamação de São Tomás Moro, segundo as quais os políticos têm de reconhecer «o primado

---

([35]) Cf. Robert Audi, Nicholas Wolterstorff, *Religion in the Public Square: The Place of Religious Convictions in Political Debate*, Nova Iorque, Rowman & Littlefield, 1997, pp. 4-67.

da verdade sobre o poder»([36]). A moderação e o compromisso fazem apelo à criatividade histórica dos católicos, à sua inteligência e à capacidade de ler a realidade histórica além do momento presente.

([36]) João Paulo II, «Carta Apostólica sob forma de *motu proprio* para a proclamação de S. Tomás Moro Patrono dos governantes e dos políticos», n.º 1. [URL] http://www.vatican.va/holy_father/john_paul_ii/motu_proprio/documents/hf_jp-ii_motu-proprio_20001031_thomas-more_po.html>.

MARSÍLIO DE PÁDUA
E A REUNIFICAÇÃO DO POLÍTICO

I

Aquilo a que hoje retrospectivamente chamamos autonomização do político para Marsílio correspondia mais exactamente à *recuperação da unidade do político*, que fora dividido com a inauguração de uma religião que cindia o mundo entre o que era de César e o que era de Deus, que criava duas esferas de funções ou de competências que acabavam por corresponder a dois governos distintos, o temporal e o espiritual, e, no seu entender, conflituantes, mas que ao mesmo tempo também multiplicava as pretensões directas ou indirectas ao domínio de César. No fundo, criava duas autoridades distintas que reivindicavam jurisdições sobrepostas. Neste ponto, Marsílio antecipou perfeitamente as queixas de Maquiavel, de Hobbes, de Espinosa, de Bayle ou de Rousseau. A dita divisão não se limitava a atentar contra a unidade, mas a destruir a própria cidade, ou pelo menos a impedir a realização dos seus fins, a começar pela paz.

Por conseguinte, o contributo de Marsílio de Pádua para o movimento de autonomização do político só pode ser compreendido à luz de um movimento paralelo, mas não exactamente coincidente, de privatização da religião e de desinstitucionalização da Igreja. A vida da comunidade política pode inclusivamente ser pensada e interpretada recorrendo à pura «demonstração humana» e à *experientia sensata*, prescindindo-se desta forma da iluminação divina. É assim que a filosofia política é forçada a repensar as condições da existência política dos homens, o direito político e a organização do poder, sem ter de tomar em consideração os ensinamentos da Revelação.

Como se sabe, a obra *Defensor pacis* tem como objectivo expresso exortar à paz, ou à tranquilidade (*tranquilitas*), e repreender a discórdia. Quando os reinos se afundam na discórdia, tudo o que é bom na vida humana, particular e colectiva, se dissipa, e vêm as desgraças. Mas é preciso perceber que a discórdia no seio dos povos adveio, segundo Marsílio, de uma divisão, que gerou uma colisão entre duas partes das comunidades humanas que se opõem. Qual foi a causa dessa divisão? Aristóteles não chegou a conhecê-la, pois não consta do livro V da *Política*. Não a conheceu porque não a pôde «observar»([1]). O que quer dizer que essa causa só se materializou depois da época de Aristóteles. Chegou mais tarde, mas mudou o mundo político para sempre. Não será possível recuperar a paz sem lidar cabalmente com esta causa. Parece até que Marsílio escreveu *Defensor pacis* com o exclusivo propósito de «desmascarar esta causa particular dos litígios»([2]). A causa desconhecida de Aristóteles tem a sua origem, evidentemente, na descida do Filho de Deus ao mundo dos homens para os salvar. E Marsílio não fugiu à consequência mais perigosa: a de que a «fonte da salvação do homem foi também a fonte da danação política», embora a dita relação de consequência não seja uma relação *necessária* de consequência([3]).

([1]) Marsílio de Pádua, *Defensor pacis*, ed. Jeannine Quillet, Paris, J. Vrin, 1968, I.1.3.

([2]) *Ibid.*, I.1.7.

([3]) Annabel Brett, «Introduction» in Marsílio de Pádua, *The Defender of the Peace*, ed. Annabel Brett, Cambridge, Cambridge University Press, 2005, p. xxvii.

Uma prestigiada intérprete e tradutora de Marsílio, Jeannine Quillet, faz questão de sublinhar que para Marsílio nunca se trata de negar a instituição da Igreja enquanto tal. Como comunidade de fiéis que é, a Igreja tem de ser uma organização concreta. E, embora Quillet reconheça que Marsílio jamais integra o carácter místico da Igreja, não deixa de insistir na necessidade de institucionalização da Igreja. O que Marsílio recusa, diz Quillet, não é a instituição da Igreja, mas uma certa configuração institucional que a Igreja assumiu com o passar dos séculos([4]). Daí, continua a tese, a sua eclesiologia ter um pendor fortemente conciliar num esforço de recuperação das relações eclesiais originárias e únicas consagradas nas Escrituras. E é também assim que Quillet acomoda a subordinação do poder da Igreja ao poder político, já que os primeiros oito concílios ecuménicos se realizaram por imposição do imperador (Constantino) e foram organizados pelo poder temporal, facto que Marsílio não se cansou de recapitular. No fundo, que o anticlericalismo indiscutível de Marsílio não é mais do que um protesto em nome da Igreja primitiva e do sentido autêntico das instituições religiosas cristãs([5]).

A questão que se deve colocar, porém, é se Marsílio, no contexto preciso em que elaborou as suas obras, poderia mobilizar outro recurso retórico além desse no seu desígnio de minar a autoridade pontifícia? Isto é, Marsílio poderia argumentar contra a autoridade papal inserido noutro horizonte crítico que não o da ideia da Igreja primitiva e da autoridade conciliar sem, com isso, abandonar a órbita do mundo cristão e assim condenar os seus escritos à nulidade persuasiva? Além disso, e no que toca ao aspecto organizativo ou institucional da Igreja, é sempre conveniente reparar como a discussão de Marsílio não é linear, pondo em causa o carácter místico da Igreja por omissão, quando não discute a instituição, e insistindo na sua natureza puramente

---

([4]) Jeannine Quillet, *La philosophie politique de Marsile de Padoue*, Paris, J. Vrin, 1970, p. 168.

([5]) *Ibid.*, p. 165. Ver, por exemplo, *Defensor pacis*, II.25.1.

espiritual, isto é, não temporal, quando acentua a necessidade de desinstitucionalização da religião([6]).

Quillet chamou igualmente a atenção para o facto de o aristotélico Marsílio não declarar o homem como um animal político. Seria o mínimo que se poderia esperar de um aristotelismo tão explícito. Marsílio limita-se a postular que o homem possui um «desejo natural» de viver em sociedade([7]). A associação entre os homens começa pela relação entre o homem e a mulher, e a formação da família ou do lar. Depois, de modo gradual e crescentemente complexo, várias famílias unem-se para superar a sua débil suficiência, unidade que adquire, seguindo Aristóteles, o nome de aldeia([8]). No seio do lar, é o patriarca quem governa a seu bel-prazer, sem seguir qualquer lei ou costume. Mas esta racionalidade ainda deficiente não satisfaz os requisitos da associação mais complexa que é a aldeia. Nesse novo contexto, uma certa equidade e uma ordem mais racional tornam-se necessárias como padrões de julgamento do justo e do útil. Um julgamento arbitrário trará a guerra entre os vizinhos da aldeia. O julgamento das contendas terá, pois, de obedecer a critérios de maior universalidade quando se transita para a aldeia([9]).

A crescente complexidade da vida humana manifesta-se na expressão social das diferenças entre os homens: em concreto, nas artes e nos modos de vida. A homogeneidade da vida simples e isolada da família cede passo à diferenciação entre as partes da comunidade. Em larga medida, o fundamento dessa diferenciação é dado pela natureza, que gera homens diferentes, isto é, com diferentes disposições.

([6]) Ver, por exemplo, *ibid.*, II.2.3.

([7]) *Ibid.*, I.13.2; ver *Le défenseur de la paix*, ed. QUILLET, I.3.3, nota 1. Mansfield aponta o mesmo facto. Retira a conclusão de que Marsílio, ao contrário de Tomás de Aquino ou de Dante, não recorre à natureza nem para «guiar» ou para «fundamentar» a política. Harvey Mansfield, *Taming the Prince. The Ambivalence of Modern Executive Power*, Baltimore, Johns Hopkins University Press, 1993 p. 102.

([8]) *Defensor Pacis,* I.3.3.

([9]) *Ibid.,* I.3.4.

Uns têm uma predisposição para a prudência, e formarão a parte dos juízes e governantes; outros serão mais fortes e atraídos por actos corajosos, e constituirão a parte militar. Cada parte se distingue da outra pela diversidade das inclinações naturais e pelas diferentes espécies de *habitus* que são cultivadas([10]). No entanto, o «legislador humano» é quem determina as partes da cidade. É a sua «causa eficiente»([11]).

A cidade é, pois, uma comunidade cujas partes se diferenciam umas das outras. Decorre do desenvolvimento da razão e do aprofundamento da experiência humana, que conduzem à descoberta do que é necessário para a sobrevivência e à sinalização da vida boa que constitui o fim da cidade([12]). Assim, a cidade é uma comunidade perfeita e auto-suficiente, mas caracteriza-se também pela diferenciação entre as partes que a constituem. A sua tranquilidade, ou a sua saúde, depende portanto do equilíbrio entre partes que são diferentes.

Sem grande novidade, Marsílio afirma que a vida e a vida boa do homem têm dois aspectos distintos: o temporal e intramundano, e o eterno e celeste. Quanto ao segundo, diz Marsílio com mais novidade, os filósofos *nada* puderam demonstrar. Quanto à vida deste mundo, «os filósofos mais ilustres demonstraram *quase* toda a sua matéria»([13]). O que parece indicar que nem tudo foi dito pelos filósofos acerca da vida terrestre. Resta saber se esse algo que parece situar-se além dos esforços dos filósofos é significativo. Talvez o que convenha acrescentar seja este facto inscrito na natureza dos homens, o de que são «compostos a partir de elementos contrários», e de que esse movimento de contradição «corrompe quase constantemente a sua substância», e outro facto que pode ser sumariamente descrito como a extrema fragilidade e vulnerabilidade com que o homem é posto no

([10]) *Ibid.*, I.7.1.
([11]) *Ibid.*, I.8.1.
([12]) *Ibid.*, I.3.5, I.4.2.
([13]) *Ibid.*, I.4.3. Os itálicos são meus.

mundo. O homem precisa, pois, da protecção de um número infindável de estruturas e artefactos que só podem ser gerados pela cooperação e esforços concertados de muita gente. Cada parte da cidade contribuirá com bens específicos e estará relacionada com as restantes pela troca desses bens por outros gerados pelas demais partes. Porém, a coexistência e interacção entre tantos homens traz consigo a fricção e o desentendimento. Logo, o governo de todos estes actos sociais tem de ser regulado por uma «norma de justiça». De outro modo, virá o conflito aberto e a destruição da cidade. Não existe cidade sem uma regra de justiça ou um juiz que a aplique([14]).

Uma das partes da cidade, que Aristóteles considerara ser a primeira na ordem de importância([15]), estará dedicada ao culto de Deus e à preparação para os bens que aguardam os homens na outra vida. Sobre ela, e desafiando implicitamente o mestre estagirita, Marsílio diz que nem todos os homens estão de acordo quanto à necessidade da sua existência. Pelo menos quando comparamos a sua opinião relativamente à necessidade da existência das restantes partes da cidade. Mas não nega que «todos os povos» estejam de acordo quanto ao seu «estabelecimento» ou existência. Contudo, Marsílio está mais interessado na opinião dos filósofos sobre esta matéria. Afinal, parece que aquilo que os filósofos pensam sobre as coisas goza de prioridade em relação a opiniões e doutrinas emanadas doutras fontes. E o que disseram ou pensaram os filósofos? Que, não obstante a falsidade dos dogmas religiosos, dos seus ritos, em suma, que, não obstante a inexistência dos deuses adorados, a religião exerce uma função salutar como disciplinadora dos actos humanos. A ameaça dos castigos divinos — e a promessa de recompensas do mesmo género — economiza a energia política e moral, para não falar da violência da coerção, que seriam necessárias para conduzir os homens pelos caminhos do bem ou para os afastar das más acções, para os levar à

([14]) *Ibid.*, 1.4.3–5.

([15]) Aristóteles, *Política*, 1328b10.

virtude e os separar do vício. A tese dos filósofos é, portanto, a da religião civil([16]).

O fim sobrenatural do homem não pode ser demonstrado pela filosofia política, e, portanto, aquele deve ser considerado como um «meio postulado para promover o fim mundano» ou natural. Em grande medida, a filosofia política só pode considerar a religião revelada, e o fim sobrenatural que esta atribui ao homem, como instrumental à vida mundana ou política. O que equivale a dizer que a filosofia política só pode considerar a religião revelada como uma religião civil, à semelhança da consideração da religião pagã levada a cabo pela filosofia política clássica. A função dos padres deve, pois, ser repensada à luz desta consideração da filosofia política. Estes são os instrumentos de um instrumento político, e não mais do que isso. Pelo menos, não podem ser «nem governantes, nem juízes». Ensinam uma doutrina — a das recompensas e castigos celestes — que produz, ou deve produzir, bons efeitos morais, sociais e políticos na cidade([17]).

Em concreto, qual é, então, a função do clero na cidade? Não mais do que «moderar os actos humanos comandados pelo conhecimento e pelo apetite, imanentes e transitivos» — poderíamos dizer os actos humanos voluntários([18]), cuja concretização pode ser impedida pelo espírito de cada homem([19]) ou autorizada pela «potência activa» do espírito([20]) —, na medida em que tal promova a vida no mundo da eternidade([21]). E fá-lo através da pura e simples promulgação da lei divina ou dos mandamentos de Deus e sem recorrer a qualquer outro meio.

([16]) *Defensor pacis,* I.5.11.

([17]) Leo Strauss, «Marsilius of Padua», in *History of Political Philosophy,* ed. Leo Strauss, e Joseph Cropsey, 3.ª edição, Chicago, The University of Chicago Press, 1987, p. 278.

([18]) *Defensor pacis,* II.13.14.

([19]) *Ibid.,* II.8.2–3.

([20]) *Ibid.,* II.8.5.

([21]) *Ibid.,* I.6.1.

Não será então excessiva a minha indicação inicial de que Marsílio desejava implicitamente a privatização da religião cristã ou a extinção da sua relevância pública? Afinal, não poderia Marsílio apenas aspirar a modificações no Cristianismo de carácter sobretudo eclesial para poder contar com a religião como parceira da política? Por outras palavras, por que não poderia Marsílio ter como objectivo o recrutamento do Cristianismo para um desígnio autenticamente «civil» e assim regressar plenamente à unidade da cidade grega? Essa seria uma possibilidade, aparentemente seguida por Maquiavel no capítulo 2 do livro II dos *Discorsi*. Mas, no *Defensor minor*, Marsílio confronta um dos argumentos avançados para proteger o estatuto dos padres como agentes coercivos neste mundo. O argumento, que Marsílio reproduz, explica que é assim que os homens serão levados a agir bem e a afugentar os maus actos. Por consideração para com a felicidade eterna, serão bons cidadãos na cidade terrestre. Mas para isso é necessária a vigilância dos padres. O modo como Marsílio responde ao argumento é bastante elucidativo. Marsílio não repudia inteiramente o argumento da religião civil, mas sustenta preferencialmente que para obter bons costumes ordeiros basta a lei humana, emanada do «legislador humano», e a lei divina, que não atribui qualquer agência coerciva aos padres neste mundo([22]). Os poderes e a autoridade dos padres nunca são coercivos; antes têm uma natureza meramente didáctica e económica [*oeconomica*]. Detêm uma autoridade equivalente à do médico perante o paciente([23]) — e, tal como o médico, só adquirem autoridade para exercer a sua profissão e praticar o seu *habitus* mediante autorização do legislador humano, mesmo assim não podendo coagir o doente a aceitar a dieta adequada([24]).

([22]) *Defensor minor*, II.3.

([23]) Comparar com o «zelo para com as divindades» que Aristóteles atribui à parte sacerdotal da cidade. *Política*, 1238b11.

([24]) *Defensor minor*, III.3, V.17, XIV.2.

Outra maneira de colocar o problema seria perguntar se o Cristianismo pode, ou não, ser a religião que permite a reunificação do político ou se estará destinado a cegamente dividi-lo, como diriam mais tarde, cada um à sua maneira, Hobbes, Bayle, Espinosa ou Rousseau — ou até o jovem Hegel. Aparentemente, para Marsílio, o Novo Testamento correctamente interpretado funda uma religião disponível para se sujeitar à primazia do político e à jurisdição suprema do poder político. Cristo é rei e senhor de todas as coisas. Mas esse reino e senhorio decorre apenas da Sua natureza divina, não da Sua natureza humana. Daí que Ele sempre tenha dito que o seu reino não era deste mundo. Não só Cristo não veio ao mundo para o governar, como voluntária e explicitamente anunciou a Sua submissão ao César em todas as coisas que a este diziam respeito — em particular, no pagamento do tributo([25]). Afinal, o que conta para Marsílio é a aceitação da sujeição ao poder temporal. Tudo o resto é uma usurpação e reflecte a desobediência à vontade do próprio Deus. Pretender o contrário é recusar a vida de imitação de Cristo. Contudo, o Cristianismo, ou certas interpretações do Cristianismo, patrocina uma classe sacerdotal que não pode existir sem ocupar uma posição de «principado», isto é, sem

---

([25]) *Defensor pacis*, II.4.6, pp. 8–9.

Ver QUILLET, *La philosophie politique de Marsile de Padoue*, p. 201. Nesse passo, a autora sugere que Marsílio contornou convenientemente o texto evangélico em Mateus 17:24–27, segundo o qual Cristo aceitou pagar o tributo do Templo «para não causar escândalo». Mas a sugestão não tem grande sustentação. Em *Defensor pacis*, II.4.10, Marsílio confronta directamente a referência ao evitar o escândalo e invoca a autoridade de Orígenes para alegar que tal não punha em causa as obrigações fiscais do clero nem podia insinuar qualquer tipo de imunidade tributária ou criminal do clero. Sobre estes dois passos do Evangelho — o referente ao tributo a César e o referente ao tributo do Templo —, ver João de PARIS, *De potestate regia et papali*, VIII, para quem, embora os episódios sejam diferentes, nem um nem outro sustentam a tese da imunidade fiscal do clero. Além disso, prossegue João de Paris, ambos os passos servem para demonstrar que o clero não tinha jurisdição sobre a propriedade dos leigos, até porque o próprio Cristo não a tinha ou, se a tinha, não a transmitiu a Pedro.

deixar de coexistir no mesmo patamar hierárquico com o príncipe instituído, e sem deixar de rivalizar com ele nas suas funções e jurisdições. Deste ponto de vista, o problema coloca-se de modo radical, na medida em que, numa comunidade política cristã, a actividade sacerdotal é mais nobre do que a dos governantes e do que a dos restantes membros da comunidade. A Igreja é universal, e essa universalidade é sintoma e alicerce de uma pretensão de dignidade e nobreza sacerdotal que encolhe simultaneamente a pretensão de dignidade e nobreza dos príncipes, assim como, presume-se, do conjunto dos «legisladores humanos» ([26]).

Seja como for, na filosofia política de Marsílio, é à comunidade política, e não à escolha individual ou à escolha da parte enquanto parte, que cabe decidir quem de entre a população poderá dedicar-se ao sacerdócio e quem poderá seguir a vocação. Os sacerdotes pagãos desempenhavam esta função puramente ritualista ou instrumental. Mas nem todos podiam ser sacerdotes. A ascensão ao sacerdócio estava reservada a cidadãos mais velhos, «zelosos e estimados», antigos homens de armas, que estivessem afastados dos assuntos políticos e económicos. Aristóteles aprovava esta selecção ([27]), o que quer dizer que aprovava uma prática radicalmente distinta da que viria a ser a cristã. Marsílio admite, porém, que, ao contrário dos sacerdotes pagãos, que eram sobretudo ministros dos ritos, os sacerdotes cristãos tenham como função educar os homens. Cabe-lhes ensinar e transmitir o que deveria ser objecto da crença dos homens para alcançar a vida de beatitude celeste.

Por que deve ser a cidade a proceder a tal escolha? As partes da cidade têm como causa «imediata» a vontade divina. Isto vale para a parte dirigente e «sobretudo» para o clero. A vontade divina ordenou-o «imediatamente por uma profecia determinada transmitida a uma criatura particular». Ou, em alternativa, «imediatamente pela sua própria

---

([26]) Ver Strauss, «Marsilius of Padua», p. 280.

([27]) *Defensor pacis*, I.5.13.

vontade» ([28]). Porém, Marsílio acaba por adiantar que Deus nem sempre age imediatamente. Muitas vezes — na realidade, na esmagadora maioria das vezes, sendo as excepções sobejamente conhecidas, como a do governo de Moisés na comunidade israelita —, Ele actua por meio do espírito humano, concedendo-lhe liberdade para lidar com o estabelecimento das comunidades políticas. Portanto, Deus é a *causa remota* de todas as comunidades políticas, das partes que as constituem e, claro, da parte dirigente. É a *causa remota* do poder e da autoridade dos governantes. Mas é ao homem que cabe constituir, regular, limitar, integrar a parte dirigente no todo da comunidade política. É ao homem que cabe fundar e organizar o governo ([29]).

As partes da cidade são geradas ou determinadas enquanto partes pela *anima universitatis civium* ou pela sua *pars principans*. Mas será o clero uma parte como as outras? Sabe-se que a causa generativa do clero é divina, de modo mais imediato do que no caso das restantes partes da cidade. Ora, atendendo à especificidade da parte sacerdotal, será possível continuar a dizer, como Marsílio pretende, que o clero, à semelhança das outras partes da cidade, tem como «causa eficiente» o «legislador humano» ([30]) e que tem de estar submetido à autoridade política que governa o todo da cidade? A instituição divina *imediata* não constituirá fundamento suficiente para os seus privilégios, para deveres distintos e para direitos especiais ([31])? Marsílio não muda nada no seu sistema nem aceita estas consequências que, no seu entender, resultam de um desígnio sinistro de absorção do poder político pelo Papado e pela instituição da Igreja e atentam contra a unidade do político. Esse desígnio diz-se apoiado pela palavra de Deus. Assim, o clero, enquanto parte, está sujeito ao todo porque a escolha dos titulares dos ofícios sacerdotais está a cargo da comunidade dos fiéis, à

([28]) *Ibid.*, I.9.2.
([29]) *Ibid.*, I.9.2.
([30]) *Ibid.*, I.15.4, II.8.9.
([31]) Ver *ibid.* II.15.1.

semelhança da comunidade de cidadãos, na sua qualidade corporativa, que escolhe os titulares dos ofícios políticos. E é também ao príncipe que cabe ratificar ou rejeitar os candidatos aos ofícios sacerdotais([32]). Finalmente, é o príncipe que determina a extensão do clero e a sua relação de grandeza com as outras partes da cidade, sempre com vista à sua harmonia, o que equivale a dizer à contenção do desenvolvimento e expansão do clero([33]).

Mas não incorrerá Marsílio numa contradição grave ao assegurar, por um lado, que o príncipe é a causa eficiente de todas as partes e ofícios da cidade e, por outro, que o sacerdócio enquanto tal foi instituído pelo próprio Cristo? Marsílio confronta o problema directamente([34]). Embora sejam provavelmente dois poderes distintos, o poder eucarístico dos sacerdotes e o poder penitencial, isto é, o de «ligar ou desligar os homens dos seus pecados», foram conferidos por Cristo, e pelo ministério dos sucessores dos Apóstolos, às várias gerações sucessivas([35]). Estes dois poderes constituem o «carácter sacerdotal» ou a «autoridade essencial ou inseparável do padre». Marsílio acrescenta que lhe «parece» que este carácter sacerdotal ou esta autoridade «essencial» é «provavelmente» a «mesma em espécie em todos os padres», isto é, neste aspecto não há desigualdades na hierarquia da Igreja([36]). Nem o papa pode reclamar mais autoridade essencial do que qualquer outro padre([37]). A causa eficiente da instituição do sacerdócio, enquanto *habitus* da alma, é Deus ou Cristo. Foi Cristo quem conferiu autoridade ao ministério sacerdotal. Marsílio afirma-o explicitamente e confirma-o([38]).

([32]) *Ibid.*, II.17.15.
([33]) *Ibid.*, II.15.10.
([34]) *Ibid.*, II.15.1.
([35]) *Ibid.*, II.15.3.
([36]) Comparar com João de Paris, *De potestate regia et papali*, II–III.
([37]) *Defensor pacis*, II.15.4.
([38]) *Ibid.*, I.19.5, II.15.1–2.

Mas a outra «autoridade» de preeminência de um sacerdote sobre os outros para organizar o conjunto dos clérigos e distribuir entre eles certos bens temporais já é de origem humana. Depende, pois, da vontade do legislador, tal como a estrutura de qualquer outra parte da cidade([39]). Mas não é só o princípio hierárquico que é afectado pelo texto de Marsílio, como poderíamos concluir de uma primeira leitura. Assim que se lê o passo de *Defensor pacis*, II.15.10, em que Marsílio diz que os sacramentos não são mais do que a «imposição das mãos e o pronunciamento de palavras que não podem ter qualquer eficácia para esse fim», isto é, que o ritual sacramental se limita a mostrar o que Deus tenciona fazer, mas que em si mesmo não pode efectuar qualquer interferência na ordem da realidade, percebe-se, com a ajuda de Michael Wilks, que Marsílio leva a cabo uma «interpretação nominalista dos sacramentos». (É supérfluo supor aqui uma posição crítica do «realismo extremo», que insistia na presença real de Cristo aquando da celebração dos sacramentos e que se limitaria à mera adopção de um «realismo moderado» que via os sacramentos como *instrumenti deitatis*, cuja operação não tornava a presença de Cristo indispensável.) Wilks acrescenta que fora uma interpretação equivalente dos sacramentos que conduzira à heresia cátara segundo a qual os padres não eram necessários para os providenciar. A conclusão de Wilks é a de que, para Marsílio, os sacerdotes também não têm uma «função necessária na comunidade»([40]).

Para alguns, Wilks será considerado precipitado no seu julgamento. Para outros, não. Atente-se, então, noutro aspecto da teoria marsiliana. Sabe-se que Marsílio combateu sempre a tese da primazia de Pedro sobre os restantes Apóstolos com vista a minar as teses da monarquia papal ou da hierocracia pontifícia. Mas Marsílio não se limita a reforçar o lado conciliar da discussão sobre o governo

---

([39]) *Ibid.*, I.19.6, II.15–17.

([40]) Michael WILKS, *The Problem of Sovereignty in the Later Middle Ages*, Cambridge, Cambridge University Press, 1963, pp. 90, nota 2, 372.

eclesial. Vai mais longe. No mesmo movimento, põe em causa a primazia da Igreja de Roma sobre as restantes Igrejas. Por outras palavras, a prioridade de São Pedro sobre os restantes Apóstolos, e a da Igreja de Roma sobre as restantes Igrejas, não foi conferida «imediatamente por Deus ou por Cristo». A prioridade de Pedro decorreu do consentimento dos outros Apóstolos. Deus não lhe dera uma autoridade sacerdotal particular, e muito menos uma autoridade coerciva sobre os outros Apóstolos. E, como a primazia de Pedro lhe foi concedida pelo consentimento dos seus pares, essa primazia, a ser verdadeira, não poderia ser transmitida aos seus sucessores no episcopado de Roma ([41]). No que diz respeito à prioridade da Igreja de Roma, Marsílio não é tão directo. Diz que essa prioridade procedeu da sua «adequação», da «tradição», da «constituição do concílio geral dos fiéis cristãos» ou do «legislador humano e supremo». Depois de reflectir sobre estas várias possibilidades, Marsílio acaba por considerar que a última é a única que explica todas as outras, pois é com o seu enunciado, e não com a recapitulação das demais, que este importante parágrafo do *Defensor minor* termina ([42]).

II

Antes da Revelação, o político era uno. Evidentemente, a paz não estava assegurada à cidade, mas pelo menos essa, que era uma das condições necessárias da paz, estava garantida. Agora, a unidade do político estava ameaçada. Era preciso reunificá-lo.

Neste sentido, Marsílio rompeu com as considerações acerca das relações entre os dois poderes, temporal e espiritual, ou os «dois gládios», como mutuamente envolvidos numa tarefa cooperativa, gozando de autonomia recíproca. Para Marsílio, esta relação não é autorizada pelas Escrituras (esta é a parte retórica da sua argumentação) e, mais

---

([41]) *Defensor pacis*, II.16.11–12.

([42]) *Defensor minor*, cap. XI.3.

importante do que isso, não é estável. Ou um ou outro poder adquirirão supremacia sobre o restante. Assim se clarifica a rejeição por parte de Marsílio da *via media* de um João de Paris, por exemplo([43]), que caminharia *entre* a monarquia soberana do papalismo, de um lado, e a separação implícita na defesa laica da autonomia e preeminência do *regnum*, do outro. E a ciência política, a par da experiência histórica, mostram que a luta entre a gelasiana autoridade sacerdotal e o poder temporal conduz à convulsão da cidade e, portanto, à contradição do fim último da cidade([44]). Logo, é à política que cabe operar a reunificação da cidade através da subordinação completa do sacerdotal.

Mas por que razão não se pode almejar a unidade orgânica da cidade pela primazia do espiritual sobre o temporal ou, em termos mais concretos, do clero — e do seu chefe — sobre as restantes partes da cidade? Numa palavra, porque não optar pela solução hierocrática para o problema da cidade? Sabe-se que Marsílio repudia categoricamente esta possibilidade. Seria «impossível e insuportável»([45]). Daí o empenho que dedica à refutação da pretensão à *plenitudo potestatis* pontifícia. E daí também as dúvidas que coloca acerca da famosa Doação de Constantino. Quer, pelo menos, garantir que da duvidosa Doação de Constantino não se infira que a jurisdição concedida se estende a todos os principados do mundo e, o que é mais decisivo, que não se tome a Doação como certificação da doutrina da *plenitudo potestatis* papal([46]).

Marsílio opera a seguinte distinção. As acções e as paixões produzidas em nós e por nós pelas nossas faculdades cognitivas e apetitivas são ou «imanentes» [*actus immanentes*], porque não são transferíveis de um agente para o outro ou exercidas por algum órgão externo, ou «transitivas» [*actus*

([43]) João de Paris, *De potestate regia et papali*, proémio.

([44]) Por exemplo, *Defensor minor*, II.5.

([45]) *Ibid.*, II.5. As «leis dos cidadãos» cederiam totalmente o seu lugar às «leis dos padres».

([46]) *Defensor pacis*, I.19.8–9.

transeuntes] ([47]). Os actos transitivos são assimilados aos actos civis([48]) ou aos actos contenciosos([49]). São transitivos os actos cujas consequências pesam sobre outrem e que são exteriormente discerníveis. Já os actos imanentes pertencem ao foro interno. Só Deus os conhece. Assim, são os transitivos que podem ser julgados pelo poder político ou pela parte deliberativa da cidade([50]). Ora, os actos imanentes não são escrutináveis por ninguém senão por Deus. Logo, crenças em deuses que perscrutam esses actos, invisíveis ao olho humano, são salutares, ainda que sejam falsas([51]). Neste sentido, a religião é um instrumento da tranquilidade ou da paz. Esse seria o sentido da já aludida tese da religião civil. Mas vejamos então as consequências desta distinção para a questão da reunificação do político.

Em primeiro lugar, é preciso notar que a reunificação da cidade pela mão do político reservará para o poder temporal um campo limitado de jurisdição coerciva — a dos actos transitivos. Se, pelo contrário, a unidade da cidade fosse operada pela afirmação em supremacia da unidade da Igreja — que, de resto, Marsílio contesta que possa ter um alcance que exceda a mera «unidade numérica», e nunca uma unidade hierárquica, já que a cabeça da Igreja é Cristo e só Cristo —, o poder unificador da cidade não conhecerá limites, porquanto acumulará o temporal e o espiritual e, portanto, terá uma pretensão de jurisdição coerciva sobre os actos transitivos e sobre os actos imanentes. Em suma, a reunificação da cidade não poderá ocorrer por via da supremacia da Igreja e do seu chefe porque o resultado de tal operação seria uma dupla usurpação ou uma imensa tirania([52]).

([47]) *Ibid.*, I.5.4.
([48]) *Ibid.*, I.5.11, II.9.13.
([49]) *Ibid.*, II.9.10, 12.
([50]) *Ibid.*, I.5.7.
([51]) *Ibid.*, I.5.11.
([52]) Ver *ibid.*, I.17.1–13.

Em segundo lugar, não se pode ignorar o tema da liberdade humana. A centralidade do problema na filosofia política de Marsílio foi bem exposta por uma comentadora: a «liberdade humana natural é [assim] a fundação de todo o mundo do jurídico (quer humano, quer divino), mas em si mesma não tem qualquer força legal, jurídica ou moral»([53]). Todavia, esta liberdade — *libertas* — está enraizada no mundo político, e não fora dele. Não existe portanto uma referência pré-política que seja o berço ontológico da liberdade humana, nem sequer um comentário, como se tornara obrigatório nos séculos XIII e XIV, à passagem do Génesis sobre a dádiva de Deus de um domínio natural sobre as coisas do mundo, que traduzia o domínio do homem sobre si mesmo e que o convertia no senhor dos seus actos([54]).

A mesma palavra *libertas* é usada por Marsílio para descrever a capacidade de gerarmos os nossos próprios imperativos mentais (voluntários), o domínio natural sobre os nossos próprios actos e ainda a comunidade política auto-suficiente([55]). Então, olhando para a cidade e percebendo que é uma comunidade de homens livres, isso implica que os cidadãos não devem estar servilmente sujeitos ao *dominium* de outrem([56]). Ora, seria exactamente essa a situação quando um grupo no interior da cidade se arrogasse a autoridade para fazer leis e pretendesse vincular os demais cidadãos à obediência. Se tal sucedesse, os cidadãos deixariam de ser livres, embora Marsílio reconheça a existência em certos casos legítima de outras formas de relação servil, como a escravatura([57]).

([53]) Annabel Brett, «Politics, Right(s) and Human Freedom in Marsilius de Padua», in V. Mäkinen, P. Korkman (dir.), *Transformations in Medieval and Early-Modern Rights Discourse*, Dordrecht, The New Synthese Historical Library, 2006, vol. 59, Parte 1, p. 112. Brett tira esta conclusão da leitura comparada de *Defensor pacis*, II.12.16 com II.13.6.

([54]) *Ibid.*, p. 112.

([55]) *Ibid.*, p. 113.

([56]) *Defensor pacis*, I.12.6.

([57]) Por exemplo, *ibid.*, I.12.4.

Servem estas rápidas considerações para sugerir que o propósito da polémica anticlerical e anticristã iniciada por Marsílio é também a salvaguarda da liberdade colectiva e individual no mundo, estando essa liberdade situada pelo horizonte cívico ou político. A relação servil injusta, e atentatória da liberdade, consiste, pois, na submissão de iguais a uma falsa autoridade que, nos tempos de Marsílio, podia ser absorvida com muito mais facilidade pela religião organizada do que por qualquer outra instância ou parte da cidade. É certo que por vezes as causas *imediatas* da perda de liberdade são reconhecidamente não religiosas — Itália estava recheada de tiranias, como aprendemos logo no início do *Defensor pacis*([58]) —, mas é preciso notar que essas negações políticas da liberdade ocorrem num mundo que as propicia, num mundo em que o político está dividido, em guerra consigo mesmo, num mundo sem paz. E a causa *dominante* da ausência da paz política era para Marsílio a doutrina papal da relação entre poder temporal e espiritual ou, noutros termos, de divisão do político. O conflito de jurisdições, a concorrência de instâncias legislativas — um atrevimento papal relativamente recente, segundo Marsílio — e a reivindicação de imunidade legal do clero constituem a «raiz e origem da peste que invadiu o reino de Itália»([59]).

Além disso, Marsílio retira à lei divina jurisdição coerciva neste mundo. Todos os preceitos da lei divina, que Marsílio admite serem preceitos coercivos, incidem sobre acções «voluntárias» neste mundo. Mas a punição pela transgressão desses preceitos só pode ocorrer na morada sobrenatural. Nunca a lei divina pode ser invocada para castigar neste mundo([60]). O respeito escrupuloso pela lei divina é, uma vez mais, um modo de subtrair poder ao clero, pois Marsílio nega a qualquer elemento do mesmo o «poder ou a autoridade para dispensar, mudar, aumentar ou diminuir qualquer um dos preceitos da lei divina ou para introduzir

---

([58]) *Ibid.*, I.1.2.
([59]) *Ibid.*, II.23.11.
([60]) *Defensor minor*, I.2

preceitos que digam respeito à lei divina» ([61]). Ao clero está reservada uma capacidade unicamente de «conselho» e não de «preceito». Daí que Marsílio negue a faculdade sacerdotal de excomunhão ([62]), de interdição de uma comunidade aos serviços religiosos, de indulgência ou de imposição de penitências para remissão dos pecados, para não mencionar a punição dos hereges, que está a cargo exclusivo do «legislador humano» ou do príncipe por delegação ([63]). Nada que envolva efeitos de coerção sobre pessoas, ou sobre os bens que lhes pertencem, é permitido ao clero. Mais: essa pretensão, que Marsílio aponta à Igreja, e não só ao papa, equivale

---

([61]) *Ibid.*, I.6.

([62]) A excomunhão tem consequências punitivas sobre a vida neste mundo e, por maioria de razão, sobre a vida colectiva da cidade. Excomungar significa difamar publicamente e banir alguém da comunidade dos outros homens; significa, pois, de um modo ou de outro, excluir. Logo, atenta contra a unidade política da cidade. É fácil deduzir que o clero não pode deter esta capacidade de excomungar. Marsílio transfere-a para o conjunto dos fiéis da comunidade, ou para o concílio geral. Aos padres, enquanto padres, sobra apenas o direito de «promulgar» o julgamento de excomunhão, mas não mais do que isso. Dão voz a um julgamento que não é feito por eles, ou por sua autoridade, e em que participam apenas na qualidade de peritos conselheiros. Ver *Defensor pacis*, II.6.12–13.

([63]) *Ibid.*, II.5.7, II.25.7. Note-se, porém, que se torna extremamente duvidoso que Marsílio autorize a punição do herege enquanto herege, mesmo se tal decorresse da autoridade do legislador humano. O capítulo X da *Secunda dictio* procura indagar se os hereges devem ser punidos neste mundo. Depois de separar incisivamente as funções e autoridades dos padres e dos príncipes na matéria das punições das heresias, Marsílio acaba por nunca reconhecer explicitamente que os hereges devem ser punidos neste mundo. Que a *lei divina* os pune, Marsílio faz questão de o sublinhar. Mas que a *lei humana* os deve punir é hipótese que não encontra ênfase idêntica. Mais: Marsílio escreve que neste mundo ninguém deve ser punido por ter desafiado ou «pecado» contra doutrinas teóricas ou práticas. O castigo só é devido como consequência de um «pecado» contra a lei humana. O príncipe não pune alguém por ter sido cometido um pecado contra a lei divina. Tal seria incorrer na já condenada confusão de jurisdições. De resto, há pecados mortais, como a fornicação, que são permitidos ou tolerados pelo legislador humano. *Ibid.*, II.10.2–3, 7.

a perpetrar um pecado mortal([64]). Todos esses direitos escorrem para o exclusivo preceitual do legislador humano. A *potestas coactiva*, ou poder coercivo, é monopólio inalienável do poder político. Todavia, o poder espiritual, sobretudo quando munido de doutrinas como a da *plenitudo potestatis* papal, usurpa uma parte do poder temporal, e com essa usurpação obtém o que não pode obter — poder coercivo sobre os homens. É também por essa razão que Marsílio tem de dissolver doutrinas como a da *plenitudo potestatis* ou até qualquer outra doutrina de supremacia papal, na sua própria doutrina conciliarista. Só o concílio geral é competente para determinar tudo o que deve constituir objecto da crença de «todos os cristãos fiéis» necessária para a salvação([65]). Em matérias doutrinais, o concílio, e não o papa, é infalível([66]). Mas o conciliarismo, por si mesmo, não seria suficiente para subordinar a Igreja ao político. É necessário então subordinar o próprio conciliarismo à vontade da comunidade política, ou do «legislador humano fiel» que não tem superior. Só este poder legislativo é verdadeiramente supremo; só ele está dispensado de responder perante qualquer outra instância superior.

Contudo, é preciso reconhecer que Marsílio reitera consecutivamente a supremacia da lei divina sobre a lei humana ou, mais rigorosamente, do direito (*jus*) divino sobre o direito humano. Só existem assim estes dois tipos de direito. O direito, em sentido próprio, é

> um preceito coercivo respeitante à comissão ou omissão de actos humanos sob ameaça de punição a ser infligida aos transgressores. O direito divino é um preceito coercivo feito por Deus imediatamente incidindo na prossecução de fins no mundo futuro e sob a ameaça de punição a ser infligida aos transgressores somente nesse mesmo mundo, e não no mundo presente. Mas o direito humano é um preceito coercivo que procede imediatamente da

---

([64]) Ver, por exemplo, *Defensor minor*, X.3.
([65]) Ver, por exemplo, *ibid.*, XI.3.
([66]) *Ibid.*, XII.5.

vontade ou da deliberação humanas, incidindo na prossecução de fins imediatos no mundo presente e sob a ameaça de punição a ser infligida aos transgressores unicamente nesse mundo. ([67])

Na caracterização específica de *jus* exposta no *Defensor Minor*, a ênfase é posta na associação entre preceito e coerção. No *Defensor Pacis*, obra mais demorada, Marsílio pode explicitar os vários sentidos do termo ou, se se quiser, sair provisoriamente do «sentido próprio do direito». Ao elemento coercivo junta-se um elemento cognitivo — o da ciência do justo e do injusto, do bem e do mal. Abrangendo os vários sentidos do termo, notamos o esforço de trazer a definição do conceito de direito para um conteúdo de justiça([68]). Esse esforço é confirmado quando se analisa a origem da lei humana, que, como se sabe, reside no legislador humano, isto é, no consentimento popular, directo ou indirecto. Com esta origem, há uma maior probabilidade de obter leis justas, porquanto só o que provém do todo para se dirigir ao todo pode ser justo. É que os homens não desejam o seu próprio mal. Logo, não podem querer leis injustas para eles mesmos. Há que dizer que o argumento não tem uma solidez indestrutível, como a experiência dos séculos acabou por comprovar. Talvez por isso a ligação ao consentimento popular acabe por deslizar para a questão da obediência: só o conjunto dos cidadãos pode vincular-se à obediência à lei porque impõe a si mesmo restringir-se segundo essa lei. E é possível que também acabe por contribuir para a reafirmação de que, para ser lei, não basta à regra ser justa. Tem de constituir um preceito *coercivo*. Seja como for, a necessidade final do direito, ou da lei, é, em primeiro lugar, o justo na cidade e o bem comum e, em segundo lugar, a segurança e a estabilidade do governo([69]).

A lei divina difere da lei humana porque os respectivos castigos aos transgressores estão reservados para jurisdições

---

([67]) *Ibid.*, XIII.3.

([68]) *Defensor pacis*, I.10.3–4, I.12.2.

([69]) *Ibid.*, I.11.1.

coercivas bem distintas — a lei divina no «mundo futuro», a lei humana no «mundo presente». Têm legisladores *imediatos* inteiramente distintos — o legislador divino é Deus, o legislador humano é a *universitas civium* ou a sua *pars valentior.* Têm ainda juízes distintos — Cristo, e só Cristo, no caso da lei divina; e o juiz autorizado pelo legislador humano, no caso da lei humana. Têm, portanto, «causas eficientes» distintas. Além disso, têm «causas finais» bem separadas — respectivamente, a felicidade eterna no mundo futuro e a tranquilidade e felicidade finita neste mundo ([70]).

A questão que se queria abordar, recorde-se, consistia na supremacia da lei divina relativamente à lei humana. Como vimos, Marsílio reafirma-a. Por exemplo, se o imperador ordenar algo que colida com a lei da salvação, não lhe é devida obediência — embora Marsílio se apresse a dizer que, não obstante a falta, ninguém tem autoridade para punir o ousado imperador([71]). Em caso de inconsistência entre os preceitos da lei divina e da lei humana, a obediência é sempre devida à primeira, e não à segunda. Os preceitos da lei divina contêm «verdade infalível», propriedade evidentemente negada à vontade do legislador meramente humano([72]). Portanto, a lei divina jamais se subordina à lei humana. Pelo contrário, diz Marsílio([73]).

Contudo, o assunto não fica inteiramente resolvido porque Marsílio recorda muito frequentemente que faz parte dos preceitos da lei divina obedecer à lei humana. Por outro lado, se lei divina não tem jurisdição coerciva neste mundo, e visto que a lei humana evidentemente a tem, então, em rigor, só a lei que reúne todas as características operativas do conceito de lei pode ser verdadeiramente lei. Além disso, nunca apresenta exemplos de *inconsistência* entre ambas. E não é por recusar o teste do exemplo. Os exemplos que avança apenas ilustram inconsistências *aparentes*, que invariavelmente

---

([70]) *Defensor minor,* XIII.7.
([71]) *Defensor pacis,* II.5.4, 6.
([72]) *Defensor minor,* XIII.6.
([73]) *Ibid.,* XV.4.

acabam por ser resolvidas pelo próprio Marsílio. Mas talvez fosse possível dizer que para Marsílio nunca haveria inconsistência porque a jurisdição da lei humana estava bem limitada aos actos transitivos, e porque a jurisdição da lei divina também estava severamente limitada nos seus efeitos coercivos à vida no mundo futuro. Convém reter que o próprio Cristo prescindiu da jurisdição coerciva neste mundo, reservando-a apenas para o mundo celeste. Não quis ser um «príncipe» ou «juiz» deste mundo, e a Lei Evangélica apenas diz respeito à salvação eterna, não aos litígios e disputas da vida terrestre. Por essa razão, a assunção papal ou clerical de uma *potestas juridisctionis* constitui verdadeiramente uma heresia por equivaler à reivindicação em nome de Cristo de uma autoridade mais elevada ou substancialmente diferente do que aquela que Ele próprio exerceu na sua passagem por este mundo([74]).

O príncipe, ou governante, ou executor da lei humana, age por autorização e consentimento do conjunto dos cidadãos. Por esta razão, não faltou quem visse em Marsílio um antecessor das doutrinas democráticas modernas ou do Estado representativo liberal. Não pretendo discutir essas interpretações. Apenas chamo a atenção para algo que pode ajudar a perceber a insistência de Marsílio neste ponto, que é, de resto, central na sua filosofia política. Marsílio precisa de uma fonte de autoridade a que o papalismo não possa aceder. Para tal, não podia recorrer à autoridade que deriva do exercício da recta razão([75]), nem evidentemente da delegação eclesial. A lei humana tem de ser executada pelo príncipe em decorrência do simples consentimento do povo. Essa é autoridade suficiente. Outros autores papalistas, como Hervaeus Natalis, apresentavam a *executio* como tarefa dos governos políticos, que era levada a cabo em nome do papa([76]).

([74]) *Defensor pacis*, II.9.2, 13, 8.

([75]) *Ibid.*, II.12.8.

([76]) Brian TIERNEY, *Religion, Law and the Growth of Constitutional Thought, 1150–1650*, Cambridge, Cambridge University Press, 2008, p. 46.

Outros como Egídio Romano, Agostinho de Ancona (Augustinus Triumphus) ou Álvaro Pais, ainda em socorro da doutrina hierocrática, afirmavam que os governantes tinham o seu poder *secundum executionem* pelo papa, mas não *secundum auctoritatem* por si mesmos([77]). Como é bom de ver, para Marsílio, todas estas versões do predomínio do poder espiritual sobre o temporal acabavam por fragmentar o político. Logo, a sua reunificação só seria possível com a radical autonomização do político. No que diz respeito à relação entre o príncipe e o conjunto dos cidadãos, Marsílio encontra na distinção de uma função executiva particular do príncipe um modo de separar o governo da legislação, actividade que, como vimos, é confiada ao conjunto dos cidadãos. Essa separação também é importante para afastar as pretensões do papa à interferência nos assuntos políticos e temporais.

III

Durante muito tempo Marsílio foi lido como o teórico medieval do consentimento popular enquanto base incontornável da legitimidade do governo, sobretudo de uma das duas características da lei (aqui entendendo-se *jus* como *lex*), a saber, o comando coercivo que sujeita à obediência. A outra característica da lei (*jus*), o discernimento do que é justo, apelando à sabedoria ou à prudência, é muito menos decisiva a este respeito, por razões óbvias. A exigência do consentimento popular corresponde a uma concepção democrática da legitimidade do poder político, ao passo que a insistência no discernimento sugere um pendor aristocrático. Este esboço de conciliação de uma direcção democrática com outra aristocrática é igualmente notório no tratamento da questão dos titulares do poder político. Numa palavra, é notório na tentativa de conciliar a eleição popular do príncipe com o apuramento do *melhor* homem para o cargo: «Pois

([77]) MANSFIELD, *Taming the Prince*, p. 103.

convém que o melhor se ocupe dos assuntos políticos: ele deve regrar os actos civis de todos os outros» ([78]). Esta última conciliação consuma-se recorrendo à relação de representação entre o «príncipe» — singular ou plural — e o legislador humano universal: o primeiro representa o segundo, o que significa que age por delegação da autoridade suprema que pertence exclusivamente ao conjunto dos cidadãos ([79]). Mas Brian Tierney já demonstrou que, independentemente de se considerar se este é, ou não, o traço fundamental da filosofia política de Marsílio, não pode neste aspecto ser tido como um autor revolucionário.

> A distinção entre a sabedoria natural e a autoridade coerciva, o argumento da sanção coerciva como um atributo necessário da lei, a ênfase dada ao consentimento como a única base do governo legítimo podem ser encontrados em pensadores anteriores, e todas estas ideias já haviam sido reunidas numa síntese coerente por Hervaeus Natalis. ([80])

Segundo Tierney, Marsílio, ao melhor estilo ecléctico, retirou de Harveus Natalis a teoria do consentimento que fora invocada para favorecer, não para diminuir, o poder papal e juntou-a a críticas anteriores desse mesmo poder papal, ou mais rigorosamente do carácter alegadamente absoluto do poder papal. Bebeu dos episcopalistas da Universidade de Paris a noção da autoridade de Cristo como tendo sido partilhada pelos Apóstolos, e não apenas por Pedro. E evidentemente recebeu dos franciscanos radicais a denúncia da ilegitimidade da autoridade coerciva da Igreja, para não mencionar o seu tratamento da questão dos bens externos de Roma.

([78]) *Defensor pacis*, I.9.7.

([79]) Ver, por exemplo, *ibid.*, I.13.8, I.15.1. Só o «legislador humano» tem autoridade para repreender, punir ou depor o «príncipe», mas este, como fica bem claro, não tem qualquer sombra autoridade para repreender ou punir o «legislador humano». Ver *ibid*, I.15.2, I.18.3–4.

([80]) TIERNEY, *Religion, Law, and the Growth…*, p. 49.

Mas Marsílio não se limita a expor ou a recapitular a doutrina franciscana da propriedade, em particular a distinção característica entre a propriedade (*dominium*) e o usufruto (*usus*). Recorre a ela abundantemente também para quebrar a independência do clero, e assim impedir que este possa pelos seus próprios meios apropriar-se de poder temporal e com isso dividir o político. Não se trata de reafirmar a bondade e a licitude da doutrina da pobreza meritória. Quando Marsílio denuncia como herética a sustentação do papa João XXII de que não é possível ter o usufruto sem a propriedade ou, mais rigorosamente, sem o direito de propriedade, não pretende apenas abrir caminho para as reivindicações franciscanas ou para reforçar o seu argumento teórico da possibilidade de separar o *usus* do *dominium*. Visa igualmente, ou até, sobretudo, mostrar que os privilégios do clero, assentes na propriedade dos bens que lhes foram doados, são injustos e insustentáveis à luz das Sagradas Escrituras, de certo modo continuando a orientação dos chamados «Espirituais» — como Pedro João Olivi([81]) —, que se reclamavam da interpretação autêntica da regra de São Francisco de Assis.

Esta orientação pode ser reduzida à seguinte formulação: não pode ser atribuída a propriedade de uma coisa a quem não a quer. Isto é, quando um «perfeito» imitador de Cristo come um peixe, fá-lo sem ter a propriedade no sentido mais estrito (desse peixe). Porque, enquanto «perfeito», fez um voto explícito de renunciar a toda a propriedade e, portanto, nunca poderia reivindicar a posse do peixe perante um juiz com faculdades coercivas. O uso ou consumo do peixe é lícito porque, a haver proprietário do peixe, este consentiu no uso por parte do outro. Mas nunca transferiu para ele a propriedade propriamente dita da coisa. Devido sobretudo à indisponibilidade do «perfeito» para aceitar a propriedade fosse do que fosse, essa operação jurídica era

---

([81]) Ver Tadeusz MANTEUFFEL, *Naissance d'une hérésie. Les adeptes de la pauvreté volontaire au Moyen Âge*, trad. francesa de Anna Posner, Paris, Mouton & Co., 1970, pp. 72–74.

de resto impossível[82]. Marsílio defende como «tese principal» que Cristo observou da forma mais perfeita a pobreza meritória e que nem Ele nem os Apóstolos detinham propriedade, nem sequer propriedade em comum. Ao ser o que é, o clero medieval caminha na direcção oposta à de Cristo e dos Apóstolos[83]. Daqui retiram-se conclusões práticas: o clero não pode deter propriedade imobiliária enquanto propriedade plena, por exemplo. Toda essa posse de bens imobiliários depende exclusivamente do legislador e reverte para ele após a cessação do seu uso[84].

Ora, não podendo o clero deter propriedade dos bens, mas devendo seguir a perfeição evangélica da pobreza, será, enquanto parte da cidade, inteiramente subordinável ao poder político. É esse o verdadeiro propósito de Marsílio na defesa das posições dos franciscanos espirituais contra João XXII: pôr radicalmente em causa a base proprietária que poderia conferir independência ao clero relativamente ao poder político, já que o clero não pode adquirir propriedade em sentido estrito (*dominium*), nem pode reclamar a propriedade do que lhe foi doado[85]. Tornando-se assim inteiramente dependente do poder político para aceder aos bens necessários à sua sobrevivência material e consumir os mesmos, o clero submete-se ao príncipe e perde a nobreza, ou a arrogância, que tanto incomoda Marsílio. E, o que talvez seja mais importante para ele, perde a capacidade de se erigir como instância temporal-institucional autónoma no seio da cidade.

O já citado Wilks resume a posição dos partidários do Império perante o Papado durante os séculos XII, XII e XIV como essencialmente defensiva. Batiam-se, não pela abolição da autoridade do papa, mas pela sua contenção; pela separação das esferas de jurisdição do rei e do sacerdote, mas sem desfazer a unidade espiritual da comunidade cristã,

---

([82]) *Defensor pacis, P.*, II.14.20.
([83]) *Ibid.*, II.13.33.
([84]) *Ibid.*, II.14.4, 22.
([85]) *Defensor minor*, II.4.

nem interferir na organização interna da Igreja, ou pôr em causa a universalidade de um corpo místico de Cristo que reuniria todos os cristãos, neste mundo e no outro ([86]). Presume-se que Marsílio esteja incluído neste grupo doutrinal. E, de facto, o recurso teórico para o estabelecimento da *dualitas* que emerge da separação tão estrita quanto possível do poder temporal relativamente ao espiritual e que mais cativou a posição «imperialista» foi também adoptado por Marsílio. Refiro-me à determinação da origem divina directa do poder do governante temporal. Se o papa recebe o seu poder e a sua autoridade directamente de Deus, o mesmo se passa com o imperador (ou com o rei) ([87]). Desse modo, a autoridade e o exercício do poder temporal podiam emancipar-se por completo da mediação da Igreja ou do papa.

Mas vale a pena acrescentar que Marsílio atribui a mesma causa directa ao poder temporal e ao poder do papa para invariavelmente supor que o seu *exercício* estará nas mãos do *legislator humanus fidelis*, comprometendo a separação ou o dualismo que a tese da origem divina directa do poder temporal pretendia realizar. A insistência na efectiva subordinação do eclesial ao político é tão inequívoca em Marsílio que parece ser razoável a suspeita de que, no seu entender, a *dualitas* dos autores «imperialistas» seria sempre uma solução insuficiente para o problema teológico-político, e insuficiente porque incapaz de o superar. A precariedade da separação manifestava-se na vida concreta da pessoa de cada um dos cidadãos, que tornava inevitáveis o conflito de jurisdições e a consequente procura de supremacia de uma sobre a outra.

([86]) Wilks, *The Problem of Sovereignty...*, pp. 70–74. Ver, no entanto, p. 87, onde Wilks abre uma «possível excepção» para o caso de Marsílio, quando diz que nenhum dos autores medievais apresentava um aristotelismo incondicional ou propunha um «ideal social completamente secular».

([87]) Para a posição de Marsílio a este respeito, ver, por exemplo, *Defensor pacis*, II.5.4, lendo o capítulo XIII da *Carta aos Romanos* de São Paulo.

UM LONGO DOMINGO DE PESADELO OU DE GRATIDÃO

Começando pelo princípio. *O Homem que Era Quinta-Feira* tem um título e um subtítulo. O título é famosíssimo. O subtítulo passa muitas vezes despercebido. O título é enigmático até ao extremo. O subtítulo é simples: «um pesadelo». Este dado é importante. Não só porque nos introduz imediatamente às ambiguidades, às intermitências, à precariedade da relação espaço-tempo, ao entrecruzamento do belo e do grotesco, e, em geral, ao fantástico que nos aguarda. Mas também porque nos sugere a subtileza da obra.

Um pesadelo não é simplesmente um sonho desagradável. Na sua estrutura, pesadelo e sonho obedecem a dinâmicas diferentes. Um aspecto importante parece ser este: o pesadelo não pode prosseguir indefinidamente. Segue uma espiral mais ou menos definida. Após a confrontação inicial com o objecto de pavor ou de ansiedade, segue-se uma espiral em que esse objecto se aproxima e o pavor cresce — até ao momento de clímax em que somos vencidos por aquilo que nos assusta, em que as nossas últimas forças de resistência são quebradas, e por um momento final em que vislumbramos o contacto fatídico. Aí o pesadelo termina e a vigília regressa abruptamente, porque a tensão é excessiva. A necessidade de recompor a ordem da salvação impõe-se ao organismo, e não sem um violento sobressalto — e não sem lesões perdurantes — o contacto com a realidade da vigília literalmente acorda-nos para a vida.

O Homem que Era Quinta-Feira é a descrição de um pesadelo. E inclui o momento de recuperação, assinalado paradoxalmente, não no final, como seria de esperar, mas no prelúdio — no poema dedicatório ao seu amigo Edmund Bentley. Um amigo companheiro de estrada, de pesadelos e de despertares. Precisamente o tipo de amigo com quem os pormenores e o significado último do pesadelo e do despertar podem ser *inteiramente* partilhados. O único que pode compreender todas as sílabas. Quem não tem os mesmos sonhos — ou os mesmos pesadelos — escuta sempre com impaciência o relato de boca alheia.

Claro que no final da narrativa é-nos descrito o despertar de Gabriel Syme. Mas o facto de o despertar ser anunciado logo no início do livro é um ponto importante a reter na tarefa de compreensão. De certa maneira, sem o despertar não chegamos à plena consciência de que se trata — ou tratou — de um pesadelo. E Chesterton quer garantir que *compreendeu* o significado do pesadelo e do despertar.

Se quisermos traçar paralelos estritos, então podemos dizer que a retoma da vigília é dada no plano filosófico pela recuperação do *common sense*. É essa uma das suas manifestações centrais. A expressão inglesa *common sense* é mais ambivalente do que a nossa tradução literal. Designa simultaneamente senso comum e bom senso — o sentido e interpretação da vida apreendidos pelas pessoas comuns, por um lado, e, por outro, a razoabilidade e a integridade desse sentido e dessa interpretação. Reflecte a capacidade básica e partilhável dos seres humanos para, na sua experiência comum, apreenderem as coisas óbvias precisamente como obviedades. Dessa apreensão a partir da experiência, o *common sense* retira conclusões não contraditórias e forma convicções. É, no fundo, uma capacidade para interpretar o mundo sem os impasses da intelectualização excessiva. É o recurso espiritual primevo para distinguir o bem do mal, a boa conduta da má conduta. É intuitivo e obedece às dinâmicas da intuição, mas não cede ao delírio da intuição mística ou irracional que se pretende desligada da experiência concreta. É outra forma de realismo — existencial, não metafísico. É o sentido elementar da realidade. Esse sentido da realidade não seria possível se o *common sense* não fosse ele próprio *comum*, isto é, se não fosse aquilo que as pessoas em comum, ou em conjunto, vêem, sentem, pensam, discernem.

Em certa medida, o primeiro diálogo entre Syme e Gregory, o anarquista, é já um duelo entre o *common sense* e a sua negação. Gregory explicita o seu desdém pelos modos de vida habituais e declara uma revolta perpétua contra Deus por Ele não ter feito o universo à medida das experiências exóticas na arte de viver que procedem da insubmissão a qualquer tipo de ordem. O *common sense* mede forças com um entendimento da existência decorrente de preferências puramente estéticas. Afinal de contas, Gregory é, ou quer ser, um poeta. Claro que não percebe, como Syme indica, que a desordem não é poética — apenas a ordem é bela e poética. Gregory é o anarquista, ou melhor, é o perfeito aprendiz de anarquista, como revela a sua ingenuidade, a sua displicência e a sua fundamental ignorância. E é também aprendiz pela sua juventude. É nesse período da vida que a cegueira dogmática pela abolição dos dogmas é mais implacável. A juventude e a ideologia da desordem são para Chesterton uma combinação perigosíssima e, por vezes, literalmente explosiva.

A tradução política da ideologia da desordem é o anarquismo. Mais rigorosamente, Chesterton escolhe o anarquismo como a mais acabada ideologia política da filosofia do niilismo ou do «pessimismo». A escolha do anarquismo como tradução prática do «pessimismo» foi, em parte, filha de uma determinada época. O ano da publicação de *O Homem que Era Quinta-Feira* — 1908 — situa-se numa época em que o anarquismo enquanto movimento político e terrorista se afigurava como uma das grandes ameaças do tempo.

Darei apenas dois exemplos, um na esfera política, outro na esfera literária. Em 1901, o presidente dos EUA Theodore Roosevelt escolheu como tema da sua mensagem ao Congresso sobre o «Estado da União» a denúncia da ameaça anarquista na América, na sequência do assassinato do seu antecessor, McKinley, três meses antes.

Em 1907, um ano antes da publicação de *O Homem que Era Quinta-Feira*, Joseph Conrad publicara *The Secret Agent*, um livro muito diferente, mas que incluía como um dos seus protagonistas um anarquista terrorista apostado em fazer explodir um símbolo da ordem política, social e tecnológica inglesa.([1]) Foi inspirado na tentativa surpreendente de dinamitar o Observatório de Greenwich. Era a resposta literária a anos de atentados bombistas e assassinatos de altos dirigentes das nações e dos impérios. Foram os anos da «propaganda pelo acto».([2])

Mas foi produto de um determinado contexto histórico apenas em parte. Na verdade, não é difícil traçar a correspondência entre o «pessimismo» — a filosofia de vida, ou de morte, que constituía o inimigo de Chesterton — e o anarquismo enquanto filosofia política. Para Chesterton, tal como o pessimismo é a doença espiritual por excelência, também o anarquismo é a doença política paradigmática. Porém, é preciso ver que no livro o anarquismo tem uma função alegórica: dar um sentido prático e político no desenrolar da narrativa a uma questão fundamentalmente intelectual. O que está em causa é, como diz o polícia que primeiro contacta Syme, «uma conspiração puramente intelectual [que] em breve ameaçaria a própria existência da civilização». Depois concretiza: «...os mundos científico e artístico estão movidos silenciosamente numa cruzada contra a Família e contra o Estado». Assim, os polícias desta força especial são «filósofos». Só com filosofia se pode combater

---

([1]) Em *O Homem que Era Quinta-Feira* há uma passagem que parece reflectir exactamente a descrição do terrorista anarquista de Conrad: [Sobre Syme] «[...] there was no anarchist with a bomb in his pocket so savage or so solitary as he».

([2]) Aliás, *The Secret Agent* sucede à publicação no ano imediatamente anterior do pequeno conto de Conrad, *An Anarchist: a Desperate Tale*.

a filosofia. Tal como numa «caçada à heresia». Porque, diz o tal polícia-filósofo, «agora o criminoso mais perigoso é o filósofo moderno que não admite qualquer lei».

Pode dizer-se, portanto, que o final do século XIX estava ameaçado politicamente pelo movimento anarquista — ou pelo menos que assim se sentia. Mas espiritualmente pelos avanços do pessimismo, com manifestações que contagiavam inclusivamente o mundo da arte, encurralando a expressão artística no mais empobrecedor solipsismo([3]). Ora, para Chesterton, tudo isto representava uma ameaça existencial para o homem, a qual ameaça se encarregaria inclusivamente de anular todas as conquistas do «progresso» da humanidade, como a ciência e a tecnologia. A ciência e a tecnologia ao serviço de uma alma doente seriam não só estéreis e inúteis, mas sobretudo perigosas.

Resta saber se a ameaça era avassaladora, ou não. O primeiro diálogo parece indicar que a ameaça anarquista/pessimista é mais frágil do que se anuncia. Porém, o percurso argumentativo nesse diálogo não visa só estabelecer as fragilidades ou as contradições internas do anarquismo e da vontade de rebelião. Visa igualmente a exploração de algo mais profundo. De algo que tem de ser conhecido de perto, e que obriga a uma descida. Por conseguinte, há uma estratégia argumentativa que se confunde e mistura com uma refutação substantiva da ameaça.

Com efeito, é verdade que Syme provoca Gregory mais eficazmente quando acusa a sua orientação e o anarquismo em geral de inconsequência; quando os acusa de serem incapazes de irem até à última das consequências das suas premissas e propósitos. É nesses momentos que Gregory mais desliza e mais se expõe. Um dos desbloqueios da narrativa consiste num compromisso muito estranho de Gregory. Syme apenas tem acesso ao Conselho dos Anarquistas

---

([3]) O subjectivismo do impressionismo seria uma das manifestações concretas mais extremas do relativismo decadente da arte contemporânea. Precisamente uma queda no solipsismo. Ver Garry Wills, *Chesterton* (Nova Iorque: Random House, 2001), p. 24.

porque Gregory não o denuncia. E Gregory não o denuncia porque promete não revelar o que Syme lhe quer dizer. Syme quer dizer-lhe que é um poeta-polícia da ordem, cuja função é perseguir anarquistas, ou mais precisamente as ideias anarquistas. Mas invoca implicitamente a regra da reciprocidade — também ele prometera não denunciar Gregory à polícia — para obter o compromisso e a promessa de reserva de Gregory.

A dúvida que se coloca é, porém, a seguinte: por que motivo Gregory não trai a sua promessa a Syme de não o denunciar aos presumíveis colegas anarquistas? Por que razão a sua palavra, ou a sua honorabilidade, têm valor para um anarquista? Porque confere permanência e constância a esse valor? Não seria mais coerente para quem quer casar a rejeição da lei com a arte violar a lei da promessa e assim fazer da denúncia de Syme uma forma de arte?

Estranhamente, tal não sucede, e Gregory cede naquilo que para si é mais sagrado. Portanto, Gregory reconhece algum limite à desordem, um limite que paradoxalmente é mais sagrado para si do que aquilo que aparentemente seria mais sagrado — a sua devoção à causa da desordem. No diálogo, Gregory apercebe-se da armadilha em que caiu e invectiva Syme dizendo «Tu és um demónio!». Ao que Syme responde, dizendo com um rigor irónico: «E tu és um *gentleman*». Logo a seguir, Syme lança alguma luz sobre este problema, ao notar que ambos são tão diferentes, com propósitos tão diferentes, que «nada é possível entre nós que não a honra e a morte». Finalmente, antes de se despedirem daquela primeira noite alucinante em que Syme, o polícia-poeta da ordem se torna clandestinamente um dos chefes clandestinos do movimento anarquista internacional, ele agradece a Gregory por este ser «um homem de honra». Mas permanece o problema da permanência da honra. Porquê a honra? Por que é que ela salta por cima das divergências doutrinárias, espirituais, morais e políticas, sobretudo quando são profundas ao ponto de definirem uma *inimizade*?

No poema introdutório, Chesterton admite que as ideias novas também comprometem a própria ideia de honra. Já nas primeiras páginas do pesadelo, Gregory parece não ceder qualquer terreno neste ponto. Mas Syme força-o, com o seu desafio à coerência, ou *seriousness*, da causa anarquista, a ir mais longe do que ele pretende. É em nome da sinceridade, ou coerência, que Gregory arrisca tudo — incluindo a sua «vida e honra». E, por alguma razão, a mesma *seriousness* ou *sincerity* leva-o a cumprir a mais fatal de todas as promessas que fez em toda a sua vida. Que razão será essa?

Recordemos que o texto não revela exactamente um compromisso existencial com a coerência, mas algo inferior. Gregory pretende mostrar que Syme está errado. Sente-se irritado por Syme, e quer vergá-lo. Quer vergá-lo à superioridade da sua filosofia. Quer vergá-lo à superioridade da filosofia do caos face à filosofia da ordem. Mais: o que o impele é a vontade de arrancar uma confissão de derrota a Syme. Numa palavra, o que o impele é a vontade de ser superior, a vontade de poder — uma manifestação (talvez *a* manifestação) do orgulho. É a origem do pecado humano — o pecado de todos os pecados — que o leva à sua queda. Uma queda, é bom dizê-lo, não na desordem, mas na ordem. Temos de ver este aspecto como a inversão da inversão e, portanto, o regresso à norma. Nesse sentido, trata-se de uma queda que é, na verdade, um levantar.

É a fraqueza que o leva ao vínculo incompreensível com a promessa. Até a paixão que mais nos leva à revolta contra a ordem nos reconduz a um dos princípios da ordem moral — se bem que apenas um *princípio*: a *fides*. Não estamos muito distantes da demonstração feita por Santo Agostinho, na *Cidade de Deus*, de que Roma, a prototípica cidade do homem, a cidade do orgulho, não deixara de produzir pelo menos a imagem da virtude — ou, por outras palavras, não deixara de permitir alguma aproximação às virtudes humanas.

Como vimos, tal poderia indicar que a ameaça não seria assim tão perigosa. Mas não devemos subestimar que uma grande parte do livro se ocupa dos receios de Syme de que o confronto com o caos não tem a vitória garantida. Syme está decidido e comprometido a lutar contra as forças da desordem e do mal. Está decidido e comprometido a bater-se até ao fim pela Criação e pela sua bondade, como reconhece no duelo com o Marquês. Mas vê-se assaltado frequentemente pelas dúvidas, pelas hesitações, pelos receios, pelas ameaças de um desespero triunfante. Atemoriza-o a dúvida de que conseguir resistir até ao fim nessa luta e de que o lado da luta pelo qual alinha seja suficientemente forte. Em parte, é isso que nos dá o pesadelo [4]. Não devemos subestimar que a sofística pode aparecer como um pesadelo que é preciso contrariar. [5] Porquanto a rendição ao cepticismo pessimista é, para Chesterton, equivalente à proibição de «existir intelectualmente», isto é, de fazer perguntas e tentar dar respostas, incluindo as perguntas e respostas mais fundamentais: as do sentido da existência [6].

E convém dizer que esses receios não se circunscrevem à personagem de Syme. O próprio Chesterton inscreve na sua biografia os receios logo no poema dedicatório quando declara que «esta é uma história desses velhos receios» («This is a tale of those old fears») entretanto vencidos, embora não facilmente. Alguém disse que todos os livros de Chesterton são autobiográficos. Talvez haja exagero na proposição. Mas não quando se aplica a *O Homem que Era Quinta-Feira*. Num artigo que publicou no *Illustrated London News*, no dia de véspera da sua morte, em Junho de 1936, Chesterton explicou que *O Homem que Era Quinta-Feira* «teve como intenção descrever um mundo de dúvida e desespero selvagens que nessa altura os pessimistas em geral descreviam; apenas com um raio de esperança em algum sentido duplo da dúvida, que até os pessimistas sentiam de uma maneira espasmódica». Dois anos antes escrevera que, «de facto, foi em larga medida por causa do pessimismo que eu comecei a escrever» [7].

---

(4) Mark Knight, *Chesterton and Evil*, Nova Iorque, Fordham University Press, 2004, p. 91.

(5) Ver Chesterton, *Saint Thomas Aquinas*, Nova Iorque, Dover, 2009, p. 90. A ressaca do último «combate» de Tomás de Aquino com Suger de Brabant é descrita como o «último *pesadelo* de sofística».

(6) *Aquinas*, p. 96.

(7) Citado em Quentin Lauer, *G. K. Chesterton: Philosopher without Portfolio*, Nova Iorque, Fordham University Press, 1991, p. 77.

Syme tem uma âncora, no entanto. Uma âncora que nunca poderia ser uma ideia, nem a memória de um acontecimento, e muito menos uma vontade subjectiva passageira. A sua âncora é, como não poderia deixar de ser para Chesterton, uma *pessoa*. O chefe da polícia intelectual que o recrutou, e que, tal como ele descobrirá ao longo da história, recrutou igualmente todos os restantes membros do Conselho dos Anarquistas — à excepção de Domingo. O chefe da polícia da ordem é o homem que recruta e inicia os agentes da ordem que vão para o terreno quebrar as forças da desordem. Convocou Syme, como convocou todos os restantes: numa sala na penumbra, de rosto invisível, mas transmissor de uma confiança sagrada numa missão épica.

Contudo, nós sabemos por que motivo Domingo é o único que não foi recrutado pelo chefe da polícia. Pela simples razão de que são a mesma pessoa. O facto paradoxal é que, sendo a mesma pessoa, apareça com identidades tão distintas, na medida em que Domingo aparenta ser em tudo uma pessoa contrária ao chefe da polícia. Entre eles parece não haver qualquer sintonia. Pelo contrário, a única relação que parece ser possível é a da mais mortal inimizade. Um pouco à semelhança de Syme e Gregory.

Inicialmente, Domingo é-nos apresentado como o líder do movimento anarquista. Nesse sentido, Domingo é o líder da filosofia da desordem, do caos e da decadência. Já sabemos que essa filosofia tinha um nome: «pessimismo». O pessimismo é evidentemente um ateísmo — embora haja «religiões pessimistas» — e um cepticismo. É também um anti-realismo metafísico. E, finalmente, um modo de niilismo. Chesterton não se coíbe de nesta e noutras obras associar o «pessimismo» e todos estes ismos à «filosofia alemã», e, embora não faltem comentadores que elejam Nietzsche como o filósofo que estaria na mira de Chesterton, quem, de facto, reúne todos estes epítetos é, sem dúvida, Schopenhauer — o filósofo do pessimismo, por excelência([8]). De resto,

---

([8]) Arthur SCHOPENHAUER, *Studies in Pessimism*, trad. inglesa, Pensilvânia, Pennsylvania State University, 2005, vol. IV; *The World as*

Chesterton reconhece que nas teses mais pessimistas de Nietzsche, como a do Eterno Retorno, já se confundem as raias da sua loucura. Chesterton descreve estas teses como contraditórias com as anteriores reflexões de Nietzsche, plenas de «inspirações de liberdade selvagem ou de inovação criativa e refrescante»([9]). E, para Chesterton, só outro filósofo se pode pôr entre a humanidade e o desespero: Tomás de Aquino. Tomás de Aquino é o representante do mais autêntico «optimismo»([10]). Optimista num sentido delimitado, isto é, optimista porque «acreditava na Vida»([11]).

Mas é provável que este confronto não se resolva no plano imanente da filosofia. Precisamos, pois, do plano mais elevado de todos — o Deus criador e redentor. E precisamos do plano mais prosaico de todos — o *common sense* do *common man*. Uma prosa que, como já sabemos, descreve a beleza poética do mundo sem a esvaziar. É como se a filosofia não pudesse dispensar um socorro acima dela e outro socorro abaixo dela. Será que só bem amarrada por cima e por baixo a filosofia não degenera em sofística?

Convém recordar que para Chesterton o «tomismo é a filosofia do *common sense*», conclusão que, por sua vez, é tipicamente *common sense*([12]). Em grande medida, o tomismo é a filosofia do *common sense* porque o Cristianismo, com a doutrina da Encarnação, reabilitou o corpo. Se a filosofia de Tomás de Aquino começava com as «raízes inferiores do pensamento, com os sentidos e os truísmos da razão», isso decorria de o Cristianismo ter dado uma «nova razão», um poderoso fundamento teológico, para fazer dissipar a

---

Will and Representation, trad. inglesa, Cambridge, Cambridge University Press, 2010). Ver Chesterton, *Aquinas*, pp. 62, 64. Ver os comentários de Chesterton a propósito da subida ao palco da peça *The Man who Was Thursday* em «The Dial», vol. XLV, n.º 520, 16 de Agosto de 1908.

([9]) *Aquinas*, pp. 70–71.

([10]) *Aquinas*, p. 90.

([11]) *Aquinas*, p. 91.

([12]) *Aquinas*, p. 92.

vontade «platónica» de dissipação dos «sentidos, das sensações do corpo e das experiências do homem comum»([13]).

Em contraposição, segundo o «pessimismo», o ser humano é um corpo estranho num mundo que lhe é estranho. Isso remete imediatamente para a questão da ordem do universo. Essa ordem é precisamente destituída de fundamento, e a miséria do ser humano é a sua mais patente negação. Há uma separação total entre a existência humana e uma putativa ordem natural — que lhe é hostil ou, na melhor das hipóteses, indiferente. O mundo é essencialmente contraditório porque encerra na própria existência humana contradições impossíveis. E a maior contradição parece ser esta: o homem é um ser livre, que escolhe os seus próprios propósitos e fins; mas ao mesmo tempo a definição dos fins e a desadequação dos meios disponíveis para os alcançar fazem a liberdade colidir com a felicidade desejada. Resta o sofrimento irredimível como sentença da vida humana. Um sofrimento injustificado, sem um desenlace que lhe dê sentido. Um sofrimento, entenda-se, que não é apenas dor. Schopenhauer não se cansa de insistir que o alívio da dor reverte somente para o triunfo do aborrecimento, de uma sensação de vazio da existência. A dor é contrária ao aborrecimento, é certo. Contudo, o esforço humano para a superação da dor, e que nos arreda do aborrecimento, tem como objectivo inadvertido, não intencionado, mas nem por isso menos inexorável, o aborrecimento que seca o espírito. Nesse sentido, o ritmo da vida é apenas determinado como uma caminhada para a morte — que é também ela fonte de angústia e de desertificação da esperança. Aos olhos do pessimismo, o suicídio pode envergar uma capa negra de ambivalência. Assim, as aspirações, os actos e os pensamentos humanos caem num abismo de ausência de valor e de futilidade. Nada resiste a essa queda. Nada pode ser salvo. Não há nada por que se regozijar. Não há nada a agradecer.([14])

([13]) *Aquinas*, p. 93.

([14]) Ver Joshua Foa Dienstag, *Pessimism: Philosophy, Ethic, Spirit*, Princeton, Princeton University Press, 2009.

Podemos avançar sem correr grandes riscos que a primeira resposta de Chesterton ao desafio do pessimismo é simples e pode ser enunciada de modo simples. O pessimismo é cego. Não é capaz de *ver.* Ver o quê? Precisamente a coerência orgânica do todo da realidade. O tamanho de Domingo tapa tudo o resto. A visão humana é absorvida pela sua dimensão. Claro que estamos a falar de uma visão toldada. Uma vez mais, a visão do *common sense* é mais ampla e de maior alcance do que a da filosofia da desordem. É «sanidade».

Aqui é importante reconhecer que a vida humana não se confunde pura e simplesmente com a ordem da criação. É um aspecto especial e destacado da ordem da criação. Mas não é contraditória com ela. Além disso, a vida humana não é uma excepção desligada da ordem natural e em conflito com ela. É antes uma espécie de privilégio orgânico. Trata-se de um privilégio, entre outras razões, porque só o ser espiritual que é o homem pode fruir do valor das coisas que têm valor. Por esse privilégio orgânico, por esse «milagre», a única disposição justificada tem de ser, não o desespero, não a resignação, não a rebelião, mas a gratidão. A gratidão não se consuma em momentos particulares de êxtase. Deve ser um «acompanhamento constante da vida». Mais: a gratidão pela gratuidade e pelas possibilidades do ser não é um fardo de obediência; quando emerge à consciência na ligação com o todo da realidade, a gratidão é uma expressão da mais fundamental alegria.

Note-se, porém, que visão e gratidão estão profundamente ligadas. Não só porque a gratidão resulta do que *vemos*, mas também porque a gratidão ao sustentador do Ser pressupõe um acto de fé que abrange a *fé* na relação entre os nossos pensamentos e a realidade ([15]). Uma vez mais, é uma questão de sanidade. Esse acto de fé é são, racionalmente são.

Diz Chesterton noutra obra: «Nenhum homem começa a pegar fogo a Londres na convicção de que o seu criado em breve o acordará para tomar o pequeno-almoço. Mas

---

([15]) Lauer, p. 34.

que eu, num dado momento, não estou a sonhar não pode demonstrado nem é demonstrável». E continua:

> Todos os homens acreditam que existe uma espécie de obrigação sobre nós que nos faz interessar nesta visão ou panorama da vida. Todos julgariam errado o homem que dissesse: «Eu não pedi esta farsa e aborrece-me. Sei que uma idosa está a ser assassinada no andar de baixo, mas eu vou dormir.» Que existe um dever de melhorar as coisas que não fizemos é algo que não está demonstrado nem é demonstrável. ([16])

Ora, precisamente na sequência deste dever de melhorar as coisas, ergue-se mais uma razão de rejeição categórica do pessimismo. A de que, por o pessimismo ser uma «paralisia do espírito, uma impotência intrinsecamente indigna de um homem livre», é também a aceitação da tese de que nada pode ser melhorado. É que, «a menos que amemos uma coisa em toda a sua fealdade, não poderemos torná-la bela» ([17]). O pessimista não pode amar porque nada merece o seu amor. Então, a tarefa de jardineiro da criação torna-se absurda. Um dos membros do Conselho Anarquista diz que «todo o homem sabe no fundo do coração que nada é digno de ser feito».

O anarquista permite-se alimentar, no entanto, outra possibilidade: a de refazer a criação — pelo menos, no plano político e social. Tal é a sua ingenuidade. Aqui percebemos também uma ligação implausível e insustentável entre Schopenhauer e o anarquista. Schopenhauer não aponta para uma superação prática do problema humano fundamental porque não há superação disponível. E muito menos para o activismo político redentor. Não indica o caminho da rebelião. Mas, se a rebelião, como defende o anarquismo, for o meio de criação de um novo mundo (na arte, na moral, nas relações sociais, na política), então a resignação ascética de Schopenhauer pode aparecer como uma resignação tímida e censurável da filosofia.

([16]) Citado em LAUER, p. 49.

([17]) Citado em LAUER, p. 78.

Porém, esta hipótese só é válida para a «secção exterior» do movimento anarquista, segundo o polícia que interpela Syme em primeiro lugar. Está até disponível para dizer que a secção exterior pode ser designada por «inocente», na medida em que supõem que os males e as injustiças são o produto de um sistema mau. Já a «secção interna» não acredita nesta possibilidade de redenção imanente. Podem verbalizar essa crença, mas apenas para mobilizar o apoio inadvertido dos «inocentes». Para os membros do núcleo duro, a liberdade só pode ser a morte, e a libertação é o suicídio. Segundo os homens do anarquismo autêntico, o atentado bombista não pretende assassinar o rei. Pretende assassinar.

Domingo é enorme, forte, carismático, inteligente, arguto, cruel, medonho, perigoso. Mas a nossa perplexidade, num livro repleto de perplexidades, explode quando descobrimos que afinal Domingo era a mesma pessoa que constituía a âncora de Syme, o polícia que o recrutou e aos demais espiões no Conselho Anarquista. Quem é Domingo? Quem é aquela pessoa que foge pelas ruas montado num elefante? Numa entrevista em que Chesterton foi directamente questionado sobre a personagem de Domingo, respondeu:

> Bem, pode chamar-lhe Natureza, se quiser. Mas notará que eu sustento que, quando a máscara da Natureza é levantada, encontramos Deus por detrás. Toda a exuberância selvagem da Natureza, todas as suas estranhas partidas, toda a sua aparente indiferença às necessidades e sentimentos dos homens, tudo isso é só uma máscara. É uma máscara que os nossos Lucien Gregorys pintam, mas que nunca conseguem levantar. Tenha em atenção que eu penso que não faz mal que não saibamos tudo acerca daqueles que nos rodeiam, que tenhamos de lutar na escuridão, ao mesmo tempo que temos a fé de que a maioria dos homens estão no lado correcto, pois para ter coragem a alma dos homens tem de estar só até ao momento em que finalmente fica a conhecer tudo. ([18])

([18]) Entrevista de Chesterton ao *Illustrated Sunday Herald*.

Domingo pode ser dúplice porque a natureza na sua aparência superficial também é dúplice ou ambígua. Aparece-nos inicialmente com uma máscara, uma máscara que apresenta e oculta. Presumivelmente, a natureza inclui a natureza humana. E também esta é dúplice: com ela podemos descer às trevas, mas também podemos realizar as virtudes humanas. Mais: a graça que nos eleva ao Absoluto não opera pela destruição da natureza, mas antes pelo seu aperfeiçoamento cooperativo. Combinamos a centelha do divino com apetites animais.

O lado ruim de Domingo é a expressão de «algo tanto grosseiro, como triste na Natureza das Coisas». Ele é «abstracção combinada com crueldade», tal como os animais na floresta são «simultaneamente inocentes e implacáveis». Depois de cada um dos espiões ter dito algo sobre Domingo, Syme nota que, apesar da dissonância das várias descrições, havia um ponto comum em todas: a comparação de Domingo ao universo. Syme recorda que, quando o viu pela primeira vez, estava ele de costas, não teve dúvidas de que se tratava do «pior homem do mundo», de um «animal selvagem vestido com roupas de homem». Mas, quando ele se virou, Syme até se assustou com a beleza e a bondade do rosto de Domingo. De costas era um «animal». De frente, um «deus». Domingo é tudo. É o deus Pan — é literalmente tudo, e também o Pânico. Na mitologia grega, Pan também era metade humano, metade bicho e frequentava a companhia de Dionísio. Quando nasceu, assustou a mãe, mas os deuses do Olimpo acolheram-no com alegria. É, enfim, uma boa representação da natureza.

Ver Domingo é como lidar com a experiência da vida humana no universo: ora «o mau é tão mau que não conseguimos deixar de pensar que o bom é um acidente, [ora] o bom é tão bom que nos sentimos confiantes de que o mal pode ser explicado». Syme é enfático ao transmitir a lição que aprendeu — o «segredo do mundo inteiro». Até agora só conhecemos as costas do mundo e, portanto, a sua brutalidade. É preciso conhecer o rosto do mundo. É esse o desafio fundamental.

Mas, na verdade, o texto do livro aponta para algo mais do que a natureza. Domingo apresenta-se como a mesma pessoa que, sentada na escuridão, recrutou cada um deles para um combate épico. Um combate que teria de ser travado quando todo o universo parecia estar do outro lado da trincheira. À pergunta «Quem és tu?», Domingo responde: «Eu sou a Paz de Deus». Um dos outros companheiros das aventuras assenta que ele é o «optimismo».

Syme compreende finalmente o sentido da sua epopeia e do seu pesadelo. «Cada coisa que obedece à lei tem de ter a glória e o isolamento do anarquista.» É assim com cada combatente pela ordem. Syme compreende finalmente o sentido do seu sofrimento. Sobretudo quando descobre que também Domingo sofreu nesse combate. A última coisa que Syme escuta no seu sonho, provinda de uma voz distante, é a citação de Marcos 10:38 — «Podeis vós beber do cálice que eu vou beber?» —, o cálice de sofrimento que daria o direito aos Apóstolos de se sentarem à esquerda e à direita do Messias.

Syme compreende finalmente que o sofrimento não é em vão. Que é uma parte do caminho para a esperança e para a alegria infinita. Já na vigília, Syme sente uma felicidade insuperável, a de ser portador de boas notícias sobre aquilo que verdadeiramente importa, sobre a única coisa que importa. O sofrimento não aponta para o suicídio; aponta para a vida. Para a celebração da vida. Não apenas para a esperança escatológica, mas para a afirmação da vida, aqui e agora.

Em *O Homem que Era Quinta-Feira* é a única coisa que acaba por importar.

NOTAS BREVES SOBRE A POLÍTICA NO PONTIFICADO DE BENTO XVI

I

Por mais estranho que pareça, ocorreu-me que uma boa maneira de introduzir esta complexa questão da política no contexto do pontificado de Bento XVI seria recordar uma troca epistolar entre Michel Foucault e o seu editor na Gallimard, Claude Mauriac. Como se sabe, Foucault apoiou a Revolução Iraniana que acabaria por derrubar o governo do xá no final da década de setenta. Os nossos propósitos aqui não nos obrigam a ponderar as razões desse apoio. Mas a troca verbal entre os dois é digna de registo. Mauriac, representando aqui o típico intelectual secularizante, não compreendia a opção de Foucault, e fez questão de o recordar de uma certa conclusão histórica — a de que, quando se pondera a questão da «espiritualidade e da política», dizia Mauriac, «já vimos o que isso nos deu». A resposta de Foucault foi surpreendente e lapidar. Limitou-se a dizer: «E a política sem espiritualidade, meu caro Claude?» ([1]). Numa palavra, o que nos deu a política sem espiritualidade?

([1]) Cit. in Bonnie HONIG, «What Foucault Saw at the Revolution. On the use and abuse of theology for politics» in, *Political Theory*, 36, 2, 2008, p. 309.

Esta é uma pergunta a que Bento XVI não tem fugido. Está sempre presente quando o papa recapitula as críticas dos totalitarismos, bem como quando repudia as tentações da estatização da sociedade por meios não totalitários. Está sempre presente quando escutamos as recorrentes críticas do materialismo e do relativismo das sociedades ocidentais, da degradação da ecologia humana na banalização da dignidade da pessoa humana, na dissolução da família, na aceitação da prática do aborto ou na abertura irreflectida a todo o tipo de técnicas ultramodernas da biotecnologia. Está presente quando o papa reclama a permeabilidade do espaço público formal e informal nas várias comunidades políticas ao discurso assumidamente cristão, ao diálogo que não assenta na renúncia ou omissão a referências de cariz directa ou indirectamente religioso. Está presente quando Bento XVI apela a uma nova concepção de cooperação e coordenação entre os povos do mundo para a resolução de problemas como a pobreza e a fome, os conflitos militares ou a opressão de minorias étnicas ou religiosas. Está presente quando, no dia anterior à morte de João Paulo II, o então cardeal Ratzinger avisava que «o perigo real e mais grave nos nossos tempos reside, precisamente, neste desequilíbrio entre as possibilidades técnicas e a energia moral» ([2]).

Nada disto, porém, deve sugerir que o papa se deixou seduzir por uma qualquer versão de uma teologia política. Nas encíclicas *Deus caritas est* e *Caritas in veritate*, a justa autonomia da esfera temporal viu-se reafirmada com todo o vigor. Mas a autonomia da esfera temporal relativamente à espiritual não indica que estas estejam separadas por uma espécie de cordão sanitário. Tal seria até impossível. A política e a justiça são inseparáveis: «A justa ordem da sociedade e do Estado é dever central da política. [...] A justiça é o objectivo e, consequentemente, também a medida intrínseca de toda a política. A política é mais do que uma simples

---

([2]) Joseph Ratzinger, «On Europe's Crisis of Culture», 1 de Abril de 2005, consultado em http://www.catholiceducation.org/articles/politics/pg0143.html.

técnica para a definição dos ordenamentos públicos: a sua origem e o seu objectivo estão precisamente na justiça, e esta é de natureza ética. Assim, o Estado defronta-se inevitavelmente com a questão: Como realizar a justiça aqui e agora? Mas esta pergunta pressupõe outra mais radical: O que é a justiça?» (3).

As exigências da política são de tal ordem que podem conduzir os seus actores a uma «cegueira ética» (4). A tendência para o empobrecimento espiritual das sociedades ocidentais estimula as condições propiciadoras dessa mesma «cegueira ética», que afecta, ou pode afectar, políticos e cidadãos comuns. Superar a «cegueira ética» solicita uma certa força espiritual que é difícil, se não impossível, receber sem o auxílio da fé ou da abertura à verdade da fé. É certo que a política mobiliza o uso da razão, e não da fé. Mas as perdições da razão requerem uma orientação ou uma bússola que só pode provir de um domínio que transcenda a própria política.

Note-se que o papa não pretende que a Igreja se imiscua nas questões do Estado ou criar um falso vínculo entre a adesão à fé e conduta católicas, por um lado, e a política sã, por outro. Bento XVI aceita como aquisições que podem reclamar validade universal a proibição da imposição de uma religião pelo poder do Estado, a liberdade religiosa, o respeito pelos direitos fundamentais e iguais para todos os homens e a separação de poderes e o controlo da acção do Estado (5). (Embora se admita que a concretização destes princípios deve proceder de contextos sócio-históricos adequados.)

O que me parece ser crucial para este papa é que a voz da fé possa assumir-se, sem complexos ou pressões externas, como interlocutor indispensável na orientação da razão política nas sociedades. Na encíclica já citada, o papa indica que não cabe à Igreja impor uma doutrina à sociedade e à

(3) BENTO XVI, *Deus Caritas est*, §28.
(4) *Ibid.*
(5) RATZINGER, «On Europe's Crisis of Culture».

vida política do Estado como sistema normativo exclusivo. A doutrina do direito natural seria aqui um bom exemplo. Também não cabe à Igreja a edificação de uma ordem política ou deixar-se seduzir por uma esperança vã de realizar, aqui e agora, uma sociedade perfeitamente justa. Nada é mais repetido do que a condenação da politização da religião e nada é mais recordado do que os limites essenciais da política e da acção política.

O que o papa não diz, mas que me parece estar implícito no que escreve, pode ser descrito do seguinte modo: para que os católicos e a Igreja possam cumprir o seu papel de interlocutores no espaço público plural das sociedades modernas, é preciso levar a cabo a sua remobilização política. Mobilização política quer dizer participação política, significa participação no espaço público-político comum. Evidentemente, não se trata aqui de fundar partidos políticos ou movimentos eleitorais, nem sequer de criar ligas católicas dispersas pelos vários partidos já existentes. Trata-se, antes, de interromper uma tendência de apatia ou pelo menos de desmobilização dos católicos enquanto cidadãos *católicos* nas sociedades modernas. Portanto, trata-se de assumir uma responsabilidade pública.

Na verdade, é possível ler as considerações do papa como uma chamada dos católicos à responsabilidade cívica. Até porque a Igreja sempre denunciou a ilusão de que as estruturas políticas estatais pudessem substituir a espiritualidade que preenche realmente de sentido as instituições infrapolíticas, assim como as inúmeras práticas públicas, semipúblicas e privadas. E tão-pouco a espiritualidade cristã pode ser substituída pelas normas e conteúdos do Iluminismo setecentista que alguns reclamam como a única fonte legítima do tecido moral das sociedades modernas. A assunção desta responsabilidade implica que a atitude cristã diante da política nunca poderia ser a do alheamento ou do distanciamento olímpico. A Igreja não *pertence* ao mundo da política, mas está presente e, no centro, se é lícito dizê-lo, do mundo da política.

É verdade que a Igreja não é um «agente da sociedade», antes uma «sociedade distinta» e com uma vocação própria([6]). Mas nas questões da justiça e do bem comum, e enquanto «sociedade distinta», a Igreja não está situada fora das fronteiras da política e da discussão pública. De resto, como nota Bento XVI, apoiando-se evidentemente na *Cidade de Deus* de Santo Agostinho, «[o]s olhos da fé permitem-nos vislumbrar que as cidades celestes e as cidades terrenas se compenetram de forma mútua e estão intrinsecamente ordenadas umas para as outras» ([7]). A Igreja possui até um conjunto de princípios que deve orientar pelo menos o julgamento das políticas e práticas temporais: o princípio da dignidade da pessoa humana, da solidariedade, da subsidiariedade e do bem comum enquanto bem complexo que inclui os aspectos individuais e comunais da pessoa. Esses princípios são morais e políticos, mas são iluminados por uma sabedoria que não provém da humanidade reduzida a si mesma. A enunciação destes princípios, uma vez mais, desperta uma responsabilidade, a saber, a «responsabilidade dos cristãos de trabalhar pela paz e a justiça e o seu compromisso irrenunciável em vista de construir o bem comum» ([8]). É, pois, a responsabilidade cívica de assumir tarefas indeclináveis associadas à participação política, cívica e comunitária, nas redes sociais, nas associações voluntárias, nas famílias, nos grupos comunitários. A afirmação do princípio da subsidiariedade traz consigo e imediatamente a afirmação da responsabilidade e da liberdade. E é num contexto de responsabilidade e de liberdade que se geram as relações autênticas de amor. Os católicos devem envolver-se na sociedade num espírito de serviço que obedece ao amor que se desdobra na dedicação ao bem do próximo.

([6]) Richard John NEUHAUS, «Pope Benedict on Love and Justice», in *First Things*, Maio 2006, p. 62.

([7]) BENTO XVI, «Discurso aos Participantes na Sessão Plenária da Pontifícia Academia das Ciências Sociais», 3 de Maio de 2008, consultado em http://www.vatican.va/holy_father/benedict_xvi/speeches/2008/may/documents/hf_ben-xvi_spe_20080503_social-sciences_po.html.

([8]) *Ibid.*

II

Não é muito frequente o papa recomendar a leitura de obras sobre política ou de filosofia política. No entanto, foi precisamente isso que fez numa alocução dedicada à figura de João de Salisbúria, um grande pensador do século XII. Claro que o papa falou sobretudo da grande obra filosófica de João de Salisbúria, o *Metalogicon*, mas não deixou de sublinhar o *Policraticus*, uma obra exclusivamente dedicada aos problemas da filosofia política e, diga-se, muito pouco dócil — contém uma doutrina ríspida do tiranicídio, por exemplo. Apesar de ter elogiado a elegância do título da obra *Policraticus*, Bento XVI, talvez por economia de palavras, não mencionou o sugestivo subtítulo da mesma, «Das frivolidades dos cortesãos e as pegadas dos filósofos».

Lendo João de Salisbúria, percebemos imediatamente que o autor não poupa os lisonjeadores, sobretudo os lisonjeadores do poder. E João sublinha que o compromisso com a verdade supõe a disposição contrária à do lisonjeador e à do cortesão: «A verdade é dura e muitas vezes é a progenitora das dificuldades, na medida em que recusa lisonjear quem quer que seja» ([9]). Na política, o cristão deve orientar a sua conduta pela virtude da moderação, mas não pode adoptar a disposição do lisonjeador sem se trair a si mesmo. A adulação dos poderes fácticos é uma forma de servidão infame.

Noutro ponto do *Policraticus*, João recomenda ao governante uma posição de equilíbrio entre a arrogância e a pusilanimidade, isto é, o governante deve reconhecer a dignidade própria do seu «esplendor público» e a necessária humildade que a sua condição privada torna indispensável. O governante tem de preservar a sua dignidade pública sem atentar contra a dignidade dos outros que governa. Mas, para preservar a sua dignidade pública, o governante não pode descurar a dignidade intrínseca à sua pessoa privada.

([9]) João de SALISBÚRIA, *Policraticus*, Cambridge, Cambridge University Press, 1990, III.6.

Nem a dele nem a dos outros([10]). No capítulo seguinte, João faz uma recomendação ainda mais interessante, desta feita de validade mais geral. Diz ele que os cidadãos não podem preferir os seus próprios assuntos aos assuntos dos outros. Devem cumprir o movimento da afeição que os une aos seus semelhantes, os quais, com a força da caridade, se tornam seus irmãos. Mas não deixa de avisar que esta comunhão entre os concidadãos deve ser orientada e limitada pela moderação. O que quer João dizer com isto? Que, se o cidadão ama os seus irmãos, então tem de procurar corrigir os seus erros quando estes se desviam do caminho da rectidão. É como se lhes devesse isso. E João não ilude o carácter doloroso de tamanha tarefa. Doloroso para todos: tanto para quem corrige como para quem é corrigido([11]). Seja como for, o cidadão não pode evadir-se desta responsabilidade.

Em tempos democráticos, a formulação de João deste problema político não pode ser recuperada nos mesmos termos. Porém, não é impossível encontrar uma tradução ou uma adaptação coerente. Em parte, talvez encontremos algum eco da recomendação de João de Salisbúria nas palavras do antecessor de Bento XVI, Bento XV. Foi ele quem apelou a uma certa «nobreza» encarregada de um «sacerdócio» temporal específico. Não que essa «nobreza» designasse uma classe social concreta e rígida; antes remetia para a nobreza das virtudes cristãs, a qual tinha por missão a elevação e «purificação do mundo»([12]). Na democracia dos nossos tempos, e além da força do exemplo pessoal e da entrega silenciosa ao outro, o cuidado com os nossos concidadãos exprime-se também, em condições de liberdade, na acção comunicativa ou, por outras palavras, na participação no espaço público democrático de comunicação. Integrando a recomendação de João, poderia dizer-se que

---

([10]) *Ibid.*, IV.7.

([11]) *Ibid.*, IV.8.

([12]) *L'Osservatore Romano*, 5–6 de Janeiro 1920, citado em Plínio Corrêra de Oliveira, «Genesi della nobiltà. La sua misione nel passato e nel presente», *Con-tratto*, 1998, pp. 46–48.

essa participação não pode implicar a abdicação da verdade que o cristão, enquanto cristão, partilha. E não pode implicar a renúncia a fazer uso da palavra com os conteúdos próprios que definem o cristão enquanto cristão.

Segundo Bento XVI, a tese central do *Policraticus* pode ser apresentada nos seguintes termos:

> existe uma verdade objectiva e imutável, cuja origem é Deus, acessível à razão humana. Esta verdade diz respeito à actuação prática e social. É uma lei natural, onde as leis humanas e políticas e a autoridade religiosa devem inspirar-se para que possam promover o bem comum. Esta lei natural é caracterizada por uma propriedade a que João chama «equidade», isto é, a atribuição a cada pessoa dos seus direitos. Daqui seguem-se preceitos que são legítimos para todos os povos e que não podem em ocasião alguma ser ab-rogados. ([13])

Já vimos que Bento XVI exclui a imposição unilateral da doutrina da lei natural no campo do sistema normativo das sociedades modernas ocidentais. Contudo, neste comentário, mais do que a apologia de uma determinada concepção do direito natural, transparece uma consideração urgente sobre a vida moral, política e intelectual dos povos contemporâneos. O que seduz Bento XVI é precisamente a articulação entre a razão e os conteúdos éticos. Por outras palavras, o facto de nenhuma sociedade política sã poder ser fundada no irracionalismo moral, no emotivismo ou nas várias índoles do subjectivismo; de a concepção da pessoa humana como sujeito de direitos não proceder de uma perspectiva radicalmente individualista ou atomista, mas da articulação de uma verdade que estrutura a vida social e espiritual dos homens. Também não deixa de ser interessante a associação entre aquilo a que João chamava a «tirania dos príncipes» e o que Bento denomina «ditadura do relativismo». A opressão

---

([13]) Audiência Geral de 16 de Dezembro de 2009 — João de Salisbúria, consultado http://www.vatican.va/holy_father/benedict_xvi/audiences/ 2009/documents/hf_ben-xvi_aud_20091216_en.html.

política aparece como uma espécie de imagem gerada pelo predomínio do «relativismo» em muitas esferas das sociedades contemporâneas e que começa por ser uma repressão intelectual até penetrar no domínio da moral e do social. Tal como o príncipe tirânico absorve para si, e consome, a personalidade dos seus súbditos, também a uniformidade do relativismo esgota a energia intelectual, fecha o espírito humano e corrói a vivência social. Razão, ética, liberdade e responsabilidade constituem as palavras-chave da actualização de João de Salisbúria levada a cabo por Bento XVI.

Por outro lado, João de Salisbúria e Bento XVI estão de acordo quanto à necessidade de o poder político estar submetido à lei e à inexistência de cidadania em liberdade sem respeito e confiança na lei. Mas não se trata aqui de uma concepção meramente positivista da lei, em que a lei escrita ou positiva esgota o direito. Ambos sabem muito bem que a lei escrita pode ser um mero instrumento do poder e, por conseguinte, causa de injustiça. Bento XVI adapta João quando invoca a concepção especificamente democrática da criação da lei, isto é, que esta deve decorrer de um processo de formação colectiva. Na realidade concreta, falar de processos de participação colectiva na criação das leis é, de um modo ou de outro, falar na legitimidade da maioria para definir o que é a lei. E isso levanta imediatamente o problema clássico das maiorias injustas ou corruptas. Mas não só. Levanta igualmente o problema de uma concepção estritamente voluntarista da lei positiva de um Estado, isto é, de tudo o que resulte da vontade de uma maioria legitimamente formada ser legal e, portanto, justo. Por outras palavras, de o que a maioria deseja ser justo. Ora, para Bento XVI e João de Salisbúria, há coisas, actos e práticas que são intrinsecamente justos e outros que são intrinsecamente injustos e que, portanto, nunca podem ser legais. Independentemente das maiorias que possam ser mobilizadas para as desrespeitar ou legitimar.

Em paralelo, Bento XVI subscreve a doutrina geral dos direitos humanos — sem ter aí a companhia de João, claro. Mas já nos tempos em que ainda era cardeal não deixou de sugerir que hoje em dia essa doutrina deveria ser complementada por outra que «indicasse os deveres do homem» e os seus limites. No fundo, esta preocupação caminha a par com a insistência da associação íntima entre liberdade, própria da natureza do homem, e responsabilidade. Por um, temos a recapitulação da antiquíssima conclusão de que liberdade sem responsabilidade degenera em licenciosidade. Por outro lado, temos uma consideração mais profunda que decorre da crítica a concepções radicais da liberdade humana em que esta é entendida não só como livre-arbítrio, não só como auto-interpretação, mas sobretudo como criação do homem por si mesmo. Numa palavra, a liberdade converte-se no todo da natureza humana e, no mesmo movimento, aniquila a própria noção de natureza do homem. Ora, assim como o homem não pode recorrer às tecnologias para se tornar um «produto de si mesmo», também as comunidades políticas e os cidadãos não podem agir num horizonte de pura criação irrestrita de si próprios.

Neste sentido, o desígnio de Bento XVI de articular a liberdade humana com a responsabilidade, a razão com os conteúdos éticos, a solidariedade com o amor corresponde, em última análise, a um esforço profundo de edificação da boa sociedade. É o seu contributo para uma sociedade que prefigure a Cidade de Deus. Por vezes diz-se que, neste domínio, o papa é «conservador». De uma certa perspectiva, o epíteto não é inteiramente enganador. Afinal, o propósito de proteger e reconstituir os conteúdos morais da sociedade, que não podem estar à mercê do ímpeto destruidor de certas forças sociais, económicas, políticas e históricas, pode ser visto com um acto de *conservação*, porquanto há coisas e práticas, costumes e símbolos que é conveniente e necessário conservar. Mas este seria apenas um ponto de vista excessivamente unilateral. Se, como nesta concepção, a boa sociedade e os conteúdos morais que a acompanham forem elevados pelo amor, a atitude meramente *passiva* de conservação perde consistência. O amor, ou a caridade na verdade, é sempre, como se sabe, promessa de transformação.

FILOSOFIA POLÍTICA E DEMOCRACIA

Não existe filosofia política sem filósofos políticos. Mas estes vivem num determinado espaço, sujeito a uma certa forma política. Nos nossos tempos, essa forma política é democrática. É conveniente, portanto, perceber melhor que relações se estabelecem entre a forma política democrática e a prática da filosofia política. As ditas relações podem ser examinadas a partir de várias perspectivas. Aqui tentaremos averiguar o que a perspectiva da própria filosofia política contribui para essa consideração, isto é, o que resulta do exame do feixe de relações entre a democracia e a filosofia política operado à luz das preocupações e categorias da filosofia política. Esperamos revelar o carácter complexo dessas relações e, em concreto, demonstrar que, se é certo que têm sido historicamente benévolas para a filosofia política, não é menos verdade que contêm alguns riscos para a sua prática. Além disso, contamos ainda clarificar os contornos básicos da tensão entre a democracia e a filosofia política.

I

Para examinar a relação entre filosofia política e democracia, não resta outro remédio senão recorrer aos filósofos políticos do passado, não tanto para deles obter respostas, mas antes para recuperar as problematizações essenciais dessa relação. Em filosofia política, a perspectiva histórica é sobretudo um sentido das possibilidades — concretas ou virtuais. A aquisição da perspectiva histórica, ou do sentido da possibilidade[1], permite a libertação do horizonte político e linguístico actual, o que é o mesmo que dizer que permite resistir às inclinações do paroquialismo da contemporaneidade. A filosofia política recorre à história da filosofia política para ser genuinamente comparativa, para aceder às interpretações e formulações dos problemas, assim como das soluções.

A tese do fim da história de Kojève, na versão de Fukuyama, foi tão debatida que até já é cansativo repeti-la. O facto é que, num aspecto crucial, a tese parece ter sido comprovada. Claro que é preciso acrescentar imediatamente: pelo menos no Ocidente. Para lá das fronteiras incertas do Ocidente, ainda é preciso admitir que a democracia tem concorrência ideológica credível. Mas no continente europeu e na América do Norte o monopólio absoluto de que a democracia — enquanto regime político aceitável e desejável — goza é indiscutível. Apesar de todas as atribulações conjunturais, a essência do tema permanece intocável: a democracia é satisfatória para os cidadãos europeus porque os Estados europeus, na formulação de Hegel, garantem o reconhecimento recíproco dos indivíduos, protegidos pelos mesmos Estados enquanto sujeitos de direitos, sendo estes direitos, por sua vez, reconhecidos e garantidos politicamente. Mais: a satisfação com a democracia não é mero contentamento, mas a manifestação de se terem cumprido as exigências da razão. Daqui decorre que o primeiro a satisfazer-se com a realidade democrática é o homem de razão, o filósofo. Assim, qualquer discussão da democracia que a relativize aparece como uma intervenção desrazoável (MANENT, 1993a, p. 63).

A filosofia política depara-se, então, com uma circunscrição inaudita dos seus debates. Desde logo, o problema

---

[1] A expressão é de Quentin Skinner, citado em TULLY, 2002, p. 547.

clássico da filosofia política — Qual o melhor regime político? — parece ter sido resolvido definitivamente. À pergunta «Qual o melhor regime político?», a era democrática deu uma resposta filosófica: «A democracia». Admitindo o carácter definitivo da resposta, ainda restaria uma tarefa filosófica, a saber, conhecer o regime político que satisfaz as exigências da razão. Será possível levar a cabo essa tarefa sem prescindir de um ponto de apoio, não necessariamente antagónico, mas exterior à própria democracia?

II

Cícero, numa passagem que faria história, disse que Sócrates «fez a filosofia descer dos céus e colocou-a nas cidades dos homens e trouxe-a também para as suas casas e forçou-a a falar da vida e da moral» (Cícero, 1989, V.10). A acreditar em Cícero, Sócrates foi, portanto, o primeiro filósofo político. A filosofia política é, no mesmo sentido, originalmente socrática; pretende falar dos homens, da cidade, da vida humana e da moral. E fá-lo indirectamente, isto é, através do exame do que os homens *dizem* acerca de si próprios, da cidade, da vida humana e da moral (Platão, 1947b, 99e). Neste movimento, Sócrates fixou no mundo humano o contexto mais adequado à actividade filosófica, que é, por assim dizer, sobre-humana. E, na medida em que a filosofia socrática pode ser descrita como obediência ao imperativo divino «conhece-te a ti mesmo», a filosofia política corresponde ao movimento natural do autoconhecimento, quer dizer, do conhecimento da realidade prática em que o homem vive e age.

Francis Bacon, ao indagar as origens da filosofia política na interpretação que oferece do mito de Orfeu, sugere outro movimento generativo da filosofia política. Orfeu produzia música de dois tipos: a que apaziguava os «poderes infernais» e a que atraía e seduzia os animais e as árvores. A primeira, diz Bacon, corresponde à «filosofia natural»; a segunda, à «filosofia política». Inconsolável com a morte da mulher, Eurídice, Orfeu resolveu descer aos infernos para a resgatar. A sua música, como seria previsível, persuadiu os poderes infernais a devolverem-lhe Eurídice, na condição de que não olhasse para ela — que seguiria atrás dele — até chegarem ao mundo dos vivos. Como se sabe, Orfeu não resistiu ao desejo de rever a sua amada, o que tudo deitou a perder. Desiludido, Orfeu levou uma vida solitária, percorrendo os desertos apenas com a sua música. Porém, essa mesma música atraiu os animais, incluindo os animais selvagens, que, esquecendo a sua selvajaria e os seus instintos predadores, se dispunham harmoniosamente a escutar a melodia de Orfeu. Até as árvores e as pedras se reuniam ordeiramente em seu redor para o ouvirem. Segundo Bacon, Eurídice simboliza a humanidade, insinuando tacitamente que a temperança, ou mesmo um certo ascetismo, no amor pela humanidade são cruciais nas inclinações do filósofo. Por outro lado, guiar a humanidade das trevas da caverna infernal até à luz do sol pressupõe paciência e não o apressar de um processo que tem o seu próprio tempo e ritmo. O filósofo não se pode perder nem por amor pela humanidade, a mais doce das tentações. Mas, para Bacon, foi a frustração com o fracasso do resgate de Eurídice (inicialmente bem-sucedido através do uso da «filosofia natural») que desviou Orfeu para o cuidado com os seres particulares do seu mundo, para os «objectos humanos», para o ensinamento do «amor pela virtude, equidade e concórdia», para «levar multidões de pessoas para uma sociedade», «torná-las sujeitas às leis, obedientes ao governo», em suma, para pensar e exortar, recorrendo à «persuasão e eloquência», à ordem política. Mas a história de Orfeu teve um fim trágico. Algumas mulheres trácias, «possuídas pelo espírito de Baco», com os seus gritos sufocaram a música da cítara de Orfeu. Como a harmonia circundante dependesse dessa música, o resultado foi a desordem e a dilaceração do corpo de Orfeu às mãos das trácias furiosas. Assim, parece que a filosofia política é menos poderosa do que inicialmente se supunha. Está indefesa perante as ameaças da fúria e da embriaguez (Bacon, 1991b, pp. 228–231).

A dúvida que subsiste, pois Bacon não a esclarece nesse texto, é se a reflexão sobre os perigos que rodeiam a filosofia política, se a relação de inimizade que a «fúria» tem com ela, não é também uma consideração filosófica. Mais: se a reflexão abrangente sobre o significado da filosofia indica o desdobramento em filosofia política e se anuncia igualmente que o filósofo se relaciona com seres que o podem amar assim como odiar e desejar a sua destruição, então Bacon parece sugerir que a filosofia é sempre filosofia política. Se tomarmos o pensamento de Bacon como um todo, percebemos que a intenção que está por detrás do seu retrato de Orfeu como o filósofo consiste em mostrar que a correcção deste abre o caminho para a perfeita consciência filosófica da realidade. O filósofo perfeito é, portanto, um novo Orfeu que reflecte sobre a experiência paradigmática do antigo Orfeu. Podemos até sugerir que o aviso de Bacon encontra o paralelo mais adequado na persistente reflexão da filosofia política sobre a experiência de Sócrates (Platão, 1947b, 96a–100a) e o seu destino, tanto no que este tem de trágico como de cómico (Strauss, 1989b, pp. 105–106). Omitindo o problema de como domar os «poderes infernais», por pertencer ao domínio da «filosofia natural», podemos pelo menos dizer que é tarefa urgente da filosofia política prevenir e domar as paixões dionisíacas desenfreadas, o que não custa aceitar tratar-se de uma tarefa política da filosofia. E é importante sublinhar que Bacon compara a filosofia com uma pessoa; é a pessoa de Orfeu que oferece uma «descrição singular» da filosofia.

O passo de Cícero e o comentário de Bacon descrevem movimentos diferentes. Mas os seus pontos comuns permitem tirar algumas conclusões. Primeiro, na medida em que a filosofia é o desejo ou o amor pela sabedoria, pelo conhecimento articulado do todo, a filosofia é também o amor pelo conhecimento da realidade prática; a filosofia é, ainda, filosofia *política*. É igualmente necessário sublinhar que a filosofia é uma forma de vida, um modo de existência, e não um corpo doutrinal, uma teoria ou sequer uma forma de adquirir conhecimentos. No discurso que produz sobre si, a filosofia justifica-se a si mesma como a melhor vida para o homem e, portanto, não deixa de se comparar com as outras formas de existência. Entre as várias possibilidades de existência, o filósofo escolhe uma, a que lhe permite satisfazer o seu desejo de sabedoria. A dedicação é incompatível com outros modos de existir. Mas os outros modos de existir — o do religioso, o do hedonista, o do político — podem ser formulados de uma maneira que ponha a vida filosófica em questão. Essa confrontação reforça a necessidade de uma reflexão não só sobre a vida individual, mas também sobre a vida colectiva, isto é, sobre a comunidade política, a começar pela relação da filosofia com a comunidade política. E de onde parte a filosofia quando procede a esse exame? Das opiniões da cidade, da esfera política ou pública, rumo ao conhecimento ou à ciência. A filosofia não pode evitar o envolvimento com a política nesta tarefa autenticamente científica (Strauss, 1989a, pp. 74–76). Porém, a vida política é controvérsia; as possíveis respostas que emergem das controvérsias políticas são ambíguas. E o filósofo não tem alternativa senão interferir nessas controvérsias, articular os argumentos das partes em conflito e clarificar tanto quanto possível a natureza das respostas.

Contudo, estas primeiras observações, por serem provisórias, podem ser enganadoras. De modo a dissipar equívocos gerados por conclusões apressadas, é preciso dizer que a filosofia política não é democrática. Com isto não se pretende dizer que a filosofia política seja inimiga da democracia. Repete-se apenas um lugar-comum, a saber, que, apesar da proficuidade da absorção da experiência política democrática nas origens da filosofia grega, a filosofia política não é um *produto* da democracia. Num entendimento socrático de filosofia política, por contraposição à versão «hegeliana», ou mais rigorosamente kojèviana, nunca se anula a distinção radical entre as «condições de compreensão e as suas fontes, entre as condições para a existência e prossecução da filosofia [...], por um lado, e as fontes do conhecimento filosófico, por outro» (Strauss, 1991, p. 212). No fundo, esta é uma reformulação da exposição de Heidegger em *Introdução à*

Metafísica, onde o filósofo insiste na extemporaneidade da filosofia. «Todo o questionar essencial da filosofia permanece necessariamente extemporâneo. E isto é assim porque a filosofia ou se encontra projectada muito para além do seu respectivo presente, ou religa o presente ao seu passado originário» (Heidegger, 1997, pp. 1617). Daqui decorre que o filósofo político não desenvolverá relações incondicionais de lealdade com este ou aquele regime político ou com o destino histórico de um povo. O filósofo político não tem um domicílio fixo no mundo. A sua lealdade para com a filosofia não lhe permite criar essas raízes ou dependências especificamente políticas. Mas o adjectivo «político» impede que o filósofo se distancie absolutamente do tempo presente. Com o envolvimento na realidade política, e, principalmente, com um modo político de introduzir a filosofia, vem também alguma consideração pelos «tempos» ou pela situação histórica. Em tempos democráticos, a filosofia política fala de, e com, uma «humanidade distinta» (Tocqueville, 2002, II.iv.8).

Ora, quando se tenta averiguar a relação entre a filosofia política e a democracia, e se aceitam as propostas de Cícero e de Bacon, cabe perguntar se a democracia é boa hospedeira dessa forma filosófica de viver e se todos os elementos que transmigram da experiência democrática para a actividade filosófica têm o carácter benéfico que vimos.

Perante o desafio de responder à pergunta «O que é a filosofia política?», James Tully decide-se por considerar que não há uma única reposta definitiva. Talvez pensando no facto de a história da filosofia política ser também a história das respostas a essa pergunta, Tully reformula-a: «Qual é a *diferença* comparativa que faz estudar a política *desta* maneira em vez *daquela*?» (Tully, 2002, p. 533). A hesitação de Tully tem méritos evidentes, a começar porque nos elucida quanto à complexidade da actividade da filosofia política, bem como quanto à complexidade do seu próprio objecto. Se as diferentes concepções da filosofia política podem resultar de uma atenção particular a um aspecto, ou a um conjunto de aspectos que caracterizam, mas não esgotam, o mundo político, então talvez sejamos autorizados a inferir que as configurações concretas do mundo político podem contribuir para definir a filosofia política como actividade. Dito de uma maneira mais simples: se esta relação for aceitável na tarefa de auto-interpretação do filósofo político, as condições políticas do exercício da filosofia, que lhe conferem um universo variável de objectos, interferem na concepção de filosofia política que se acolhe. Esta relação de interferência resulta até da sensibilidade à prática, dir-se-ia mesmo à «primazia da prática», que a filosofia política necessariamente tem (Tully, 2002, pp. 534-535). Não é, portanto, inócuo averiguar quais as relações que se estabelecem entre, por um lado, as condições políticas contemporâneas de exercício da filosofia política — a que chamarei genericamente «democracia» — e, por outro, uma concepção de filosofia política que pelo menos deseje não ser serva da realidade política do seu tempo.

III

Vários comentadores observaram que a prática da filosofia recolheu da experiência democrática certas referências inconfundíveis. John Dunn, por exemplo, sugere um problema que pode servir de ponto de partida para toda uma investigação. Sugerindo as ligações entre a experiência democrática ateniense e o pensamento grego, Dunn assinala que, não obstante a possibilidade de os gregos terem assimilado muitos recursos intelectuais de outros povos com outras experiências, na realidade essa apropriação e reunião assumiu formas novas — ao ponto de gerar um «estilo grego de cognição» —, e que não foram independentes da vida democrática em que o processo de assimilação decorreu. As afinidades entre as práticas políticas e as instituições democráticas, por um lado, e as inclinações intelectivas e discursivas da filosofia grega, por outro, são, para Dunn, «evidentes»: a discussão pública, a troca de argumentos, o comandar e ser comandado alternadamente, a decisão sem a sombra da autoridade, a estrutura política publicamente responsável encontram paralelos nos desenvolvimentos das técnicas filosóficas gregas. Apesar de Dunn conceder que muitos dos filósofos gregos se distinguiam por uma «condescendência política aristocrática», que gerou uma certa «animosidade» e a «desconfiança mútua permanente» entre a «investigação filosófica ou científica e a autoridade democrática», acaba por insistir que ambas «radicaram na mesma experiência social colectiva» (Dunn, 2002, pp. 261–262).

Entre as práticas cívicas e culturais que perpassaram para a actividade filosófica é habitual incluir, para além das que já foram mencionadas, as orações fúnebres públicas, assistir activamente aos concursos teatrais e a ética da *parrhesia* (παρρησία). Veja-se, a título de exemplo, o caso do cidadão (e do filósofo) como *parrhésiastés*. A Atenas democrática não dotava a cidadania activa apenas de *isegoria*, isto é, o privilégio legal de tomar a palavra na assembleia; a plena cidadania tinha outro requisito de ordem moral, o de que cada cidadão fosse um *parrhésiastés*. *Parrhesia* significa literalmente «dizer tudo», «falar com franqueza», «dizer a verdade», como quando alguém nos desafia a não esconder nada. Na prática discursiva da *parrhésia* integra-se a franqueza, porém não num sentido equivalente aos da sinceridade ou da transparência dos sentimentos de quem fala; a coragem, já que o *parrhésiastés* corre o risco de punição ou, pelo menos, de incorrer no desagrado do interlocutor por lhe dizer a verdade inconveniente; e, evidentemente, a crítica, que adquire um sentido até mesmo de admoestação (merecida) e que radica na consciência patriótica de que o melhor amigo da cidade é o que lhe diz a verdade para melhor a aconselhar a abandonar os maus modos. Esta prática discursiva sustenta-se numa ética, na medida em que evidencia a força do carácter do *parrhésiastés*, e disciplina os poderes públicos (denunciando as suas faltas) e o discurso público (contrastando com as hipocrisias e com as retóricas demagógicas). É parte integrante da vivência mais plena da liberdade e da vida cívica democrática, pois decorre da abertura tipicamente democrática ao confronto de opiniões e à disponibilidade comunicacional para ouvir o que, por vezes, é doloroso. O que é curioso é que em Platão acedemos a uma crítica bastante dura daquilo a que poderemos chamar *parrhesia* pervertida, ao mesmo tempo que é feita a identificação do *parrhésiastés* autêntico com o filósofo. A democracia ateniense promove a *parrhesia* pervertida, sintomática da liberdade e da abertura democráticas que fomentam a fragmentação das existências e cultivam a ignóbil indiferença entre o nobre e o vil. Mais: aquilo a que a democracia chama *parrhesia* não é mais do que a insolência, a calúnia, as tolices, em suma, a anarquia discursiva que se sobrepõe à desordem mais fundamental no domínio dos costumes. A apropriação filosófica da ética da *parrhesia*, a consequente apresentação de Sócrates como um *parrhésiastés* e a introdução da *parrhesia* como condição elementar da dialéctica exigem, porém, que se regre ou oriente a *parrhesia* pela discriminação do que é bom e mau, do que é belo e feio, do que é melhor e pior. Exigem ainda que o discurso franco seja também orientado pela responsabilidade. De um ponto de vista meramente político, a apropriação filosófica da *parrhesia* privatiza esta prática discursiva, tornando-a mais eficaz, mas igualmente menos danosa para a cidade (SCARPAT, 1964; MONOSON, 2000; FOUCAULT, 1983).

Neste sentido muito concreto, a filosofia em geral, e a filosofia política em particular, parecem estar em dívida para com a democracia e, mais importante do que isso, parecem reproduzir na sua actividade traços e referências originariamente democráticos.

Em contrapartida, ninguém precisa de ser recordado de que existe uma tensão entre a filosofia e a política ou entre o filósofo e a cidade. Mas não é menos verdade que nem todas as cidades são iguais. Em grande parte, a filosofia política moderna procurou conciliar a filosofia com a cidade, percebendo que para tal seria necessária a transformação da cidade pela filosofia, pelo menos num aspecto crucial (mas que tem implicações indirectas sobre tantos outros): a liberdade. Assim, à primeira vista, não há qualquer problema a resolver. O regime que resulta da tentativa moderna de transformação da cidade, o regime democrático, o regime das liberdades, o regime que protege a liberdade de pensamento e de expressão, é o mais amigável em relação à filosofia política.

De facto, se atentarmos nas primeiras defesas da liberdade de expressão, reparamos que pelo menos algumas tinham como propósito fundamental a prioridade filosófica da procura da verdade. É o caso de John Milton, para não mencionar outros pensadores tão diferentes como John Stuart Mill ou Immanuel Kant. Em Milton, que nem pode ser considerado um autor democrático (Morgado, 2008a), essa preocupação é perfeitamente evidente. Antes de ser um direito humano inalienável à pura expressão do sujeito, a liberdade de expressão aparece como corolário de uma recomendação filosófica quanto aos melhores meios de procurar e esclarecer a verdade sobre as coisas e de eliminar o erro ou as opiniões pouco fundamentadas. Não se pretende negar os argumentos políticos e morais avançados por Milton. Mas estes têm uma natureza polémica, ao passo que o argumento filosófico é, por assim dizer, puro. A censura imposta por uma qualquer ortodoxia é sempre essencialmente antifilosófica, não tanto por ser uma medida repressiva, mas porque aniquila a procura da verdade e perpetua as ilusões ou as opiniões erróneas. Até porque a justificação tradicional da censura tinha também uma natureza filosófica ou educativa: *prevenir a difusão do erro, proteger a verdade.* A descoberta da verdade, e o assentimento voluntário e convicto que o triunfo da verdade sempre requer, dependem de um *exercício*, de uma *progressão*, de um *confronto* com as múltiplas teses que se desenvolvem a respeito das várias questões que vão surgindo. O contrário desta técnica do entendimento consiste na aceitação passiva da autoridade. Porém, a aceitação da autoridade, por mais que corresponda provisoriamente à aceitação da *verdade*, gera, de forma inevitável, o ócio do pensamento e amolece a convicção (Milton, 1999, pp. 34–35). Só a concorrência de várias propostas públicas de verdade solicita o uso da razão. E só o uso da razão nos dá razões para assentirmos numa proposição racional. Ora, sem liberdade de expressão e de publicação, um dos bens do regime democrático, é a razão que definha, é a filosofia que, em última análise, é posta em causa.

Quando se examina a liberdade de expressão deste ponto de vista, torna-se forçoso rever a tese da tensão entre a filosofia política e a democracia. Claro que este conflito não é exclusivo das democracias. Todos os outros regimes se caracterizam pelo mesmo fenómeno. Mas, à excepção das democracias, nenhum outro regime proclama ter resolvido o dito conflito. Nesses regimes, o problema aparece à consciência filosófica de modo, por assim dizer, manifesto. Mas, no regime de total liberdade de expressão, o problema parece perder actualidade e tenta até desaparecer da consciência filosófica. Importa, por isso, frisar que, quando se fala no perigo que um determinado regime representa para a filosofia, é necessário distinguir, por um lado, o perigo que ameaça a segurança da pessoa do filósofo e, por outro, o perigo que ameaça a filosofia enquanto possibilidade.

Sócrates foi acusado pelo tribunal ateniense de não acreditar nos deuses da cidade e de introduzir deuses novos, corrompendo a juventude (Diógenes Laércio, 1989, II.40). Aparentemente, a primeira acusação indicia o arcaísmo do exemplo de Sócrates. Afinal, as nossas democracias contemporâneas já não têm um panteão de deuses ou obrigam os seus cidadãos a crer em qualquer entidade sobre-humana. Já a segunda acusação reflecte a desconfiança da interferência na educação dos jovens, em particular se essa interferência corroer a lealdade para com o regime político, neste caso, a democracia. De certo modo, a acusação é inevitável. Na medida em que o filósofo comunica, envolve-se desde logo em actividades educativas. O conflito é previsível. Sendo um educador, o filósofo concorre nessa tarefa com o político, no duplo sentido que abrange os estadistas e o regime, os quais se vêem a eles mesmos, e *o* são, educadores também. A concorrência não demora a ser percebida como interferência. A solução mais óbvia, abandonar a cena política, pode não ser suficiente. A retirada para os assuntos privados parece evitar que se contrarie a democracia, parece garantir que se escape às suas «injustiças» e «ilegalidades» e que assim se escape à «prisão» ou à «morte» (PLATÃO, 1947a, 31d32a; 1989b, 496c–e).

É possível que o filósofo consiga proteger-se das duas acusações. Para tal, terá de demonstrar que a vida filosófica não cultiva uma atitude descrente e cínica perante os ídolos da cidade, e, sobretudo, professar a benevolência da filosofia na formação da boa cidadania. Por outras palavras, a filosofia terá de se tornar filosofia *política*.

IV

A filosofia convive com um contexto político. Por conseguinte, a filosofia política deixa-se encantar pelo chamamento dos vários fenómenos políticos. Evidentemente, como em todas as coisas, os fenómenos políticos também se distribuem por uma hierarquia de importância e dignidade. Na *Política*, só por uma vez Aristóteles utiliza a expressão «filosofia política» (ARISTÓTELES, 1998, 1282b22–23). De onde vem a «dificuldade» que solicita uma «filosofia política»? O contexto da passagem resume-se numa linha: «saber em que consiste a igualdade e a desigualdade» (1282b21–22). O apelo de Tocqueville a uma nova «ciência da política» é mais célebre. Tocqueville escreve que «é preciso uma nova ciência política para um mundo inteiramente novo» (TOCQUEVILLE, 2002, p. 43). E qual é a novidade deste mundo? Essencialmente, este mundo é novo por ser o mundo da igualdade.

Estas breves referências servem o propósito de assinalar o poder que as considerações e as concepções públicas de igualdade (e de desigualdade) tiveram sobre a filosofia política, pelo menos a de alguns filósofos particularmente importantes. Mas, para o regime democrático, o problema da igualdade não é um problema entre outros. Está no centro da sua auto-interpretação e da sua mensagem apostólica. Não é por acaso que os mesmos Aristóteles e Tocqueville, depois de exprimirem a necessidade de intervenção da filosofia política a propósito do problema colocado pela igualdade, tenham logo a seguir examinado com atenção a democracia. Mais: Tocqueville associa o seu apelo a uma nova ciência da política à intenção *política* que subjaz à obra *Da Democracia na América*. «Instruir a democracia, rejuvenescer, se possível, as suas crenças, purificar os seus costumes, orientar as suas movimentações, substituir pouco a pouco a sua inexperiência por uma verdadeira ciência de governar e os seus instintos cegos pelo conhecimento dos seus verdadeiros interesses [...]» (Tocqueville, 2002, p. 43). Assim, Tocqueville, um dos grandes filósofos políticos da democracia moderna, deixa transparecer os elementos fundamentais que estruturam a relação entre a filosofia política e a democracia: conhecer, educar, arbitrar.

Com as propostas de Aristóteles e Tocqueville, percebe-se melhor a abordagem da filosofia política. Há que tomar em conta os argumentos de ambas as partes no debate entre oligarcas e democratas ou, por outras palavras, saber que tipos de igualdade e que tipos de desigualdade devem ser considerados na atribuição de direitos de participação política. Articular as fontes de desigualdade ou de superioridade com as prerrogativas de participação política é o que invoca a necessidade de uma filosofia política. Porquanto, o que está em causa é a comensurabilidade dos bens reivindicados pelos diferentes grupos humanos ou pelas diferentes partes da cidade. Por que se atribui prioridade a certos elementos da cidade sobre outros? Para poderem ser ordenados ou hierarquizados, têm de ser comparados. Ora, um critério ou uma medida comum (e sustentável) de comparação entre os bens que cada um dos elementos do debate reclama é extraordinariamente difícil de obter, e ainda mais difícil quando se trata de acolher a anuência unânime. Claro que cada regime político decide a contenda de um modo mais ou menos decisionista, isto é, cada regime político tem de decidir de forma autoritária esse critério ou medida, que nos dá quase automaticamente a concepção de justiça da cidade. Cada regime político, enquanto perdura, silencia, por assim dizer, o debate entre os elementos da cidade. Mas o filósofo político sabe que o debate perdura, talvez não na sua cidade, talvez não no seu tempo, mas no espírito humano, até porque, em termos estritamente teóricos, ficou por resolver (MANENT, 1993a, pp. 66–67).

Assim, a filosofia política não pode resumir-se à justificação do *modus vivendi* mais ou menos confortável entre «concepções do bem», por muito que em certas ocasiões essa solução prática seja sedutora. Por vezes, há circunstâncias que levam uma sociedade radicalmente «pluralista», em que os elementos e os bens da cidade desistiram de comunicar uns com os outros, a resignar-se à sua condição de arquipélago. Há teorias políticas que defendem precisamente esse resultado como o mais compatível com o único absoluto que a filosofia pode reconhecer, a liberdade ou a vontade humanas. Não há como negar que certas sociedades chegam, de facto, a esse grau zero da comensurabilidade dos bens. Mas, excluindo os casos excepcionais, poderá a filosofia política acompanhar essa desistência, deixando os estadistas entregues aos seus trabalhos inadiáveis de procura de acomodação e comunicação dos bens sem lhes prestar qualquer orientação?

A filosofia política moderna em geral confrontou-se com o problema da absoluta incomensurabilidade das reivindicações religiosas. O pluralismo religioso, digamos assim, ou a simples presença de argumentos que se recusavam a prescindir de formas e conteúdos próprios da espiritualidade, pareceram de tal forma desestabilizadores das condições da prossecução do debate cívico que se afigurou necessária uma nova orientação. A ideia do Estado «neutro» é, como podemos ver desde Hobbes, uma solução da *filosofia política* na sua variante moderna para este problema muito delicado. Para salvar a cidade e, logo, as condições de possibilidade da vida filosófica, a filosofia política moderna que sustentou a concepção do Estado «neutro» foi forçada a um tremendo compromisso. Sendo filosofia política, isto é, filosofia do homem e das coisas humanas, obrigou a uma igualmente tremenda abstracção: o cidadão tinha de prescindir de ser homem, um ser com ideias, convicções, concepções do bem, religião, e por aí em diante. A filosofia política pré-moderna, em particular a de Aristóteles e a dos seus muitos discípulos, tendia a ver no debate político uma reprodução — muito imperfeita, é certo — do diálogo racional constitutivo da vida filosófica. Mas a filosofia política moderna, condenando o debate cívico ao silêncio, arrastou também consigo um esvaziamento da própria filosofia política. Claro que o debate cívico não terminou porque não poderia terminar, mas a filosofia política deixou de o abordar filosoficamente como se nada pudesse ser dito com suficiente respeitabilidade filosófica. Querendo conservar a sua pureza, afastando-se das infecções políticas da vida dos homens, a filosofia política foi reduzindo a gama dos seus objectos e a sua pertinência cívica. Assim, numa comparação com a filosofia política clássica, poderíamos dizer que esta, hesitante em se acercar do domínio político, não se coibia de examinar filosoficamente os conteúdos políticos que caracterizavam a cidade, ao passo que as várias teorias políticas democráticas dos «pluralismos» se afirmam como *políticas* — o *modus vivendi* justifica-se numa base puramente política —, sem se atreverem a inspeccionar os diversos conteúdos de vida que animam a cidade.

V

Segundo Sócrates/Platão, a filosofia política examina as diferentes fontes da discórdia e do conflito que se traduzem em concepções divergentes de justiça e do bem. Daí que o exame das opiniões que convivem na cidade seja inseparável da formulação da pergunta «Qual o melhor regime político?» e, em última análise, «Qual a melhor vida para o homem?».

Mas, em democracia, não é fácil colocar essas perguntas. A filosofia política articula o todo através do uso do discurso público (Smith, 2007, p. 93). Contudo, a democracia ilude o facto de ser uma perspectiva particular sobre o todo e contém as suas próprias regras implícitas quanto aos usos do discurso público. Atentando nas duas perguntas fundamentais da filosofia política clássica, percebe-se a dificuldade de as colocar numa cidade democrática: à segunda a democracia proíbe respostas ou, se não as proíbe formalmente, ao menos repreende moralmente quem as pretende dar; para a primeira tem uma resposta que não admite hesitações.

A resposta de Aristóteles à pergunta «Qual é a melhor vida para o homem?» aparece no livro X da *Ética a Nicómaco*. A resposta é simples: a vida contemplativa, a vida do intelecto (βίος θεωρητικός). A vida filosófica é a melhor vida para o homem porque é a forma de existência que mais aproxima o homem do divino. Mas, para Aristóteles, viver como um deus não significa viver em isolamento dos outros homens. Pelo contrário, o filósofo vive bem cultivando a amizade e em condições que, apesar de tudo, dependem do contexto social e político. Na medida em que a natureza humana não pode transcender em absoluto a dimensão corpórea ou material da existência, o filósofo, o homem feliz, vive em contacto com a realidade *política*, e, nesse sentido, toda a filosofia é, desde logo, filosofia *política*, porquanto a filosofia é essencialmente um modo de existência que tem de se justificar perante outros modos de existência (ARISTÓTELES, 1989, X.7–8). Como se pode aprender com Platão, viver como um deus corresponde, sobretudo, a viver bem no cultivo e no exercício das virtudes que os homens partilham com os deuses: a justiça, a temperança e a sabedoria. Mesmo as interpretações que atribuem uma inclinação apolítica à concepção clássica da filosofia terão, portanto, de reconhecer que há um resíduo incontornável de cuidado com as condições políticas de existência, mesmo que seja um cuidado com a possibilidade (política) de se ser filósofo. Por outras palavras, mandam os interesses da filosofia que se pensem as condições políticas da filosofia. Porém, esta ressalva pode não ser particularmente importante. Afinal, mesmo em certas tiranias há sempre espaço para o filósofo, ainda que seja um filósofo silencioso e discreto. Não há qualquer regime em particular que possa reclamar o milagre da multiplicação dos filósofos. Nas *Leis* de Platão é prevista uma magistratura que tem por finalidade procurar pelo mundo esses «homens divinos», pois eles existem nos bons como nos maus regimes (Platão, 1989a, 951a). Em *Nova Atlântida*, Bacon estabelece algo de semelhante (Morgado, 2008b). E nem sequer a célebre cidade do filósofo-rei, fundada com palavras na *República* de Platão, se atreve a reivindicar para si essa capacidade. Pelo menos, Sócrates não afirma que nessa cidade abundarão filósofos (Platão, 1989b, 496b–c; Bernardete, 1992, p. 125). O seu aparecimento no mundo parece depender de algo que transcende a política.

Que condições políticas da filosofia são, então, proporcionadas pela democracia? Em primeiro lugar, a democracia caracteriza-se, como vimos, pela garantia da liberdade de expressão. Em termos filosóficos, essa garantia e essa liberdade têm um preço: a não discriminação das opiniões. A dinâmica própria de uma sociedade que valoriza a liberdade de expressão ou pelo menos abomina a censura e repressão da opinião, conduz à declaração da igualdade de todas as opiniões. Este processo, não sendo inexorável, também não surpreende, se tivermos em conta que, em democracia, a liberdade só pode ser entendida como liberdade *igual*. Não se percorre um caminho muito longo da igualdade da liberdade de expressão, passando pela igualdade na defesa da opinião individual, até à igualdade das opiniões. Isto é particularmente adequado nas relações das opiniões com o Estado. Aparentemente, não se levanta qualquer problema para a filosofia, visto que a ideia de Estado neutral, de Estado *sem opinião* que coexiste com um mercado igualitário de ideias, é obra da filosofia política moderna, a começar com Hobbes e Espinosa.

Ao olhar para a relação entre a democracia e a verdade/opiniões, poderia pensar-se que a primeira, com a separação entre poder político e filosofia, se limita a reproduzir a separação entre poder político e teologia ou entre o Estado e a Igreja. Dir-se-ia, enfim, que a uma secularização ou laicização das sociedades modernas correspondeu uma consequente desfilosofização das mesmas sociedades. Mas este passo é problemático, porquanto a democracia moderna é o resultado consciente da filosofia política moderna. Mais: uma parte da adesão às sociedades democráticas contemporâneas reside, sem dúvida, na aliança poderosa entre democracia e ciência (ou filosofia). A democracia não pode dispensar a ciência ou, pelo menos, os frutos da ciência, quer estejamos a falar das ciências da natureza quer das ciências humanas. Esses frutos são as várias tecnologias que a democracia ajudou a gerar e a aplicar, desde a medicina fulgurante do século XXI até ao Estado-providência. Pedimos e acarinhamos os peritos que dão os seus preciosos pareceres quanto aos problemas que enfrentamos, desde a produção de energia até ao aborto. Se o saber gera o poder, como dizia Francis Bacon, não é menos verdade que alguns poderes geram alguns saberes, como poderia dizer Michel Foucault.

Seria ainda possível dizer que a desvalorização das pretensões de verdade não constitui um problema. A «verdade filosófica», pelo menos se adoptarmos o paradigma da alegoria da caverna de Platão, quando desce ao mercado, «muda de natureza», isto é, não só «desliza» de um «tipo de raciocínio para outro», mas sobretudo de uma «forma de existência para outra», o que equivale a dizer de um mundo transcendente para o mundo onde os homens vivem, falam e agem. Neste sentido, a «verdade filosófica», contrariamente à «verdade factual», não é uma verdade «política por natureza» (ARENDT, 1990, p. 238). Mas existe aqui uma dificuldade. Certamente um dos grandes factos que une a vida democrática nas várias regiões do mundo consiste na crença democrática de que o indivíduo é um sujeito de direitos inalienáveis. Ora, esta proposição não decorre de um puro dado factual; corresponde antes a uma «verdade racional» ou a uma «verdade filosófica», e não sobram dúvidas de que anima os regimes democráticos contemporâneos. Sem esta «verdade filosófica», as democracias contemporâneas tornar-se-iam irreconhecíveis.

A primeira objecção a estas observações indicaria que se dirigem ao uso e estatuto público da filosofia. As ditas observações seriam invalidadas pela simples constatação de que a filosofia política, incluindo a socrática, recomenda a privacidade da actividade filosófica. A protecção da filosofia não requer uma sociedade de filósofos, nem sequer a promoção pública da filosofia. Nestes termos, a condição de liberdade e de privacidade do filósofo proporcionada pela sociedade democrática é suficiente. E não custa aceitar que esta proposição é suficiente para encerrar o putativo problema da relação entre a filosofia política e a democracia. Todavia, houve filósofos políticos que duvidaram de que o problema tivesse uma solução tão simples.

VI

Na *República*, Sócrates descreve o regime democrático como uma «feira das constituições». A democracia é aquela constituição que contém todas as outras constituições. Trata-se de uma consequência da combinação de liberdade e igualdade que é constitutiva da própria democracia. A liberdade/igualdade proporciona diversidade, o que leva Sócrates a dizer que a democracia «é muito capaz de ser a mais bela das constituições», embora logo a seguir se compreenda que esta beleza é assim julgada por um espanto vulgar, próprio de «mulheres» e «crianças» (Platão, 1989b, 557c). Desta liberdade/igualdade democrática que se traduz na liberdade de cada um fazer o que quer (557b), talvez até de cada um *ser* o que quer, deduz-se facilmente a conciliação entre o filósofo e a democracia. Se cada um pode fazer o que quiser, se cada um pode ser o que quiser, então o filósofo e a vida filosófica gozarão da mesma liberdade de que gozam os restantes modos de vida. Uma vez mais, regressamos à conclusão optimista, a que acresce outra: é anulada a tensão entre a filosofia e a cidade; e a democracia revela-se como o perfeito posto de observação do filósofo político. É nessa «feira das constituições» que os fenómenos se mostram com mais clareza e disponibilidade.

Mas, examinando com atenção o discurso socrático sobre a democracia, percebe-se que a liberdade democrática de cada um fazer e ser o que quer resulta na fusão, na mesma pessoa, de vários desejos, alguns dos quais serão, do ponto de vista da completa dedicação existencial, contraditórios. Cada indivíduo democrático contém em si parcelas das várias formas de existência, pois não se reconhece qualquer princípio hierárquico que confira ordem e prioridade aos «prazeres» (561e, b). Na visão de Sócrates/Platão, a democracia dissipa a dedicação séria e profunda aos modos de existência que pressupõem essa seriedade e profundidade. São esses os modos de existência que constituem as «alternativas mais exigentes» à vida filosófica. Ora, essa dissipação é também uma ameaça à própria filosofia, porquanto o filósofo deixa de se confrontar de forma nítida e concreta com os modos de existência — designadamente o do político e o do religioso — que o forçam a clarificar-se, justificar-se e defender-se (Meier, 2006, p. 109). Através do retrato do homem democrático, Platão funda o raciocínio tantas vezes elaborado ao longo da história da filosofia política, segundo o qual o espírito democrático que é originariamente individualista acaba por gerar o que ficou conhecido nos nossos tempos por «homem-massa» (Ortega y Gasset, 1995, pp. 94–101). Segundo Platão, é precisamente por a liberdade democrática soltar o indivíduo dos grupos, hierarquias e autoridades sociais a que está sujeito noutros contextos que submete o mesmo indivíduo à socialização integral do regime democrático. O homem democrático passa a «reproduzir o todo de que é parte através da imitação» (Bernardete, 1992, p. 202).

Num capítulo pouco frequentado, mas crucial, Tocqueville escreve em *A Democracia na América* que um dos efeitos das condições igualitárias do tempo democrático é a uniformização ou homogeneização dos indivíduos e do seu pensamento. O sentimento de semelhança humana, tão poderoso em democracia, age sobre todas as relações e sobre todas as condutas no sentido de as tornar mais semelhantes. Como o homem se reconhece como semelhante do outro homem, saltando por cima de todas as diferenças, só poderá considerar como elementos estranhos e, talvez até, perniciosos as diferenças que restam, como algo que se intromete indevidamente na ordem natural das coisas, que é sobretudo semelhança entre os homens. Segundo Tocqueville, este processo conduz a uma cada vez maior consciência individual de fraqueza e pequenez. Ora, o espírito humano não é imune a esta transformação histórica. A homogeneidade do mundo social alimenta um desejo de homogeneidade no mundo intelectual. A atitude intelectual do homem democrático é a paixão pela unidade, pela uniformidade, pela unicidade das causas, e a correspondente aversão pela divisão, pela distinção, pelo discernimento. Por ser uma consequência da pequenez e da fraqueza, esta inclinação é castradora do *eros* filosófico e, portanto, como avisa Tocqueville, inimiga da «verdadeira grandeza do homem» (Tocqueville, 2002, II.i.7).

O princípio da liberdade democrática, isto é, da *igual* liberdade, produz este fenómeno a que se convencionou chamar «individualismo». Com o individualismo vem evidentemente a individualização dos juízos morais e intelectuais. Mesmo admitindo que as desigualdades naturais no que respeita ao intelecto são inextinguíveis, ainda assim, em democracia, assiste-se ao desaparecimento das autoridades morais e intelectuais que subordinam os juízos individuais ao seu parecer. Essas autoridades são negadas por serem incompatíveis com o ideal e com a prática da igualdade. Tocqueville confirma:

> Quanto à acção que a inteligência de um homem pode exercer sobre a de outro, ela é forçosamente muito limitada num país onde os cidadãos, tendo-se tornado quase semelhantes, se sentem muito próximos uns dos outros e, não vislumbrando sinais de uma grandeza ou de uma superioridade incontestáveis em nenhum deles, são a cada passo confrontados com a sua própria razão, que identificam com a fonte mais visível e mais próxima da verdade. [...]
>
> Cada qual se fecha, portanto, estreitamente em si mesmo, e é a partir desse centro que pretende julgar o mundo (II.i.1).

Mas, segundo Tocqueville, este resultado é meramente provisório. Isto é, a autonomia total da deliberação moral e intelectual não existe, a «independência individual» nunca é «ilimitada» (II.i.2). Em democracia não se trata tanto de constatar a inexistência de uma autoridade moral e intelectual correlativa ao desaparecimento das influências pessoais aristocráticas, mas de perceber que essa autoridade é transferida para uma figura nova. A transferência tem de obedecer às exigências da própria igualdade: se cada um é igual aos outros, também não encontra razões definitivas para preferir o seu pensamento ou as suas opiniões às dos seus semelhantes. Porém, a democracia não se limita a transferir a sede da autoridade moral e intelectual para a opinião comum ou maioritária ou a produzir ideias novas, como, de resto, seria previsível. Na realidade, como salienta Pierre Manent, a democracia «modifica as regras e a matéria da actividade intelectual dos homens» (Manent, 1993b, p. 68). Em termos concretos, a democracia promove o gosto pelas «ideias gerais», pela redução da complexidade dos problemas e fenómenos humanos a uma lei geral, a uma única forma, a uma causa isolada. Desconfortável com as exigências da particularidade, o homem democrático abraça uma forma de pensar cada vez mais abstraída da realidade concreta e força a uniformidade da representação intelectual do mundo. Os fenómenos tornam-se cada vez mais distantes do pensamento.

Vemos, então, que, para Tocqueville, o trabalho da democracia sobre o espírito humano produz efeitos extremamente ameaçadores para a própria actividade do pensar. Não se trata apenas da constatação da tendência para o «conformismo». Do conformismo intelectual não é um grande passo até à redução *efectiva* da liberdade de expressão e pensamento, apesar de todas as protecções legais. Em democracia, há algo que tem mais força do que a força do chamado Estado de Direito. Por outro lado, o conformismo intelectual é o resultado inesperado da atitude quase oposta que a democracia e o igualitarismo tendem a promover. Essa atitude é aquilo a que, a partir de Tocqueville, podemos chamar «cartesianismo americano» ou reivindicação da independência completa dos juízos morais e intelectuais.

Obcecados com a perfeita autonomia de pensamento, e recusando separar a possibilidade de questionar uma autoridade da negação de toda e qualquer autoridade intelectual, os cidadãos democráticos vão perder-se em todos os detalhes da vida humana que carecem de exame racional individual. Já vimos que é a opinião pública que triunfa como sede da autoridade. Mas a vítima mais importante desta nova direcção das energias intelectuais é a razão que eleva os homens «às mais elevadas regiões do pensamento». Não é arriscar muito dizer que a vítima mais importante é a filosofia. Nas sociedades democráticas é difícil ver os homens entregarem-se à «meditação», pois «ela não lhes interessa especialmente». Há um gosto quase universal pela prática que é fomentado pelo carácter prosaico do quotidiano democrático, pelo amor democrático ao bem-estar e pela projecção da homogeneidade social nos temas teóricos. A agitação perpétua do quotidiano democrático, com a prioridade na acção, é um «hábito do espírito» que «nem sempre convém ao pensamento» (Tocqueville, 2002, II.i.10). A inquietude que caracteriza a disposição do homem democrático tem vários méritos de ordem prática, mas não é inteiramente adequada à reflexão filosófica. Com efeito, as condições sociais aristocráticas propiciam uma disposição que constitui o alimento do espírito filosófico ou do amor pela sabedoria, e, pelo contrário, a igualdade democrática favorece outra disposição que não pode alimentar esse amor. Porém, Tocqueville também sabe que é bem possível que apareça «algum génio especulativo animado tão-somente pela paixão da verdade» numa sociedade democrática. Apenas se limita a reconhecer que será sempre alguém que estará, pelo menos enquanto pensador, à margem do «espírito do seu país e da sua época».

VII

As meditações de Tocqueville vislumbram ainda outro aspecto na relação entre democracia e filosofia política ou, mais rigorosamente, entre a democracia e o filósofo político. Este distingue-se de um sofista ou, para radicalizar o argumento, de um homem intelectualmente medíocre, também pela excelência das suas intuições, pela genialidade das proposições que avança, em suma, pela visão mais articulada e mais profunda que tem do todo. No entanto, isto sugere a desigualdade ou a superioridade de um homem face a outros no que diz respeito ao conhecimento do todo. Em circunstâncias politicamente neutras, desta superioridade decorreria a autoridade intelectual. Mas a igualdade democrática e a insistência de cada indivíduo em ser ele o único juiz moral e intelectual de todos os assuntos criam uma aversão natural por este tipo de relações, por mais voluntárias que sejam e por mais precária que a dita autoridade intelectual possa ser. O indivíduo democrático, cioso da sua independência, esquece-se que, para que a razão não esteja ocupada com trivialidades, é preciso que se aceitem certas autoridades, cujos ditames nos permitem orientar a nossa vida nos seus aspectos menos exigentes do ponto de vista da razão e que libertam a razão para se ocupar do que verdadeiramente a solicita. Tocqueville revela de um modo algo surpreendente que a dedicação séria à filosofia implicitamente pressupõe a aceitação de crenças pouco examinadas. O cepticismo do «cartesianismo americano», por ser muito mais radical do que o inconfundível cepticismo filosófico no que toca às «autoridades», acaba por ser incomparavelmente mais dogmático ou mais crédulo no que toca às questões essenciais. É também por essa razão que as opiniões mais fundamentadas terão dificuldade em fazer-se ouvir. O indivíduo democrático empederniu o seu espírito e ensurdeceu-o face à voz da razão. Perdeu a esperança na sua razão — esgotada pelas trivialidades em que se envolveu e desabituada do exercício filosófico pelos objectos que prenderam a sua atenção —, em chegar a quaisquer verdades sólidas. Daí conclui simplesmente que não há razões sólidas que demonstrem verdades sólidas. A sua experiência é suficiente para atestar as razões da radical insuficiência da razão. Tudo o que tem são crenças das quais não está disposto a prescindir, até porque não há razões para as mudar (Hebert, 2007, pp. 525–537).

O filósofo político é o contrário do discípulo da autoridade e tem relações estreitas com a dúvida quando se lança no exame das opiniões dominantes ou das práticas em vigor. Mas não só. O filósofo político duvida e examina, o que parece ser quase sempre a preparação da crítica. Tully insiste igualmente neste traço da filosofia política como um «*ethos* crítico permanente de teste às práticas com que somos governados» (Tully, 2002, pp. 551, 534). Mais do que teorias normativas, a filosofia política imbuída deste impulso crítico ao vigente desdobra possibilidades de transformação.

Não restam dúvidas de que este ímpeto crítico é central na filosofia política. Mas a filosofia política, por ser *política*, sabe que a crítica tem o seu lugar, que o domínio da política, das práticas e das instituições associadas a hábitos e crenças é frágil perante a crítica e que se ressente da crítica. Uma concepção porventura mais abrangente de filosofia política não desistirá de confirmar o seu vigor crítico, mas também a sua responsabilidade. Sócrates não foi um mero contemplativo; mas também não foi um mero crítico. Sócrates foi «o educador político *par excellence*». É por o filósofo político ser um educador político que coloca a responsabilidade no centro da sua acção. O adjectivo «político» em «filósofo político» também quer dizer *responsável*. Ora, o educador político reconhece «o poder do que no homem é recalcitrante à razão e que portanto não pode ser submetido através da persuasão, mas tem de ser submetido pela força» (Strauss, 1989b, p. 131). Nem tudo o que é político é racional ou nem tudo o que é político se acomoda à razão. É por isso que o filósofo político responsável tem a temperança como uma das virtudes indeclináveis. Não a moderação da razão, mas a temperança das expectativas depositadas na crítica racional do que não se acomoda facilmente à razão. Neste sentido, a temperança resulta da sabedoria; a temperança é sabedoria. Ora, para retomar a dificuldade suscitada por Tocqueville, o filósofo político encontra outra razão para aderir, em certas ocasiões, a crenças pouco examinadas, para além da economia de esforço da razão. «[S]em ideias comuns, não existe acção comum e, sem acção comum, ainda existem homens, mas não um corpo social» (Tocqueville, 2002, II.i.2). O sentido de responsabilidade do filósofo político tem de integrar a necessidade social de crenças ou até de dogmas estabelecidos; o filósofo político não se indigna com a existência de dogmas ou de crenças aceites acriticamente; compreende a sua função ou a sua utilidade; denuncia apenas as aberrantes, e pode procurar reformar as inúteis ou abusivas. Ainda assim, não deve deixar de examinar a sua fonte, a sua origem, a sua hipotética porção de verdade.

VIII

É preciso especificar que a aliança história estabelecida pela democracia e pela filosofia se torna mais precária quando na filosofia se abrange não só a «filosofia natural», ou ciência natural moderna, mas também a filosofia política enquanto ciência do que é bom para o homem. Percebe-se a origem dessa maior precariedade. A democracia contemporânea tem de proteger a liberdade, inclusivamente do perigo da filosofia (Manent, 2001, pp. 10, 15–20). O princípio da liberdade obriga à privatização da filosofia política, por esta ter a vocação de questionar a validade das concepções do bem de cada um e dos seus conteúdos de vida. Mas, num aspecto crucial, a democracia e a *liberdade* democrática não podem vincar essa separação, sob o risco de se porem elas mesmas em causa. Refiro-me ao substrato moral da democracia, os direitos humanos, que têm uma origem e um carácter inequivocamente filosóficos. De princípio de legitimidade e de base moral, os direitos humanos tornaram-se, gradual mas irresistivelmente, a definição do conteúdo da democracia enquanto regime político.

A fundação da democracia na teoria geral dos direitos humanos parece indicar que a tarefa do filósofo político de arbitragem entre concepções de justiça e entre bens reivindicados que se caracterizam pela sua incomensurabilidade se tornou absurda, porque a fundação da democracia na teoria geral dos direitos humanos corresponde à sua fundação no incontestável. Os direitos humanos fornecem um absoluto que demonstra a sua superioridade sobre os «absolutos» do passado, na medida em que apela apenas à constatação de que cada indivíduo é. O seu nível de evidência está acessível a todos os homens por igual. O concreto, apreensível por todos os homens, dirige, no entanto, a política para um padrão de aferição e segundo um movimento que, bem vistas as coisas, surpreende pela sua tremenda abstracção. Satisfeita com a conquista da universalidade ou com a conquista da adesão universal, a teoria política geral dos direitos humanos contém um impulso para se tornar uma *ideologia*, pois irradia, pela sua ambição, uma tendência para constituir a verdade parcial que representa numa ilusória abertura face ao todo da realidade e da experiência humana. A teoria geral dos direitos humanos, que só agora, na fase contemporânea de maturação da democracia política e da sua aceitação universal, recolhe os seus louros, pretende resolver o problema político por redução. Apresenta-se como «a verdade exclusiva da democracia» (Gauchet, 2002, pp. 349–355). A filosofia que gerou a teoria política dos direitos humanos abriu as portas a uma usurpação ideológica da filosofia política, a qual nunca se demite do seu compromisso para com os problemas humanos que brotam de todos os cantos da realidade nem se conforma com o extremo grau de indeterminação que a teoria dos direitos humanos exibe quando se quer substituir à política.

A teoria dos direitos humanos fala certamente do que é. Somos todos indivíduos, não há qualquer dúvida. Quando articula as suas exigências, fala igualmente do que «deve ser», e neste aspecto oferece sem dificuldade o contraste entre o mundo que é e o mundo que deve ser. É o elemento agregativo do mundo presente e o elemento mobilizador do mundo que pode vir a ser. Desempenha as funções conservadoras de coesão e unidade, mas também as transformadoras, na invocação do perfeitamente justo. Porém, nada diz «quanto às razões que fazem que as coisas sejam o que são, nem produz ideias sobre os meios de as mudar». Mais grave ainda do ponto de vista da viabilidade da filosofia política, tende a «desqualificar a própria ideia de procurar explicações» (Gauchet, 2002, pp. 356–357).

Neste sentido, a teoria dos direitos humanos assume, de uma perspectiva filosófica, um estatuto em muito equivalente ao de uma profissão de fé. A demonstração da sua validade não apela tanto aos méritos racionais dos seus fundamentos quanto à consideração que cada um tem por si mesmo, à constatação da realidade de si mesmo. Quando a ideia dos direitos humanos adquire este tipo de adesão e se associa à universalidade da democracia, obtém-se uma representação mental que segue o andamento já assinalado para a homogeneização do mundo humano. Claro que a moeda tem outra face, a saber, a confusão das diferenças, ou melhor, a dissipação das diferenças. Conduzidas por uma representação homogeneizadora, as democracias confessam no mesmo fôlego a incapacidade de confrontar a alteridade enquanto tal. O triunfo da ideia e da prática dos direitos humanos é inseparável da universalização do sentimento de semelhança humana. Perante este sentimento, todas as diferenças são obliteradas. Não pela violência, é certo, porque a obliteração é primeiramente intelectual, ou melhor, sentimental, e comporta uma aspiração de unificação da humanidade, num mundo em que já nada é diferente, se não as diferenças que a própria semelhança produz, sobretudo as diferenças que não podem ser dispostas segundo uma *hierarquia*. A hiper-juriscização das sociedades democráticas é um reflexo deste processo; e não é menos antagónica à filosofia política. Com a expulsão da filosofia política do domínio a que por natureza pertence, a sociedade clama por juristas — mais advogados do que juízes, diga-se — e pode dizer que não quer mais filósofos políticos. Se a pertinência da filosofia política passa pelo «uso público» que dela se pode fazer na «abertura do futuro» (Smith, 2007, p. 92), então a despolitização agravada pela teoria política dos direitos humanos encerra uma ameaça real à consciência da indispensabilidade da filosofia política.

IX

A filosofia política em tempos democráticos tem perante si um desafio: assegurar a sua presença e a sua pertinência, mas sem ceder à pressão da respeitabilidade, que não é menos do que o primeiro passo para a usurpação da ideologia. Tem de ser fiel a si mesma e, embora não ambicionando a respeitabilidade, ser responsável. Tem de acompanhar as regras do regime político, sem se deixar vergar por elas. Para ser responsável e verdadeira, não pode confundir o afastamento que previne a usurpação ideológica com o reconhecimento do valor da democracia. No seu compromisso com a responsabilidade e com a verdade, a filosofia política reconhece e elogia a extraordinária destreza prática da democracia e discerne sem ambiguidades a inferioridade dos seus inimigos históricos, não só das alternativas passadas dos fascismos e dos bolchevismos, mas também das sempiternas tentações do devaneio romântico de fazer da política e da cidade o balão de ensaio para momentos poéticos de inspiração. Mas deverá fazê-lo sem ser servil. A temperança e a consideração pelo bem dos indivíduos e do colectivo de que fazem parte não a sujeitam a ser o eco das suas pretensões. A temperança é também a luta contra a ideologia, porquanto esta palavra serve bem de sinónimo para a corrupção da filosofia política.

BIBLIOGRAFIA

Arendt, H. (1990) «Truth and Politics», in *Between Past and Future*, Penguin Books.

Aristóteles (1989) *Ética a Nicómaco*, ed. bilingue, Loeb Classical Library.

Aristóteles (1998) *Política*, ed. bilingue, Vega.

Bacon, F. (1991b) «Orpheus, or Philosophy», in *The Wisdom of the Ancients*, Kessinger Publishing Company.

Bernardete, S. (1992) *Socrates' Second Sailing. On Plato's* Republic, The University of Chicago Press.

CÍCERO (1989) *Tusculanarum disputationum*, ed. blingue, Leob Classical Library.

DIÓGENES LAÉRCIO (1989), *Vidas dos Filósofos Ilustres*, ed. bilingue, Loeb Classical Library.

DUNN, J. (2002) *Democracy: The Unfinished Journey*, Oxford University Press, 2002).

FOUCAULT, M. (1983) *Discourse and Truth: The Problematization of Parrhesia*, obra acessível em http://foucault.info/documents/parrhesia.

GAUCHET, M. (2002) *La démocratie contre elle-même*, Gallimard.

HEBERT, J. Jr. (2007) «Individualism and Intellectual Liberty in Tocqueville and Descartes», in *The Journal of Politics*, 69 (2).

HEIDEGGER, M. (1997) *Introdução à Metafísica*, trad. portuguesa Mário Matos, Bernhard Sylla, Instituto Piaget.

MANENT, P. (1993a) «La démocratie comme régime et comme religion», in *La Pensée Politique: Situations de la Démocratie*, Gallimard.

MANENT, P. (1993b) *Tocqueville et la nature de la démocratie*, Fayard.

MANENT, P. (2001) *Cours familier de philosophie politique*, Paris, Fayard.

MEIER, H. (2006) «Why Political Philosophy?», in *Leo Strauss and the Theological-Political Problem*, trad. inglesa Marcus Brainard, Cambridge University Press.

MILTON, J. (1999) *Areopagitica*, in *Areopagitica and Other Political Writings*, Liberty Fund.

MONOSON, S. S. (2000) *Plato's Democratic Entanglements*, Princeton University Press.

MORGADO, M. (2008a) *A Aristocracia e os Seus Críticos*, Edições 70.

MORGADO, M. (2008b) «Introdução» a Francis Bacon, *A Grande Instauração e a Nova Atlântida*, Edições 70.

ORTEGA Y GASSET, J. (1995) *La rebelión de las masas*, Alianza Editorial.

PLATÃO (1947a) *Apologia*, ed. bilingue, Loeb Classical Library.

PLATÃO (1947b) *Fédon*, ed. bilingue, Loeb Classical Library.

PLATÃO (1989a), *Leis*, ed. bilingue, Loeb Classical Library.

PLATÃO (1989b) *República*, ed. biligue, Loeb Classical Library.

SCARPAT, G. (1964) *Parrhesia. Storia del termine e delle sue traduzioni in latino*, Paideia.

SMITH, G. B (2007) «What is Political Philosophy? A Phenomenological View», in *Perspectives on Political Science*, 36 (2).

STRAUSS, L. (1989a) «On Classical Political Philosophy», in Hilail GILDIN (dir.), *Introduction to Political Philosophy*, Wayne State University Press.

STRAUSS, L. (1989b) «The Problem of Socrates», in Thomas PANGLE (dir.), *The Rebirth of Classical Political Rationalism*, The University of Chicago Press.

STRAUSS, L. (1991) «Restatement on Xenophon's *Hiero*», in Victor GOUREVITCH, Michael S. Roth (dir.), *On Tyranny*, The Free Press.

TOCQUEVILLE, A. (2002) *Da Democracia na América*, trad. portuguesa Carlos Correia Oliveira, Principia.

TULLY, J. (2002) «Political Philosophy as a Critical Activity», in *Political Theory*, 30 (4).

«SÓ ELE NOS FEZ VER ONDE RESIDE A PAZ»: CASTEL DE SAINT-PIERRE E O PROJECTO DE PAZ PERPÉTUA

À medida que a investigação historiográfica se vai acumulando, torna-se cada vez mais difícil dizer que há *um* texto fundador da ideia de «paz perpétua». A atenção que tem sido dada aos precedentes e aos contributos que tradicionalmente gozaram de menos celebridade refreia o instinto para a identificação de uma origem. Porém, nem todos os contributos têm a mesma densidade. Definitivamente, nem todos tiveram a mesma longevidade. Daí, não obstante todas as ressalvas e avisos dos historiadores, a termos de encontrar *a* obra fundadora do extraordinário debate em torno da ideia de «paz perpétua» levado a cabo no século XVIII, a escolha não pode senão incidir em *Projet pour rendre la paix perpétuelle en Europe*, publicado em 1713 por Castel de Saint-Pierre (1658–1743).

A ideia da «paz perpétua», e a intensa discussão que gerou nos últimos três séculos, nunca foi um exercício meramente teórico. Enquanto ideia política, mesmo quando era exposta sem uma preocupação de realização concreta, visava a prática, a transformação da prática ou pelo menos a crítica da prática. Foi nessa discussão que os fundadores de instituições tão fundamentais como a Sociedade das Nações ou, mais recentemente, a Organização das Nações Unidas e as Comunidades Europeias se inspiraram. No que toca à

União Europeia em particular, não há qualquer exagero em reclamar para o autor que será aqui objecto de interpretação, Castel de Saint-Pierre, um lugar destacado no Panteão dos pais fundadores da «Europa», apesar de, a acreditar na sua retórica, o trono desse Panteão dever estar reservado para Henrique IV de França, o autêntico «Sólon europeu» ([1]). Aliás, Saint-Pierre fala frequentemente de «Sociedade europeia», de «Sociedade permanente da Europa» e, o que é mais caro aos nossos ouvidos contemporâneos, de «União Europeia» ([2]). E um exame mesmo que superficial da intenção que subjaz ao projecto de Saint-Pierre rapidamente revela muitas consonâncias com o projecto europeu actual: a superação da guerra pelo triunfo do direito, a via negocial em substituição do recurso à força, o entrosamento dos Estados-membros através do comércio, a crença nos bens infalíveis e partilháveis do progresso das artes e da ciência, os benefícios civilizadores da educação, talvez até um certo desconforto com a posição do «Turco».

Embora Saint-Pierre tenha dedicado a sua vida a «projectos» de vários tipos, sempre com o propósito de melhorar e fazer progredir o género humano, o «projecto» de «paz perpétua» nunca abandonaria o lugar primacial na sua reflexão. Os seus escritos revelam-no: o assunto é abordado pela primeira vez nas *Mémoires pour rendre la paix perpétuelle en Europe*, obra publicada em 1712; é tratado em profundidade

---

([1]) SAINT-PIERRE, *Projet pour rendre la paix perpétuelle en Europe*, Utrecht, Antoine Schouten, 1713, vol. I, p. 123.

([2]) Na obra de 1717 — *Projet de traité pour rendre la paix perpétuelle entre les souverains chrétiens* (Utrecht, Antoine Schouten, 1717) — Saint-Pierre propõe finalmente que a sociedade inaugurada pelo tratado de «arbitragem permanente» se chame «Sociedade Europeia». Ver no Prefácio à 2.ª parte, p. viii, o primeiro dos Artigos Fundamentais.

Saint-Pierre admite que nos primeiros rascunhos do *Projet* todos os Estados do mundo estavam abrangidos pela «União». Mas, aparentemente, os seus amigos que leram os ditos rascunhos e os comentaram dissuadiram-no dessa pretensão mundialista por ser uma hipótese tão remota que emprestava um tom «quimérico» à obra. Cf. *Projet* (1713), Prefácio, pp. xix–xx.

nos dois volumes de *Projet pour rendre la paix perpétuelle en Europe*, de 1713; segue-se um «terceiro tomo» — pois é assim que o autor se lhe refere([3]), mas que, desde logo no título, contém algumas modificações importantes da edição de 1713 — intitulado *Projet de traité pour rendre la paix perpétuelle entre les souverains chrétiens*, que chega ao público em 1717; e a última publicação, *Abrégé du projet de paix perpétuelle*, dedicada ao tema, que tem já a data distante de 1729. O próprio autor confessa que se propôs «trabalhar pelo resto da minha vida a aperfeiçoar» a ideia da «paz perpétua», as suas condições jurídicas, as suas vantagens políticas, morais, económicas e civilizacionais, e os necessários argumentos de persuasão dos soberanos que tinham nas suas mãos a possibilidade de converter a ideia em realidade([4]).

Não obstante toda a dedicação e esforço evangélico de Saint-Pierre, a sua reputação como pensador e escritor foi bastante variável. Quase todos os grandes pensadores políticos do século XVIII se confrontaram com a sua obra. Mas para alguns, como Voltaire, as suas intuições eram simplesmente quiméricas e ridículas; para outros, que até nutriam alguma simpatia pelas suas ideias, como Rousseau, a quem a família de Saint-Pierre confiaria a sua obra com o intuito de a sujeitar a uma organização e síntese mais convenientes, os seus raciocínios eram limitados ou confusos, e a sua prosa pouco hábil([5]). Correspondia-se com Leibniz, que se interessou pelo tema desde o início e que ofereceu correcções importantes([6]). Por ser favorável ao sistema de «equilíbrio

---

([3]) *Projet de traité* (1717), Epístola dedicatória, p. iii.

([4]) SAINT-PIERRE, *Projet de traité* (1717), Prefácio, p. xxii.

([5]) Para um estudo detalhado da crítica de Rousseau a Saint-Pierre, ver Miguel MORGADO, «Rousseau e o Projecto de Paz Perpétua», in *Política Internacional*, II Série, n.º 30, 2006. Ver também Guy LAFRANCE, «L'abbé de Saint-Pierre et Jean-Jacques Rousseau», in Jean FERRARI e Simone GOYARD-FABRE (dir.), *L'année 1796. Sur la paix perpétuelle, de Leibniz aux Héritiers de Kant*, Paris, Librairie J. Vrin, 1998.

([6]) Um comentador mostrou com bastante plausibilidade que uma diferença importante que ocorre no pensamento de Saint-Pierre entre 1713 e 1717, a saber, a distinção fundamental entre o «tratado de

de poderes», até por razões de opção metafísica, Leibniz seria a contraparte intelectual ideal de Saint-Pierre. Ou teria sido, não fosse a morte subtrair Leibniz ao convívio filosófico. Por vezes esquece-se que foi Leibniz quem primeiro invocou a célebre placa anunciando a «paz perpétua» junto de um cemitério holandês([7]). Foi também Leibniz quem lhe disse, talvez não sem uma ponta de ironia, que a supressão da guerra não chegaria enquanto «outro Henrique IV juntamente com outros grandes príncipes do seu tempo não apreciassem o vosso projecto»([8]). Por sua vez, Kant, que acabaria por se tornar para a posteridade o oráculo da «paz perpétua», via nele um homem bem-intencionado, mas demasiado confiante nas suas próprias previsões; no fundo, um optimista incorrigível.

No entanto, Saint-Pierre sempre negou a originalidade do seu pensamento. Na sua opinião, limitou-se a sistematizar a ideia de «confederação europeia» pensada e proposta pelo famoso Henrique IV de França e divulgada pelo seu grande ministro Sully, na extensíssima colecção de memórias intitulada *Œconomies royales*([9]). A acreditar em Sully e Saint-Pierre, a «confederação europeia» para a resolução dos problemas internacionais europeus chegou a ser objecto da diplomacia francesa, e o seu fracasso deveu-se somente à morte extemporânea do rei pacificador([10]). Segundo esta

---

paz», que não inaugura mais do que um período incerto de tréguas, e o «tratado de união», isto é, da paz duradoura, deve-se às críticas de Leibniz. Ver André Robinet, «Les enseignements d'une correspondance au sujet de la paix: Leibniz – Saint-Pierre (1714–1716)», em Jean Ferrari e Simone Goyard-Fabre (dir.), *L'année 1796*, p. 44.

([7]) De Leibniz sobre esta matéria, ver *Oeuvres de Leibniz*, 7 vols., Paris, Firmin Didot, 1859–1875, vol. IV, pp. 325–336.

([8]) Leibniz, carta a Saint-Pierre, 7 de Fevereiro de 1715, *Oeuvres*, p. 326.

([9]) Maximilien de Béthune Sully, *Collection des mémoires relatifs à l'histoire de France. Œconomies royales*, 9 vols., Paris, Foucault, 1820–1821.

([10]) Bernard Barbiche nega que a ideia do *Grand Dessein* seja da autoria de Henrique de Navarra e afirma que é obra da cabeça de Sully, aliás inspirado em Emeric Crucé, e que acabou por conferir grande prestígio póstumo ao rei morto (ver Bernard Barbiche e Ségolène

narrativa, Henrique IV foi o homem que viu a luz da «paz perpétua» ao fundo do túnel escuro da guerra interminável. A sua grande intuição e contributo residiu na compreensão de que a condição essencial da paz internacional é a «arbitragem permanente». Henrique IV é, por isso, colocado nas fileiras dos eminentes contratualistas, já que a instituição de um árbitro permanente só pode resultar de uma convenção humana, de um acordo ou de um contrato entre as partes que se sujeitarão a esse árbitro, e que a mesma instituição representa desde logo a saída do infernal estado de natureza. Em suma, Henrique IV é quem, antes de Hobbes, compreende não só que a superação do estado de natureza enquanto estado de guerra supõe a construção contratual de um juiz comum das partes potencialmente inimigas, mas também que o problema da paz não será resolvido enquanto não se aplicar a lógica contratual à esfera internacional([11]). Depois de Henrique IV, Hobbes sempre se quedou pela resolução dos conflitos internos do Estado. Isto é, Hobbes estava sobretudo preocupado em superar o estado de natureza rumo à edificação dos vários Estados soberanos. Todavia, no que à situação internacional diz respeito, Hobbes limitava-se a reconhecer que esta se aproxima da condição do estado de natureza, ou que as relações internacionais continuam o estado de guerra([12]).

Henrique IV é apresentado como um rei meditativo, embora não como um filósofo político. A sua inspiração teria, pois, de provir da prática política. Foi, então, nas experiências federativas das Províncias Unidas dos Países

---

de DAINVILLE-BARBICHE, *Sully*, Paris, Fayard, 1997, pp. 387–390). David Buisseret vai mais longe e avança a ideia de que este retrato de Henrique IV como um fazedor malogrado da paz não passa de uma obra de propaganda de Sully, apostado em projectar esta imagem do rei francês para as gerações futuras, e assim disfarçar as suas verdadeiras intenções belicistas e imperialistas (Buisseret citado em Tomaž MASTNAK, «Abbé de Saint-Pierre: European Union and the Turk», in *History of Political Thought*, vol. XIX, n.º 4, 1998, p. 574).

([11]) *Projet de traité* (1717), Epístola dedicatória, p. iv.

([12]) Ver, por exemplo, *Leviathan*, cap. XIII.

Baixos, na Suíça e na Alemanha que Henrique de Navarra vislumbrou o seu modelo geral. As confederações existentes mostraram-lhe que as unidades políticas, ao aliarem-se, poderiam obter ganhos enormes de segurança e protecção do seu território, salvaguardando ao mesmo tempo a sua independência. Além disso, a estrutura confederativa aproximava esses Estados uns dos outros, aprofundava as suas relações mútuas, contribuindo assim decisivamente para o desenvolvimento do comércio e, portanto, para o aumento da prosperidade geral([13]). Ora, serão precisamente esses os objectivos de Saint-Pierre com o seu projecto de «paz perpétua»: inaugurar a paz, garantir a segurança interna dos Estados associados, sem com isso os diluir num super-Estado, e promover o comércio, a principal fonte de prosperidade dos povos europeus.

Estas considerações permitem também medir melhor o alcance do contexto histórico da obra. Por um lado, o desenvolvimento da ideia de «paz perpétua» na obra de Saint-Pierre é coevo da resolução diplomática de um dos conflitos mais perturbadores que a Europa até então atravessara. 1713 é a data do chamado Tratado de Utrecht, um conjunto de compromissos diplomáticos firmados em sede de congresso internacional que reunira as grandes potências europeias naquela cidade holandesa, aonde se deslocou também um representante da Coroa portuguesa([14]). O Tratado de Utrecht pôs fim a uma das questões mais bicudas da segunda metade do século XVII e que envolvia a sucessão do trono espanhol, disputado por mais de uma parte. Utrecht representa mais um episódio diplomático da Europa saída

---

([13]) *Projet de traité* (1717), Epístola dedicatória, p. v.

([14]) Inclusivamente, Saint-Pierre propõe, mas não exige, que Utrecht seja a cidade franca da «União Europeia», onde estaria sediada a assembleia deliberativa denominada «Senado dos soberanos» ou «Senado Europeu». Ver *Projet de traité* (1717), prefácio à 2.ª parte, p. xi. A escolha não é arbitrária: os holandeses constituem o povo mais envolvido no comércio, e, *por essa razão,* os mais «interessados» na paz. Ver Mastnak, «Abbé de Saint-Pierre: European Union and the Turk», pp. 582-583, nota 80.

da paz celebrada pelo Tratado de Münster, em 1648 — basta pensar na paz de Aix-la-Chapelle (1668) ou na paz de Ryswick (1697). Representa também a declaração de falência do projecto da «Monarquia Universal» de Luís XIV.

Em Münster, o Império Espanhol e as Províncias Holandesas chegaram a um acordo de paz. Para se chegar a esse acordo, o rei de Espanha e os seus emissários tiveram de reconhecer os Países Baixos como uma *respublica perfecta*, isto é, livre e soberana. Ora, na senda da independência, os holandeses, durante a primeira metade do século XVII, acabaram por se rever no exemplo de duas outras Repúblicas europeias. Além do exemplo da República de Veneza, e da sua insistência em se emancipar quer do Sacro Império Romano-Germânico quer do Papado, havia ainda a Confederação Helvética ou Suíça, que também travara a sua luta independentista contra os Habsburgo e que demonstrara a viabilidade de um modelo federal na resolução do problema da centralização política e da diversidade religiosa([15]).

Mas, por outro lado, percebemos que o contexto de Saint-Pierre é mais alargado do que o horizonte fornecido por esses acontecimentos próximos. Afinal, basta pensar que Henrique IV de França, que morreu muito antes de Münster e de Utrecht, já havia considerado os defeitos principais da ordem internacional e os seus putativos remédios. Portanto, Saint-Pierre, ao atribuir a Henrique de Navarra a paternidade da ideia de «paz perpétua», indica implicitamente que o problema político fundamental da ordem internacional obedecia a uma estrutura geral e apresentava dilemas que percorriam várias épocas históricas. Henrique não precisou do reconhecimento diplomático de Münster para perceber que o arranjo constitucional federal tinha virtudes a explorar. De resto, dadas as dissemelhanças entre o «projecto» de Saint-Pierre e o *Grand Dessein* de Henrique

([15]) Ver Laura Manzano BAENA, «Negotiating Sovereignty: The Peace Treaty of Münster, 1648», in *History of Political Thought*, vol. XXVIII, n.º 4, 2007, pp. 617–641.

IV/Sully, é provável que Saint-Pierre tivesse todo o capital intelectual do primeiro investido no segundo. Seja como for, no essencial, o argumento de Saint-Pierre não está dependente do arranjo político-diplomático particular saído de Utrecht ou de Münster. A ordem geopolítica da Europa no primeiro quartel do século XVIII não era mais do que um ponto de partida subordinado ao ponto de chegada. Quanto ao projecto da «Monarquia Universal» de Luís XIV, basta mencionar que significava o contrário da ordem política internacional que Saint-Pierre ambicionava: a criação de um império pela força, pela cobiça, pela expansão territorial. E, o que é mais crucial, que a «União europeia», a federação para a paz, não pode ser o equivalente jurídico do Estado hegemónico e imperial que Saint-Pierre muitíssimo discretamente criticava.

Saint-Pierre não quer, evidentemente, desfazer a ordem europeia internacional que saiu de Utrecht. Pelo contrário, a sua elaboração do aparato jurídico e constitucional da «União europeia» não prescinde de salvaguardar os compromissos assumidos em Utrecht pelas várias potências. Porém, Saint-Pierre analisa Utrecht, não como um grande avanço na causa da paz, antes como mais um episódio de uma narrativa enquadrada por um paradigma, na sua opinião, gasto. Esse paradigma, que curiosamente ganharia a partir de Utrecht um destaque inédito na linguagem diplomática e entre os conceitos da ciência política, estabilizaria a sua identidade na famosa expressão «equilíbrio de poderes».

Na esfera internacional, o paradigma que mais se opõe ao projecto de «paz perpétua» é, sem dúvida, o «equilíbrio de poderes», que, no entender de Saint-Pierre, não pode reclamar ser mais do que a continuação da guerra pontuada por tréguas mais ou menos frequentes, mais ou menos precárias. É precisamente esse paradigma que a obra de Saint-Pierre visa superar. Apesar das simulações de paz que o «equilíbrio de poderes» vai trazendo à vida dos povos, de facto, o sistema não impede a guerra. Deixando toda a liberdade à constituição das ameaças, o sistema do «equilíbrio de poderes» não pode resolver o problema da inimizade sem arbitragem, e, portanto, é incapaz de gerar os bens que o «sistema da paz» providencia, como a prosperidade económica e a segurança([16]). Fazendo perdurar as ameaças mútuas, o sistema do «equilíbrio de poderes» é a perpetuação do «estado de inquietude»([17]) que só o «sistema da paz» pode terminar.

O ponto fundamental, e que Utrecht não resolveu nem podia resolver, consistia no facto incontornável de que, numa situação internacional de não arbitragem — isto é, num sistema de «equilíbrio de poderes» —, os tratados de tréguas são sempre precários. Cada parte é, e continuará a ser, o juiz do cumprimento dos tratados e das condições em que esse cumprimento deixa de ser benéfico para si([18]). Não é um grande passo inferir que o sistema internacional do equilíbrio de poderes é o progenitor da *raison d'État*([19]). Não é, pois, uma solução do problema, antes uma (grande) causa do mesmo: do clima de desconfiança, de ódio, de vingança, de cobiça, que reina na cena internacional; do empobrecimento e fechamento de todos os Estados, aos quais a política da paz armada obriga a manterem-se em permanente estado de alerta. A contradição máxima do «equilíbrio» de poderes é o facto de multiplicar os «desequilíbrios»([20]). No sentido preciso do termo, cada potência permanece livre para agir conforme os seus caprichos ou as suas necessidades imediatas, sem precisar de tomar em conta o interesse do sistema internacional como um todo. Com efeito, aderir a um tratado de «arbitragem» significa renunciar à sua liberdade enquanto actor internacional; mais exactamente, significa renunciar à liberdade de agir segundo o seu próprio julgamento acerca das promessas ou tratados que fez com outros

---

([16]) Ver *Projet de traité* (1717), p. 101.

([17]) *Ibid.*, p. 120.

([18]) *Ibid.*, p. 108.

([19]) Ver Simone Goyard-Fabre, «L'optimisme juridique de l'abbé de Saint-Pierre», in Jean Ferrari eSimone Goyard-Fabre (dir.), *L'année 1796*, p. 22.

([20]) Ver *Projet* (1713), vol. I, p. 46.

actores internacionais. A renúncia concreta que cada uma das partes faz aquando da convenção entre os soberanos europeus para inaugurar a «paz perpétua» é a de nada tomar pela força aos outros([21]). E essa renúncia nem sequer tem um preço elevado. De uma maneira ou de outra, os vários contratualismos ensinam que a liberdade de que se goza no estado de natureza é mais ou menos ilusória.

II

Em termos concretos, o que propunha Henrique IV e o seu ministro Sully? Segundo Saint-Pierre, Henrique IV compreendeu que a «arbitragem permanente» era um instrumento incontornável para o desígnio do cumprimento universal dos tratados assinados entre os Estados. Uma das principais causas do estado de guerra e inimizade coincide com a necessária precariedade dos tratados assinados. A incerteza quanto às acções do outro, a desconfiança, recomendam flexibilidade, e isso tem como consequência a desvalorização da palavra dada no momento das tréguas. Só se houver uma total segurança, uma garantia suficiente da execução dos tratados, de todos os tratados, será viável superar o estado generalizado de desconfiança. Ora, essa segurança ou garantia não existirá enquanto não houver uma instância política de arbitragem, que obrigue ao cumprimento dos compromissos assumidos. A sujeição a um juiz comum anula a desconfiança. Com a instituição de uma «arbitragem permanente», o objectivo primordial reside em resolver os diferendos entre os associados, evitando que se recorra à violência. Nestes termos, arbitrar corresponde a julgar. E quem procede a esse julgamento? O colectivo dos associados. Por outro lado, nesta óptica, a tranquilidade dos povos passa pela estabilidade política interna, nomeadamente pela segurança das respectivas casas reais. Daí que a «arbitragem permanente» seja também um órgão de

---

([21]) *Projet de traité* (1717), pp. 112, 132.

vigilância e policiamento de prevenção de revoltas, guerras civis e outros distúrbios da ordem política estabelecida. O propósito de congelamento da ordem política reflecte a suspeita de que muitos dos problemas que ensombram o conjunto dos Estados europeus têm a sua origem na expectativa de transformação do *statu quo*. Apagadas estas ameaças internas e externas, os povos europeus poderão finalmente entregar-se a viver as suas vidas em sossego e prosperidade([22]).

Todos estes elementos estão presentes no plano de «paz perpétua» de Saint-Pierre, incluindo a preocupação com a paz religiosa — interna e externa —, que presumivelmente ocuparia lugar de destaque nas prioridades de Henrique IV, o homem que afirmou que «Paris valia bem uma missa». Aparentemente, o contributo de Saint-Pierre esgota-se na elaboração de uma sustentação teórica tipicamente contratualista e, dir-se-ia até sem grande exagero, hobbesiana.

Saint-Pierre inicia o seu raciocínio decompondo a sociedade política nos seus elementos mais primários. À maneira contratualista, Saint-Pierre concebe um estado de natureza ou uma condição pré-política. Num passo que retém todo o sabor hobbesiano, o autor descreve a realidade da vida humana na ausência de uma «arbitragem permanente» nos termos da miséria mais completa. Os homens viveriam na radical insegurança dos seus bens, das suas pessoas e das dos seus familiares. Nessa atmosfera de insegurança e de desconfiança, todas as convenções particulares não passariam de letra morta. Os contactos humanos estariam reduzidos ao choque da força e ao horror do homicídio. Repetindo o ímpeto negro de Hobbes, na ausência de uma «primeira convenção», a civilização tal como a conhecemos, rodeada de confortos e prodígios do engenho humano, nunca se teria materializado([23]).

Antes do estabelecimento da «arbitragem permanente», o que equivale a dizer da sociedade política, os homens são

---

([22]) *Ibid.*, Epístola Dedicatória, pp. viii–x.

([23]) *Ibid.*, Prefácio, p. xxv. Ver também p. 40.

«insociáveis» ([24]). Contudo, no retrato de Saint-Pierre do estado de natureza, os agentes elementares não são tanto os indivíduos, mas antes os «chefes de família». Assim, o estado de natureza é povoado por unidades familiares que constituem uma forma natural e primária de sociedade humana. A guerra e a inimizade que caracterizam o estado de natureza são, portanto, a guerra e a inimizade entre os chefes de família, porquanto os membros de uma família estão já sujeitos a uma forma de «arbitragem». Não se trata, é certo, da «arbitragem convencional», a tal que, por um acto de vontade, funda as sociedades políticas, e fundará a «sociedade europeia», mas de uma «arbitragem natural», co-natural à superioridade do pai e do marido na comunidade familiar. O chefe de família é um «árbitro natural». No seio da família, é de esperar que se gerem contendas e diferendos entre os seus membros. Como todos estão sujeitos à autoridade do chefe de família e, por conseguinte, à sua arbitragem, esses diferendos terminam com a decisão soberana do superior. Num estado primitivo da evolução social humana, a autoridade do chefe de família reside sobretudo na superioridade da sua força e no medo que a sua mão castigadora inspira. É deste modo que os conflitos familiares não deslizam para a violência. Claro que esta forma de «arbitragem» não é produto de um acto de vontade de quem lhe está sujeito. Mas, para todos os efeitos práticos, a «arbitragem natural» já revela os rudimentos da «arbitragem convencional ou artificial» ([25]).

Em primeiro lugar, os efeitos da pacificação são úteis tanto para o árbitro como para os contendores — sobretudo para os últimos. Em segundo lugar, o árbitro goza de uma posição de superioridade, mas que o não torna indiferente à resolução não violenta dos conflitos; isto é, o árbitro tem um interesse activo em impedir o recurso à violência, tão danoso para as partes em litígio. Em terceiro lugar, o árbitro é suficientemente poderoso para fazer executar os

---

([24]) *Ibid.*, Prefácio, p. xxviii.
([25]) *Ibid.*, pp. 14–16.

seus julgamentos e decisões. Por último, a punição infligida pelo árbitro às partes contendoras desobedientes será tida por «suficiente», o que equivale a dizer inevitável —, o que evita o sentimento de impunidade —, como dissuasor eficaz, tendo em conta que excederá em danos o putativo bem que a desobediência poderia obter ou o valor do objecto contestado.

Como se percebe com facilidade, o salto civilizacional decisivo ocorre na transição da «arbitragem natural» para a «arbitragem convencional», isto é, da sociedade familiar para a sociedade composta por diferentes famílias. Mas compreende-se que as famílias precisam de manter relações entre elas. As consequências da ausência de arbitragem entre os chefes de família são evidentes: ou, com vista a evitar a violência, se afastam um dos outros para alcançar o isolamento, que é, em si mesmo, a negação da sociedade e dos seus benefícios, ou se combatem procurando uma vitória fugaz. À primeira vista, dir-se-ia que Saint-Pierre se inclina para celebrar, para cada sociedade, um momento histórico preciso em que se realizou a necessária convenção entre os chefes de família. No entanto, acaba por optar por uma visão gradualista e evolucionária do aprofundamento do processo de «arbitragem». Foi, no seu entender, provavelmente uma ideia que demorou séculos a ser cultivada e aperfeiçoada. Pouco importa, pois, determinar com exactidão a origem do estabelecimento da arbitragem. Para Saint-Pierre, é suficiente a sua existência efectiva nas sociedades humanas para que possamos inferir tudo o resto([26]).

Desta lógica contratualista resultará a solução para o problema do conflito internacional na Europa. Ora, para Saint-Pierre não existe qualquer diferença substantiva entre as convenções que fundam as diferentes sociedades políticas e a grande convenção internacional. A diferença, diz Saint-Pierre de forma explícita, é meramente quantitativa([27]). Podemos, então, inferir que as vantagens que a conven-

---

([26]) *Ibid.*, pp. 28, 59.

([27]) *Ibid.*, Prefácio, p. xxix.

ção internacional traz para as partes associadas serão proporcionalmente equivalentes às vantagens da passagem contratual da família para a «aldeia», que é, do ponto de vista jurídico, um conjunto de famílias sujeito a um árbitro. Essa passagem é crucial porque só assim são superadas as insuficiências da família no que toca à felicidade humana. É através da associação com outros que se torna finalmente possível enriquecer pelo trabalho e pelo comércio, ou, em termos mais primários, torna-se finalmente possível evitar a ameaça sempiterna que pesa sobre a sobrevivência da prole quando a família está isolada. É através da associação que se torna viável partilhar, acumular e conservar conhecimentos de toda a espécie, conhecimentos esses que se poderiam perder no contexto estrito da família, na eventualidade de o chefe de família morrer durante a infância dos seus filhos. É a associação que permite o desenvolvimento dessa condição necessária da prosperidade e que viria a adquirir o nome de divisão social do trabalho([28]).

De resto, nunca se pode supor que os diferendos entre os homens, e entre os grupos humanos, terminam com formas rudimentares de «arbitragem», como é o caso da «natural», até porque se coloca desde logo o problema da jurisdição. O «árbitro natural» não tem evidentemente jurisdição sobre os indivíduos que vivem fora da órbita da sua família. Existem outras famílias. Por exemplo, os chefes de família terão diferendos com os outros chefes de família. A passagem para a «arbitragem convencional» torna-se, por assim dizer, necessária. As razões não mudam. Isto é, as causas da discórdia permanecem as mesmas: há bens a partilhar e bens que não são partilháveis, o que faz ressaltar o facto de que cada um se rege por princípios diferentes sobre os quais se fundam os direitos às coisas e aos bens, e, ainda que houvesse consenso quanto aos princípios, a prática do acesso aos bens seria sempre difícil e custosa, visto que cada um deles seria objecto de apreciações subjectivas diferentes;

([28]) *Ibid.*, pp. 22–27.

o comércio humano multiplica as promessas a cumprir([29]) cuja «execução» é extraordinariamente precária na ausência de um juiz comum; e, por fim, há danos e ofensas a reparar, o que não se obtém pura e simplesmente em virtude da interacção espontânea dos homens([30]).

Podemos, por isso, deduzir que a associação internacional expandirá todos estes benefícios já materializados nas sucessivas transições para contextos sociais e políticos mais alargados. E percebe-se porquê. Para Saint-Pierre, o que está em causa é o alargamento do universo comunicacional dos homens. É pela troca — de bens materiais, de experiências, de conhecimentos — que se faz o «progresso» da humanidade. Portanto, é preciso aumentar o espaço pacífico de comunicação e interacção humanas. Ora, tal só é possível através da criação de uma estrutura política que proteja esse espaço e evite o colapso que as fricções inevitáveis entre os homens podem provocar. É esse o passo que a teoria contratualista precisa de dar, ou o derradeiro «aperfeiçoamento» que lhe falta: expandir a «arbitragem» às relações entre as nações e entre os «chefes das nações». Só assim se poderá dar força de lei a todos os preceitos que constam do direito dos povos([31]).

O «Sistema da Paz» inaugura uma época de paz não só porque esgota as fontes de conflito entre os seus membros, mas na medida em que cria uma imensa zona económica livre onde reinarão os fluxos comerciais. Saint-Pierre é, pois, um dos muitos partidários da tese do *doux commerce*, isto é, de que as trocas comerciais constituem, além de fonte da prosperidade material dos indivíduos, veículos da paz entre os homens porque conduzem à «suavização dos costumes»([32]) ou à atenuação das disposições ferozes, into-

---

([29]) Saint-Pierre enuncia como a «primeira lei do comércio» a de «executar com exactidão o que se prometeu com liberdade» (*ibid.*, p. 34).

([30]) *Projet de traité* (1717), p. 30.

([31]) *Ibid.*, pp. 60, 58.

([32]) A expressão é de Montesquieu. *De l'Esprit des Lois*, XX.1.

lerantes e violentas([33]); conduzem ao reino da razão ou da razoabilidade([34]). Mas, no exterior deste reino da paz, que se circunscreve às fronteiras da Europa, não estão amigos da paz. Pelo contrário, Saint-Pierre procura mobilizar as energias bélicas do continente conciliado com a paz contra o grande «Outro», o Turco. Se bem que inicialmente Saint-Pierre tenha contemplado a hipótese de atribuir aos Estados muçulmanos um estatuto de aliados (o que abriria as sociedades islâmicas à «razão» e à «luz» europeias), acabou por se decidir a transformar o «Turco» no grande inimigo mobilizador e, porventura, unificador da «União Europeia». A hesitação parece ter ficado a dever-se a uma mudança no cálculo que Saint-Pierre fez da força das potências europeias. Saint-Pierre parece ter acabado por concluir que o poder dos Estados europeus unidos no «Sistema da Paz» seria suficiente para escorraçar o «Turco» dos territórios europeus, coisa que anteriormente julgava ser impossível([35]). E também aqui Saint-Pierre invoca o precedente de Henrique «o Grande»([36]).

III

Diz-se por vezes que os pensadores da «paz perpétua» vivem na ilusão de presumir que os homens são essencialmente pacíficos; que, perdidos nos seus sonhos utópicos, fecham os olhos à espontaneidade do conflito humano. Na realidade, nenhum dos grandes pensadores da «paz perpétua» oferece qualquer indício que permita tal conclusão. O próprio Kant vê na guerra «a manifestação da natureza

---

([33]) Para a consideração da crítica de Rousseau a este aspecto do pensamento de Saint-Pierre, ver Morgado, «Rousseau e o projecto de paz perpétua».

([34]) *Projet* (1713), vol. II, p. 128.

([35]) Ver, por exemplo, *Projet de traité* (1717), Prefácio da 2.ª parte, p. xiv; *Projet* (1713), vol. I, p. 283.

([36]) Sobre este assunto, ver o estudo de Mastnak, «Abbé de Saint--Pierre: European Union and the Turk», pp. 590–598.

humana»([37]). Saint-Pierre, em particular, afirma continuadamente que, quando os homens vivem numa condição pré-política, num estado que desconhece uma forma de «arbitragem» dos conflitos, as relações humanas degeneram quase automaticamente num estado de guerra calamitoso. Neste aspecto, Saint-Pierre não diverge muito de Hobbes, e em vários momentos parece querer copiar até o seu estilo retórico. Naquilo que o século XVII reconheceria como o estado de natureza, e ao qual Saint-Pierre prefere chamar «estado de não arbitragem», a situação é em tudo idêntica à catástrofe hobbesiana, marcada por «contestação, discórdia, cólera, combate, morte»([38]). O estado pré-político é também, tal como era em Hobbes, Pufendorf ou Locke, caracterizado sobretudo pela ausência de um juiz comum, com autoridade e força para dirimir todas as contendas. Ora, se Paris não tivesse magistrados que cumprissem a função de árbitros e de polícias, os seus «habitantes degolar-se-iam todos uns aos outros em oito dias, e a mais bela cidade do mundo tornar-se-ia num instante num horrível campo de batalha cheio de cadáveres»([39]). Na óptica de Saint-Pierre, o homem é uma criatura que facilmente se «ofende». Todas as fricções que ocorrem quando os homens se relacionam alimentam uma autêntica espiral de vingança que instaura a miséria geral([40]).

O que os pensadores da «paz perpétua» já não reconhecem é que o conflito trágico esteja inscrito na própria estrutura do Ser. É por isso que a solução política para o estado de guerra é uma solução estável. Até porque Saint-Pierre não ousa declarar que o conflito cessa mesmo em condições de arbitragem. Mas a arbitragem anula os efeitos negativos ou violentos do conflito humano([41]). A arbitragem

---

([37]) Alexis PHILONENKO, «Kant et le problème de la paix», in *Essais sur le philosophie de la guerre*, Paris, J. Vrin, 1976, p. 33.

([38]) *Projet de traité* (1717), p. 43. Ver p. 81.

([39]) *Ibid.*, p. 50.

([40]) Ver *Ibid.*, pp. 41–42.

([41]) Ver *Ibid.*, Quinta Consideração, intitulada «A arbitragem impede os homicídios», pp. 45–50.

pode não evitar que se causem danos esporádicos, mas evita que os homens sejam juízes em causa própria[42], e que os lesados façam justiça pelas suas próprias mãos, isto é, que recorram à retaliação[43]. Por outras palavras, o projecto de «paz perpétua» não deve ser confundido com um apelo politicamente vazio ao reino universal da concórdia, da amizade e da fraternidade. Pelo contrário, Saint-Pierre não invoca um futuro isento de «ódios», pretende expurgar essas rivalidades da sua persistência e da sua perigosidade. O futuro que o autor invoca não é o da concórdia universal, mas o da canalização dos diferendos entre as partes para processos legais previsíveis e resolúveis por intermédio de julgamentos a cargo de terceiras instâncias[44].

No mesmo sentido, Saint-Pierre — mas o mesmo é válido para Rousseau ou Kant — não conta com uma putativa conversão dos corações dos homens, mas apenas com a manipulação dos «interesses», ou do benefício para si mesmo, e das paixões manipuláveis, como a «esperança» e o «medo». À objecção previsível de que o projecto de «paz perpétua» ambiciona aquilo que nem o próprio Cristo conseguiu instaurar entre os cristãos, Saint-Pierre responde que o seu plano não pretende «mudar o coração humano», não pretende «banir os diferendos, as contestações», e nunca deixa de supor que os «soberanos são homens»[45]. Ora, é o «interesse que comanda os Príncipes», ou melhor, é o «interesse demonstrado», ou esclarecido, que comanda os príncipes[46]. A paz perpétua não conduz à realização da «justiça interior», mas garante a prática da «justiça exterior», e isso é quanto basta[47]. A «paz perpétua» não é exactamente o reino da concórdia e amizade universais, antes a negação pura da guerra: é o reino da paz «apesar da contes-

---

(42) *Ibid.*, p. 51.
(43) Ver *Ibid.*, pp. 47–48, 54.
(44) *Ibid.*, p. 18.
(45) *Ibid.*, pp. 147-149.
(46) *Ibid.*, 2.ª parte, prefácio, p. iv.
(47) *Ibid.*, p. 158.

tação, apesar da discórdia» ([48]). Não é a «ausência perpétua de discórdia e de contestação, mas somente a ausência perpétua de violências para terminar as discórdias e terminar as contestações» ([49]).

Uma vez mais, Saint-Pierre não supõe que a constituição de uma sociedade europeia das nações harmonize todos os «interesses» das partes. Haverá «interesses comuns» entre os associados e haverá «interesses opostos». Mas a oposição dos interesses não conduzirá à guerra, apenas à «arbitragem» ([50]). Na era da «paz perpétua», a guerra enquanto *ultima ratio* de resposta ao conflito deixa de ser sequer uma *ratio*. E é preciso não esquecer que, em derradeira instância, o «árbitro» pune com a força as partes desobedientes, pois a «espada não é menos necessária à justiça do que a balança; as leis, os julgamentos, por mais sábios, por mais equitativos que fossem, seriam inúteis se a arbitragem não tivesse força para os fazer executar» ([51]). Isso terá consequências complexas no plano internacional. Seja como for, o salto para uma condição de arbitragem ou a realização do projecto de «paz perpétua» correspondem ao salto civilizacional de homens que finalmente decidem viver como homens, isto é, como seres racionais, e não como animais que tudo resolvem pela violência. Portanto, como muito bem salienta Goyard-Fabre, já que o seu propósito é eminentemente jurídico, «é do ponto de vista do *direito*, e não do ponto de vista da história, que é necessário julgar [Saint-Pierre]» ([52]), e, diga-se à laia de complemento, todos os grandes teóricos da ideia de «paz perpétua».

Mas examinemos em detalhe em que consiste o compromisso jurídico e político necessário à abertura da era da paz. No *Projet de traité*, Saint-Pierre propõe vinte e quatro

([48]) *Ibid.*, p. 151.
([49]) *Ibid.*, p. 152.
([50]) *Ibid.*, Prefácio à 2.ª parte, p. vi.
([51]) *Ibid.*, p. 56.
([52]) Goyard-Fabre, «L'optimisme juridique de l'abbé de Saint-Pierre», p. 34.

«Artigos Fundamentais» ([53]). Nessa lista está definida a concretização jurídica do Tratado de «União». O primeiro artigo dispõe o sentido geral do compromisso internacional: a criação de uma «sociedade de protecção recíproca e perpétua entre os soberanos», a que se chamará «Sociedade Europeia» e que estabelece uma «arbitragem permanente». Define ainda os objectivos gerais da «sociedade», como a protecção do comércio e a garantia de preservação das casas reais que ocupam os vários tronos europeus, ambas condições políticas e sociais necessárias para a salvaguarda da paz. Na sede da institucionalização da federação da paz, os soberanos serão representados por deputados plenipotenciários. O segundo artigo providencia a execução dos tratados acabados de assinar em Utrecht, assim como todos os compromissos internacionais assumidos pelos membros da «Sociedade Europeia» anteriores ao estabelecimento da mesma. Saint-Pierre revela a sua preocupação em não revolucionar o *statu quo* europeu anterior ao tratado, tanto com o propósito de tranquilizar os príncipes mais desconfiados como com o objectivo de não gerar uma nova espiral de reivindicações, ressentimentos e vãs esperanças na competição com o vizinho rival. Prevê, no entanto, a possibilidade de se fazerem alterações a esses compromissos desde que acordadas por todas as partes envolvidas. A execução dessas novas alterações estará a cargo do órgão de «arbitragem», isto é, da própria «Sociedade Europeia», e não das partes individualmente consideradas ([54]).

O tratado de Utrecht é objecto de atenção particular no terceiro artigo. Saint-Pierre reafirma o resultado político

---

([53]) Escolhi para esta análise mais detalhada os «Artigos Fundamentais» do *Projet de Traité* de 1717, compactados nos cinco «Artigos Fundamentais» do *Abrégé* de 1729, em detrimento dos doze «Artigos Fundamentais» do *Projet* de 1713. Os vinte e quatro «Artigos Fundamentais» de 1717 correspondem a um aprofundamento dos anteriores doze do *Projet* de 1713. Pode dizer-se que consistem na apresentação mais aprimorada dos «Artigos Fundamentais» do Tratado de «Associação» ou de «União».

([54]) *Projet de traité* (1717), Prefácio à 2.ª parte, pp. viii–ix.

mais importante do tratado, que era, como vimos, a renúncia recíproca dos reis de França e de Espanha ao trono vizinho. Já o quarto artigo desce às consequências do estabelecimento de uma autoridade de «arbitragem». Todos os membros associados renunciam para sempre à violência como modo de resolver os seus diferendos e passam a submeter-se à jurisdição do «árbitro». Inclusivamente, a regra vale para o cumprimento dos tratados anteriores à constituição da «Sociedade Europeia». No caso de um ou mais membros associados cometerem actos violentos de hostilidade contra um ou mais membros associados, ao arrepio do consentimento — «por escrito» — da autoridade de «arbitragem», serão considerados inimigos da paz e da sociedade e, por conseguinte, tratados como tal([55]). Mais do que uma liga defensiva, a «União» pretende ser uma entidade que policia os perturbadores da paz, que faz da conservação da paz uma tarefa política de primeira ordem, o que pode exigir a mobilização dos meios para exercer a violência disciplinadora.

O quinto artigo determina que na cidade franca da «Sociedade» se sediará uma «assembleia perpétua», ou o «Senado Europeu», composto por vinte e dois deputados plenipotenciários, ou «senadores», cada um representando o respectivo soberano e dispondo de um único voto. É nesta assembleia que decorrerão todos os julgamentos e actos de «arbitragem» a que os membros associados se sujeitam. Para ser pronunciado, o julgamento do «Senado Europeu» carece do assentimento de uma maioria absoluta de votos; mas a provisão subsequente, ou a segunda e definitiva sentença, terá de ser aprovada por uma maioria qualificada de três quartos de votos([56]). As condições de igualdade são, portanto, garantidas a todos os membros associados, desvanecendo-se assim as hierarquias de poder que se estabelecem inevitavelmente na ordem internacional do sistema de equilíbrio de poder ou da guerra constante. A partir da edificação da «Sociedade», as hierarquias não

---

([55]) *Ibid.*, Prefácio à 2.ª parte, p. x.

([56]) *Ibid.*, Prefácio à 2.ª parte, p. xi.

desaparecem inteiramente, mas terão de se fundar na ordem do direito e na coligação de esforços com vista a gerar maiorias, que se presume serão flutuantes. Note-se que a unanimidade não é requerida para proceder aos julgamentos do «Senado», o que permite concluir que a estrutura constitucional visionada por Saint-Pierre não está longe da lógica subjacente aos arranjos federais. Como veremos, a unanimidade só vale como critério jurídico-constitucional para o processo de revisão dos «artigos fundamentais». Aquilo que talvez seja mais surpreendente prende-se com a relativa indiferença de Saint-Pierre diante da outra face da moeda das decisões por maioria, e cuja perigosidade o pensamento liberal e proto-liberal raramente subestimara: a possibilidade de a maioria abusar do seu poder e oprimir as minorias vinculadas à obediência. Por um lado, há que encontrar uma regra de decisão que não paralise os procedimentos da assembleia. Por outro, Saint-Pierre reconhece efectivamente o «inconveniente» da regra da maioria. É uma decorrência dos «limites do espírito humano». Tal observação parece indicar que a causa do abuso do poder maioritário se deve a um efeito de ilusão ou de cegueira que se abate sobre uma maioria provisória e que a impede de apreender o seu verdadeiro interesse. O verdadeiro interesse de um Estado, ou de um grupo de Estados, nunca pode ser oprimir os seus pares, pois isso corresponde a reatar o caminho da guerra, e a guerra, como se sabe, não serve o interesse de ninguém. É também por esta ordem de razões que Saint-Pierre confia que os episódios em que os julgamentos maioritários fiquem por conta do «partido menos bom» tenham sempre uma natureza esporádica. O «tempo e a experiência» virão «em socorro» do arranjo da «União» porque esclarecem as partes quanto aos seus interesses, e quanto ao preço que se paga por apreender erradamente os seus interesses. Este processo de incessante aprendizagem permitido pela natureza das coisas corrige os abusos de poder que se possam materializar([57]).

([57]) *Ibid.*, p. 57.

O estatuto dos «senadores» é definido no artigo sexto segundo a lógica do mandato imperativo, isto é, os representantes estão estritamente subordinados às instruções dos respectivos soberanos, e o seu mandato é inteiramente revogável. Por outro lado, o estatuto da cidade franca, ou da «cidade da paz», onde se reúne o «Senado Europeu», está previsto pelo artigo sétimo, que muito simplesmente afirma que a cidade estará sob a soberania do próprio «Senado». Contornando o oitavo artigo que Saint-Pierre reconhece como não sendo «fundamental», já que apenas determina que é ao «Senado» que cabe firmar os tratados comerciais e de estabilização de fronteiras com os soberanos não cristãos, podemos passar ao artigo nove. Este determina que a «Sociedade Europeia» não interferirá nos assuntos políticos internos dos Estados-membros, ou, se se quiser, formula um princípio geral de não ingerência. Fica reservado, no entanto, o direito de a «Sociedade» intervir para prevenir as guerras civis. Mais: a atenção às situações de emergência que, porventura, os Estados-membros poderão atravessar, e que suscitarão excepções à regra de não ingerência, persiste no artigo 10.º, que prevê intervenções da «Sociedade» para estancar as convulsões internas resultantes da menoridade do sucessor ao trono, das regências e de outras fraquezas temporárias do sistema político interno. Mas, logo de seguida, o artigo 11.º assegura a continuidade das soberanias hereditárias, assim como das electivas, garantindo estabilidade política conforme «os usos de cada nação». Seria quase obrigatório o artigo 12.º, que acrescenta ao papel estabilizador da «Sociedade» na vida política interna dos seus membros o compromisso inflexível com a integridade e perpetuidade das fronteiras territoriais das várias «soberanias cristãs», suprimindo-se os «desmembramentos» e as «anexações» do horizonte de possibilidades políticas([58]). O propósito é evidente: eliminar um incentivo imemorial do conflito internacional. Sem perspectivas de ganhos territoriais, desaparece instantaneamente uma das

([58]) *Ibid.*, Prefácio à 2.ª parte, pp. xii–xv.

grandes recompensas e aliciamentos da guerra internacional. No entanto, o que é mais sintomático da natureza do «Projecto» é o modo como o princípio de não ingerência acabou por deslizar para um princípio de intervenção, ainda que ao serviço da salvaguarda do *statu quo*([59]).

De qualquer modo, o artigo 14.º ([60]) coloca a «Sociedade» e o seu Senado como as instâncias mediadoras por excelência dos compromissos diplomáticos entre os vários membros. De forma directa, proíbe os «soberanos» de exigirem a execução dos tratados que não tenham sido previamente acordados pela «Sociedade» e ratificados no Senado([61]). Mais inesperado é o artigo 17.º, que projecta a «Sociedade» e o seu órgão representativo, o Senado, como agentes de promoção da paz no exterior das suas fronteiras, isto é, prevê a possibilidade de o Senado oferecer a sua mediação e arbitragem aos soberanos não associados que estiverem numa situação de conflito aberto. Porém, a leitura do artigo permite perceber que esta possibilidade rapidamente se transforma num imperativo. De facto, no texto do artigo, Saint-Pierre faz uso de uma linguagem bastante peremptória: o Senado «fará agir as suas forças contra quem recusar a sua Arbitragem»([62]). Noutra obra, Saint-Pierre não se inibe de anunciar que todo o associado que desejar abandonar «impunemente» a «União» será visto como um «inimigo comum de todos os aliados»([63]).

([59]) Ver também *Projet* (1713), vol. I, p. 211; 2.º, 3.º, 4.º, 5.º Artigos Fundamentais na versão de 1713, vol. I, p. 290. No 3.º Artigo Fundamental na versão de 1713 (pp. 293–294), a «União» reconhece-se a si mesma como «tutora e protectora» dos membros associados, isto é, da estabilidade política interna dos membros associados. Na p. 307, lê-se que «O fim da União é conservar cada Soberano no estado em que se encontra».

([60]) O artigo 13.º diz respeito à resolução de uma questão diplomática demasiado circunscrita historicamente para ter relevância numa teoria geral do «Sistema da Paz». O mesmo se aplica ao artigo 15.º.

([61]) *Projet de traité* (1717), Prefácio à 2.ª parte, p. xvii. É complementado pelo artigo 16.º.

([62]) *Ibid.*, Prefácio à 2.ª parte, pp. xviii–xix.

([63]) *Abrégé du projet de paix perpétuelle* (Roterdão, J.-D. Beman, 1729), p. 40.

O que faz presumir que todos os que não alinharem pela ideia da Paz são, quase por definição, inimigos da paz, e devem ser tratados em conformidade, isto é, segundo as regras da guerra. Mais: o princípio de não ingerência que regula a «União» é fortemente atenuado quando enquadrado por este monismo da paz. Numa passagem muito reveladora, Saint-Pierre diz muito simplesmente que um «soberano» que se assume como agente perturbador da paz deixa de poder contar com a obediência dos seus súbditos. A obrigação política está condicionada pela contribuição para a tarefa comum da paz. Ora, se um «soberano» for reticente perante a «União», o agente por excelência da paz, devemos presumir que a razão da obediência dos seus súbditos cessou? A resposta presuntiva não é inteiramente clara. O que sabemos é que, se a «União» apoiar uma província rebelde secessionista que combate um «soberano» que não contribui para a paz, nem por isso é violado o respeito escrupuloso que a «União» deve à soberania política dos diversos Estados. É que, na lógica do «Sistema da Paz», isto é, no entender de Saint-Pierre, os revoltosos contra um «soberano» inimigo da paz já não lhe devem obediência; são portanto «soberanos» diante da «União», e é nessa condição que esta os deve tratar([64]). E sabemos também, pois faz parte da informação explícita do *Projet* de 1713, que, se, após a formação inicial da «Sociedade» com os catorze membros associados previstos, algum «soberano» se recusar a aderir à «União», então terá de ser considerado inimigo da paz ou da «tranquilidade da Europa», e «ser-lhe-á feita guerra até que adira, ou até ser completamente desapossado»([65]).

A reposição da ordem segundo as decisões da assembleia federada implica o recurso à força; inclusivamente, a «Sociedade» não pode recusar a possibilidade de declaração política explícita de inimizade a um actor que, pelas suas intenções, acções ou omissões, ponha em causa o «Sistema da Paz». Porém, o uso eventual da força parece indicar que

([64]) *Projet* (1713), vol. II, p. 80.
([65]) *Ibid.*, vol. I, p. 327–328. Os itálicos são meus.

o «Sistema da Paz» não pode prescindir da guerra, mesmo que seja a guerra ao serviço da paz. Mas talvez os partidários da «Paz Perpétua» possam alegar existirem diferenças essenciais entre a *guerra* e a execução das decisões de uma Sociedade cujo propósito é a realização da paz. Talvez se possa argumentar que a guerra ao serviço da paz ou, mais rigorosamente, o uso da força para executar as resoluções da assembleia internacional se aproxime no seu carácter do uso da força do Estado para cumprir os julgamentos dos seus tribunais. Ora, não se pode chamar «guerra» à punição dos cidadãos desobedientes à lei do Estado. Assim, o «Projecto de Paz Perpétua» pretende judicializar as relações internacionais. Afinal, a guerra é a condição insubmissa a qualquer lei; é preciso, portanto, introduzir o direito e a lei nas relações internacionais. A «guerra», na situação de «paz perpétua» não será mais do que a acção de um poder executivo ao serviço de um poder reconhecidamente judicial. A acção coerciva internacional adquire mais o carácter de uma acção policial do que propriamente militar.

Além disso, algumas das consequências mais profundas do projecto de «paz perpétua» e da ideia de «arbitragem» transnacional transparecem no artigo 18.º, que assume para o Senado a tarefa de estabelecer em diferentes cidades fronteiriças dos Estados que partilham limites territoriais tribunais de última instância para julgar litígios entre os súbditos dos diferentes soberanos. Os juízes são nomeados pelo Senado, e as regras que regulam o funcionamento desses tribunais fazem também parte das suas competências, tal como indica o artigo 19.º ([66]). Esta nova instituição judicial, apesar de surgir no final do elenco dos artigos da «Sociedade» e de não ter sido alvo da atenção devida, apresenta desde logo a tendência dos projectos confederativos, a saber, que, mais cedo ou mais tarde, o poder federado ou confederado tem de saltar por cima das ditas soberanias que nominalmente o compõem e adquirir jurisdição directa sobre os súbditos ou cidadãos dos Estados-membros. Como é evidente, isso

---

([66]) *Projet de traité* (1717), Prefácio à 2.ª parte, p. xix.

significa um recuo substancial das pretensões de manutenção intacta da soberania dos membros da «Sociedade». Deste ponto de vista circunscrito mas revelador, isto é, nas ocasiões de litígios entre partes que façam radicar a sua cidadania em soberanias distintas, os indivíduos deixam de estar sob a jurisdição dessas mesmas soberanias. A intenção é subtrair soberania às «soberanias» ou aos «soberanos» para impedir a acumulação de tensões que podem gerar conflitos. Cada um dos «soberanos» não seria um juiz imparcial, se um dos seus súbditos estivesse em confronto com um «estrangeiro». As retaliações seriam um seguimento da primeira falta de imparcialidade.

Se a instauração da paz implica a secagem das fontes de conflito internacional, então parece ser a conclusão óbvia desde Saint-Pierre até aos nossos dias que cabe apagar as distinções nacionais, não de uma perspectiva cultural ou linguística e muito menos etnográfica, mas no campo da intervenção humana mais sensível ao exercício da vontade política, o domínio jurídico. Para todos os efeitos legais, os litigantes de nacionalidades diferentes passam, nos termos deste artigo, a ser membros de uma mesma comunidade política-legal. O facto equivale a dizer que é a soberania dos Estados que suscita o problema a resolver; apesar de todas as garantias dos direitos dos «soberanos» e apesar de na obra de Saint-Pierre não acedermos a uma teoria moderna da soberania, é a soberania nacional que implicitamente aparece como obstáculo à paz. Se não de modo explícito, pelo menos de modo implícito, a sede da soberania no sistema de Saint-Pierre desloca-se do interior de cada membro da «Sociedade» para a «Sociedade» propriamente dita, em particular para o seu Senado. A instituição dos tribunais fronteiriços é apenas o culminar de um processo político de esvaziamento diplomático, militar e jurisdicional dos membros associados em benefício evidente da «Sociedade». De resto, como ficou demonstrado, a formação da «Sociedade» é perfeitamente análoga à formação das aldeias e dos Estados. O elemento decisivo aqui é a «arbitragem», e esta, no contexto actual, pode ser vista como o elemento decisivo da soberania. Deste ponto de vista fundamental, a «Sociedade» substitui o sistema obsoleto das várias «arbitragens» nacionais pela «arbitragem internacional». Como este ponto de vista se estabelece a partir do ar rarefeito do plano jurídico, todos os problemas políticos associados a esta transferência de sedes de «arbitragem» como que desaparecem.

Esta tensão entre as exigências da paz e os direitos de soberania talvez pudesse ser superada se Saint-Pierre recorresse a uma teoria da soberania semelhante à de Kant, o qual separa precisamente a ideia de «independência» da ideia de «soberania». Se, para Kant, a «independência» é sobretudo não estar submetido a qualquer restrição externa, legal ou de outro género, já a entidade «soberana» não aceita qualquer outra autoridade para além da sua. Assim sendo, a soberania não rejeita a submissão à lei, pelo menos a lei que essa entidade decidiu para si mesma. Mas isso também implica que a aceitação de uma legislação racional, mesmo que de origem externa e desde que livremente reconhecida, não contraria a soberania([67]).

O problema é que Saint-Pierre não admite algo de semelhante ao que encontramos na teoria política e jurídica de Kant. Por um lado, é verdade que Saint-Pierre vê na associação estreita entre «independência» e «soberania» um problema teórico que se constitui como ameaça prática. No entanto, por outro lado, Saint-Pierre não elaborou uma teoria da soberania que lhe permitisse resolver directamente o problema, embora o tenha resolvido indirectamente — desfazendo a ilusão de que um Estado poderoso pode agir como bem entender, quando o entender, isto é, de que goza de independência radical para agir e reagir. Não o resolveu directamente por meio de uma teoria da soberania, e isso torna-se bastante nítido na forma algo indisciplinada como Saint-Pierre usa a palavra «soberanos» e «soberanias» — por exemplo, «Nenhum Soberano poderá possuir

---

([67]) Ver Kant, *A Paz Perpétua*, 2.º artigo definitivo; Frédéric Laupies, *Leçon sur le Projet de paix perpétuelle de Kant*, Paris, Presses Universitaires de France, 2002, p. 104.

duas Soberanias [...]»([68]). E ainda parece admitir, a par da opinião comum, que a independência é uma «prerrogativa essencial à soberania». Mas reconhece explicitamente, como não podia deixar de reconhecer, que a convenção da «arbitragem permanente» implica a renúncia à «independência»([69]).

Por fim, o artigo 20.º elenca os membros associados que formarão inicialmente a «Sociedade» (o reino de Portugal está incluído), os artigos 21.º, 22.º e 23.º encarregam-se do financiamento da Sociedade e das contribuições dos vários membros, e o artigo 24.º — o último dos artigos fundamentais — dispõe os requisitos a cumprir por eventuais projectos de revisão dos artigos. Assim, os artigos fundamentais só poderão ser alterados por unanimidade de votos no Senado, ao passo que os restantes artigos não fundamentais são passíveis de aditamentos ou revogações, se for essa a vontade expressa de uma maioria qualificada de três quartos dos votos dos senadores([70]).

IV

A ideia de «paz perpétua» enquanto ideia mais ou menos vaga de superação definitiva da paz com recurso a um arranjo político qualquer não nasceu com Saint-Pierre. Mas foi com ele que essa ideia atingiu, por assim dizer, a sua maturidade. O objectivo da paz passou a ser visto como produto de uma transformação das relações políticas dos agentes relevantes e, sobretudo, de uma consideração mais sofisticada das razões do agir humano e do devir histórico. Em particular, com Saint-Pierre, o objectivo da «paz perpétua» passou a estar indissoluvelmente ligado à teoria contratualista da sociedade. Por outro lado, com Saint-Pierre, intensificou-se a inclinação para mobilizar esferas aparentemente não políticas da experiência humana — como a vida económica,

---

([68]) *Projet* (1713), vol. I, p. 319. Também prefácio, vol. I, p. vii.
([69]) Ver *Projet de traité* (1717), pp. 2, 3–8.
([70]) *Ibid.*, Prefácio à 2.ª parte, pp. xxi.

por exemplo — na prossecução do objectivo da paz. A paz é a condição de prosperidade, do desenvolvimento do comércio, de uma vida mais confortável, o que evidentemente torna o estado de paz mais atractivo para as paixões humanas — ou pelo menos para algumas paixões humanas. Mas também a actividade comercial internacional fomenta a dinâmica própria de sustentação da paz.

Apesar de ter sido considerado um optimista incorrigível, Saint-Pierre tentou alicerçar a concretização do «Sistema da Paz», não nas nuvens da perfeição da alma, mas na terra firme das paixões humanas. Para Saint-Pierre, era ao interesse próprio bem esclarecido que se devia recorrer na necessária tarefa de persuasão dos Soberanos a comprometerem-se contratual e politicamente com a «Sociedade». Se o propósito de Saint-Pierre podia ser qualificado como «humanitário», é menos importante do que perceber que o recurso espiritual sustentador da motivação contratual corresponde a paixões particulares, como, por exemplo, o «medo» e a «esperança» ou, para utilizar a palavra que o século XVIII imortalizaria, o «interesse».

Saint-Pierre reconhecia que existe um «interesse» na «união», tal como existe um «interesse» na divisão entre os homens. O seu esforço consistia em demonstrar que o primeiro é mais forte do que o segundo. Não seria possível, recorrendo ao jogo das paixões tipicamente moderno, produzir «medos sábios e salutares» que prevenissem a acção baseada em «esperanças loucas e ruinosas»? ([71]). Assim que percebemos que há «paixões e interesses» que conduzem à «União» e à «Paz», é por intermédio deles que os soberanos serão levados a escolher o «Sistema da Paz». Na medida em que o «pecado original» constituía a «origem de todas as nossas paixões», seria com recurso ao «pecado original» que os soberanos se decidiriam pelo «Sistema da União». Saint-Pierre não tinha dúvidas de que os «sábios e os santos desejarão o sucesso deste novo Sistema do mundo político», visto que «é conforme à virtude, à razão e aos interesses

---

([71]) *Projet* (1713), vol. I, pp. 4–5; vol. II pp. 76, 78.

da justiça, da verdade e da caridade». Mas os factores de motivação para a «União» contavam mais com os «espíritos corrompidos» porque «nenhum outro Sistema é mais conforme aos interesses, quer da voluptuosidade quer da vaidade» (72). Por conseguinte, o contrato entre Estados que consagrava o «Sistema da Paz» não apelava à «razão isenta de paixões». Contava, pelo contrário, com «as paixões mais comuns»: os «grandes medos» e as «grandes esperanças». O «Sistema da Paz» não depende da existência do «Soberano Perfeito» (73).

Saint-Pierre também não deixou de confrontar um problema bicudo próprio de muitos dos esquemas intelectuais que propõem a superação de uma condição de miséria para outra pacífica e próspera. Na era da paz perpétua, os malefícios evidentes do «Sistema da Guerra» desaparecerão da consciência comum das pessoas. Mas a lealdade para com o «Sistema da Paz» terá de provir, em grande medida, da repugnância que a guerra, ou a sua memória, suscitam. Contudo, o sucesso do «Sistema da Paz» produz essa espécie de amnésia colectiva dos horrores da guerra. Na verdade, esse é o sintoma mais verídico do triunfo da paz. A resposta de Saint-Pierre é simples: se a paz duradoura faz desaparecer a percepção dos males da guerra, e a torna, por conseguinte, menos repugnante, então é preciso reavivá-los através de investigações históricas que relatem com exactidão e rigor a condição da Europa antes do estabelecimento da Sociedade (74). Esta recomendação permite-nos apreciar um aspecto não negligenciável da natureza das propostas políticas especificamente modernas: são rebeldes relativamente à herança que lhes é transmitida, pretendem inaugurar um momento zero da história da humanidade e manter os povos sob um feitiço permanente de rejeição interior do período das trevas entretanto superado. E a instrução é suficientemente poderosa para persuadir o indivíduo e para

---

(72) *Ibid.*, vol. II, pp. 96, 99.
(73) *Ibid.*, vol. I, pp. 276–277.
(74) *Ibid.*, vol. II, pp. 188–189.

lhe mostrar a natureza do seu verdadeiro interesse, assim como para resistir às inclinações da natureza que fomentam a «divisão entre os homens», como, por exemplo, o desejo de vingança, a cobiça das coisas e da acumulação ilícita das mesmas, o desejo de poder, de reputação, de triunfo sobre o próximo ([75]). Se acrescentarmos as considerações expostas nos parágrafos anteriores, relativas ao carácter não utópico do «Projecto», percebemos também que o apregoado realismo de Saint-Pierre esconde, na verdade, como de resto bem viram Rousseau e Kant, um optimismo inegável, na medida em que conta com a vontade política dos «soberanos». No final da equação da Paz Perpétua, tal como é proposta por Saint-Pierre, está o exercício dessa entidade milagrosa a que nos nossos tempos chamamos «vontade política» de quem detém o poder.

([75]) Ver *Ibid.*, vol. I, pp. 4–5.

SOCIALIDADE E CIVILIDADE:
A UTILIDADE DE UMA DISTINÇÃO

Se recuarmos até ao uso das suas versões latinas, socialidade parece ser uma noção mais recente do que a de civilidade (*socialitas* e *civilitas*). Ao mesmo tempo, estas parecem não querer ser sinónimas. Para os efeitos de uma discussão que não deve ser estritamente arqueológica, mas que deve ter relevância para as questões do nosso tempo, compreender a diferença entre as duas noções pode abrir caminho para a elucidação do que está em causa, a um nível mais profundo. Não quero envolver-me em questões etimológicas não só porque me falta a competência para o fazer, mas também porque estou mais interessado no *uso* que historicamente foi feito dessas duas noções.

Comecemos pela civilidade. Começo por aqui porque, ao contrário da socialidade — que está mais dependente da sua apropriação pela linguagem técnico-científica —, *civilidade* é uma palavra de uso corrente. O vocabulário comum do cidadão comum inclui-a e traduz um significado comummente partilhado sem grandes elaborações intelectuais. Ora, civilidade traduz algo como a polidez nas relações sociais, o autodomínio na expressão dos afectos ou na reivindicação dos desejos pessoais. Traduz reconhecimento do espaço e subjectividade do outro e induz a renúncia ao uso da violência na determinação das relações e na resolução de divergências entre indivíduos, substituída pela negociação e acomodação recíprocas. Está associada à acomodação face à não imposição unilateral das necessidades próprias e à tolerância relativamente aos comportamentos alheios.

Podemos ler num artigo recente — não particularmente elucidativo, diga-se — sobre o fenómeno que a civilidade é «um ideal normativo do comportamento social que varia, ao longo do tempo e de um contexto cultural para outro, no seu conteúdo» ([1]). Noutro lugar, diz-se que a «civilidade é uma rede de restrições à execução social da moral» e que pode ser entendida como «um dever ou virtude de «segunda--ordem» ([2]). John Rawls, por sua vez, invoca que o «ideal de cidadania impõe um dever moral, e não legal — o dever de civilidade —, de se ser capaz de explicar uns aos outros [...] as questões fundamentais de como os princípios e as políticas que cada um advoga e apoia eleitoralmente podem ser sustentadas pelos valores políticos da razão pública» ([3]). Recorde-se que «valores políticos da razão pública», na teoria de Rawls, devem ser contrastados com as «doutrinas filosóficas abrangentes», que precisamente não sobrevivem ao teste processual da razão pública numa sociedade pluralista ([4]). Por fim, tomemos o exemplo do grande filósofo e historiador Collingwood. Este colocou a civilidade no centro das categorias da filosofia política, e esta acaba por ser o esteio moral da ordem política. É com a civilidade que se reduz a tensão entre a diversidade de opiniões e pretensões dos indivíduos, por um lado, e a necessária acomodação — e respeito — pelos outros, pelas suas actividades e aspirações. Porém, para Collingwood, a civilidade é a fonte de restrições, não chegando a ser um princípio substantivo de acção. Coloca limites ao que se deve fazer, mas não fornece conteúdos nesse

---

([1]) Britta BAUMGARTEN, *et al.*, «Civility: introductory notes on the history and systematic analysis of a concept», in *European Review of History*, vol. 18, n.º 3, 2011, p. 290.

([2]) William A. EDMUNDSON, «Civility as a Political Constraint», in *Res Publica* 8, 2002, p. 218.

([3]) John RAWLS, *Political Liberalism*, Nova Iorque, Columbia University Press, 1993, p. 37.

([4]) EDMUNDSON, p. 220.

mesmo sentido. É um bem político de primeira ordem, mas, por não ter qualquer fundamento na natureza ou poder arrogar-se a categoria de «Lei», carece de força regulatória imperativa. Contudo, colocando o problema nestes termos, acabamos por fazer a civilidade deslizar para o conteúdo próprio da socialidade tal como Pufendorf a entendia, como veremos adiante. Talvez a grande diferença esteja no facto de Collingwood indicar a civilidade como uma condição para a realização da *vida boa*, algo que está evidentemente ausente em Pufendorf — ou, para sermos mais rigorosos para com Collingwood, em Hobbes —, e como um princípio geral que enquadra a distribuição de recursos económicos e a regulação da vida económica em geral numa dada comunidade ([5]).

Michael Oakeshott não difere muito das interpretações contemporâneas maioritárias da civilidade. Considera a civilidade, ou «as virtudes da civilidade», como os bens intrínsecos da associação civil. No entanto, não sugere muito mais do que a fidelidade aos acordos entre indivíduos que são feitos no âmbito da associação civil. É uma linguagem comum que estrutura a relação «formal» moral específica da vida na associação civil. No fundo, é o reconhecimento recíproco de todos como seres morais iguais. ([6]) Mas abre pelo menos uma via que, embora não o fazendo explicitamente e nem sendo provavelmente essa a sua intenção, atribui maior espessura relacional e substantiva à civilidade do que estas primeiras palavras fariam crer. Oakeshott levanta a importante questão de, na célebre discussão em torno do «público» e do «privado», se determinar o critério dessa distinção. Esse critério não pode ser o «lugar» nem sequer a qualidade da pessoa jurídica em acção. «Público» e «privado» só podem referir qualidade de relações entre pessoas. Porém, a distinção clara entre «público» e «privado» não resulta

---

([5]) Peter Johnson, «R. G. Collingwood on Civility and Economic Licentiousness», in *International Journal of Social Economics*, vol. 37, n.º 11, 2010, pp. 839-851.

([6]) Richard Boyd, «Michael Oakeshott on Civility, Civil Society and Civil Association», in *Political Studies*, vol. 52, 2004, p. 611.

daqui porque, num certo sentido, «todas as situações são um encontro entre «privado» e «público», entre uma acção e um pronunciamento para procurar uma satisfação substantiva desejada e imaginada e as condições de civilidade que têm de ser subscritas no seu desempenho; e nenhuma situação é de tipo exclusivo, em detrimento do outro» ([7]). Isto quer dizer que, se estamos sujeitos às regras da civilidade, então mesmo actos individuais, reservados e «privados» assumem incontornavelmente um aspecto «público» central.

Mas, por outro lado, a civilidade tem uma relação próxima com a noção de «civilização». Ora, o contrário da civilização é a barbárie. A diferença entre o bárbaro — ou a barbárie — e a civilização tem de ser *civil*. A civilização foi descrita como «o processo de conversão do homem num cidadão, e não num escravo; um habitante de cidades, e não um rústico; um amante da paz, e não da guerra; um ser polido, e não um rufia». Mas é também e simultaneamente «o cultivo consciente da humanidade», o que equivale a dizer «o cultivo consciente da razão». Assim, a civilização assenta em «dois pilares»: a «moral» e a «ciência», em suma, na razão prática e teorética ([8]). Assim sendo, a civilidade tem de ser a expressão dos atributos humanos da liberdade, da razão e do uso da linguagem para o estabelecimento de uma conversação razoável, da consciência de si, na medida em que o contrário destes atributos nos aproxima da nossa definição de barbárie. O *homo humanus* aparece por contraste com o *homo barbarus* ([9]), distinção romana devedora da separação grega entre o bárbaro e o grego, cujo maior critério diferenciador seria a *paideia* e a comunalidade do espaço cívico. Deste modo, a *civilitas* está evidentemente relacionada com o *civis* (cidadão). Tem um conteúdo *cívico*

([7]) *On Human Conduct*, p. 183.

([8]) Leo STRAUSS, «German Nihilism», in *Interpretation*, 1999, vol. 26, n.º 3, p. 365.

([9]) Rebekka A. KLEIN, *Sociality as the Human Condition. Anthropology in Economic, Philosophical and Theological Perspective*, trad. Inglesa, Boston, Brill, 2011, p. 52.

que parece ser mais espesso do que a simples socialidade. Neste entendimento, civilidade seria algo como uma virtude política, ou pelo menos uma inclinação política, própria de um ser político *por natureza*.

Protágoras, no diálogo platónico com o seu nome, procura apresentar uma perspectiva sobre este assunto através da exposição de um mito, a saber, o de Prometeu. Quando os deuses criaram as espécies mortais, encarregaram Prometeu e Epimeteu de as separarem e lhes atribuírem os respectivos poderes e capacidades. Os dois combinaram que Epimeteu faria a distribuição dessas qualidades e que a inspecção final caberia a Prometeu. Seguindo uma lógica de compensação, Epimeteu atribuiu a cada espécie um conjunto de forças e destrezas que equilibravam fragilidades e carências. Assim foi para todos os animais, e esse equilíbrio procurava garantir que nenhuma espécie enfrentasse a sua própria extinção como resultado de uma desprotecção natural. Cada espécie estaria diferentemente protegida contra as ameaças das outras espécies e dos elementos naturais. Mas Protágoras revela que Epimeteu não se distinguiu nesta tarefa pela sua sabedoria, tendo esgotado todas as capacidades e poderes na distribuição que deles fez pelos animais irracionais. O homem ficou para o fim e já sem capacidades que sobrassem para lhe serem atribuídas. Para seu choque, Prometeu chegou ao momento da inspecção e verificou que o homem ficara radicalmente desprotegido face aos outros animais e face à inclemência dos elementos. Chegara o momento de todas as espécies emergirem à superfície e iniciarem a sua vida, o que condenaria o género humano a uma rápida extinção. Prometeu, o supremo filantropo, decidiu então roubar a Hefesto e a Atena tanto a sabedoria nas artes práticas como o fogo — instrumento indispensável para dar uso às artes práticas. Roubou-os e entregou-os ao género humano. Porém, essa sabedoria era apenas a sabedoria da sobrevivência. Não era ainda a sabedoria para viver em conjunto em sociedade. Essa era reserva de Zeus. Mas a sobrevivência da espécie humana num plano primordial foi garantida pela filantropia de Prometeu. E, diz Protágoras, não sem uma ponta de blasfémia, que esse dom divino é a causa de os homens serem os únicos animais a adorar os deuses([10]).

Apesar de tudo, a existência humana continuou a ser precária, segundo Protágoras. Os homens viviam isolados, e não havia cidades. Como não possuíam a arte da política, não possuíam a arte da guerra. Não que os homens não tivessem tentado formar cidades. Mas elas não duravam porque estes, quando viviam juntos, rapidamente se separavam como resultado das injúrias e injustiças que cometiam uns contra os outros. Por essa razão, Zeus decidiu enviar Hermes para levar a justiça e um «sentido de vergonha» aos seres humanos. Sem elas, não haveria ordem ou laços de *philia*, um ingrediente central na vida em comum — na vida política em comum. Quando Hermes perguntou se devia distribuir a justiça e o «sentido de vergonha» por igual por todos, ou desigualmente em benefício de alguns e em detrimento dos demais, Zeus optou pela distribuição igualitária. Afinal de contas, parecia ser condição necessária para a realização da ordem. E definiu uma lei: morte a quem não participasse da justiça e do «sentido de vergonha». Erradique-se esse homem como quem erradica uma doença. No fundo, ainda segundo Protágoras, a justiça e a «temperança» — que seria a manifestação do tal «sentido de vergonha» ou de pudor — constituem o núcleo básico da «virtude política ou cívica»([11]).

Esta história ilustra alguns aspectos importantes. Note-se que a desprotecção natural ou fragilidade essencial da humanidade constitui uma razão para a união política. Os dotes técnicos dos homens não substituem a civilidade na tarefa de salvaguardar a sobrevivência da espécie. Aspectos como a justiça e o pudor são indispensáveis. Num primeiro momento, os homens só possuem destreza insuficiente para essa tarefa. A virtude política tem de se acrescentar à destreza técnica. Neste sentido, podemos tentar associar essa virtude política à civilidade.

([10]) PLATÃO, *Protágoras*, 320d–322a.
([11]) *Protágoras*, 322b–323a.

Quando à *socialitas*, é possível afirmar que o seu primeiro grande pensador foi Pufendorf, que se notabilizou no século XVII, no período que mediou entre a explosão de Hobbes e a revelação de Locke, mas cuja reputação como filósofo do direito e da política só soçobraria no século XIX. Para Pufendorf, a socialidade é «o fundamento universal do direito natural» ([12]). O homem tem uma natureza *socialis*, presumivelmente porque Deus o fez assim. Mas o facto de essa socialidade não corresponder a uma natureza política e, o que vale o mesmo, de se situar no contexto do estado de natureza, condição de essencial desprotecção humana, denota imediatamente que a *socialitas* não coincide com a virtude política, ou com a civilidade, que damos por indispensável no mito reproduzido por Protágoras.

A preocupação de Pufendorf é proteger uma parte do legado de Grócio das críticas devastadoras de Hobbes, mas garantindo a prioridade da autopreservação enquanto princípio de acção individual. O exercício parece ser inútil, dado que em Hobbes a prioridade da autopreservação, em combinação com a tendencial igualdade de todos os homens, excluía a tese tradicional da sociabilidade natural do género humano. Pufendorf parece pretender ambos os resultados: conservar algum sentido de sociabilidade natural, por mínimo que seja, e ao mesmo tempo conferir uma estrita lógica instrumental meios-fins, tipicamente hobbesiana, às razões da necessidade da convivência humana — na medida em que esta é indispensável para a consecução dos fins materiais de qualquer ser humano. A lei natural é, então, o conjunto de princípios derivados de uma ponderação dos «efeitos» ou «consequências» prováveis de determinados actos ([13]). De consequências ou efeitos bons, evidentemente, quer do ponto de vista individual quer do ponto de vista social — porque não queremos separar o *utile* do *honestum*.

([12]) PUFENDORF, *De jure naturae et gentium*, ed. Jean Barbeyrac, Basileia, J. R. Thourneisen, 1732 (prefácio).

([13]) PUFENDORF, *De jure*, II.3.10.

Pufendorf refere em vários momentos a essencial fragilidade da vida humana quando desprovida da companhia de outros homens. E ao mesmo tempo quer demonstrar que, sem a «Lei», é impossível formar a sociedade, ou pelo menos mantê-la e conservá-la com paz e unidade. A razão pela qual a sociedade humana tem como condição absolutamente necessária a «Lei» deve-se ao simples facto de a natureza humana não conter como inclinação espontânea uma sociabilidade forte. As paixões, os desejos e as próprias capacidades intelectuais dos homens aparecem como obstáculos à expressão dessa sociabilidade. E não devemos subestimar a disposição para causar danos aos outros homens — uma *pravitas* potencial. Sem a «Lei» entendida como limite, ou como freio, aos movimentos naturais do homem, a convivência mutuamente benéfica torna-se impossível. Porém, as capacidades e inclinações naturais florescem precisamente num contexto social, na *societas*. Portanto, com a «Lei», essas capacidades florescem e enriquecem a vida humana; sem a «Lei», esses traços da natureza humana tornam a condição dos homens «deplorável» ([14]).

A «Lei» tem então como princípio fundamental «promover e preservar uma sociabilidade pacífica com os outros, de acordo com o principal fim e disposição do género humano em geral». Como quem quer o fim quer os meios, segue-se deste primeiro princípio a obrigação, entendida como limite à liberdade natural, de mobilizar «todos os meios que são necessários a esse fim, todas as acções que necessariamente conduzem a esta mútua *socialitas*». O que perturba este fim é evidentemente «proibido» ([15]). Esta é a lei da paz e inclui «ser levado a prestar serviço ao nosso próximo» ([16]).

Como refere Palladini, a *socialitas* não é para Pufendorf uma «característica da natureza humana, mas um tipo de comportamento que o homem tem de adoptar» com vista à sua autopreservação e ao acesso a uma vida

([14]) *De jure*, II.1.8.
([15]) II.3.15.
([16]) *De jure*, II.2.9.

confortável([17]). É uma outra forma de dizer que a «Lei» prescreve antes de mais nada a pacificidade, e, sem reservas, sobre todas as restantes obrigações morais. A *socialitas* torna-se, não um «facto da natureza», mas um «ideal a que os homens têm de aspirar»([18]). Na transição do estado de natureza para o Estado civil, a «Lei» natural que regula tenuemente o estado de natureza tem de ser interpretada, executada e, em termos jurídicos, substituída pela Lei civil, a Lei do Estado. O que é outra maneira de dizer que, em última análise, o sentido geral e universal da Lei do Estado é a prescrição da socialidade no contexto da sociedade politicamente organizada. A Lei do Estado prescreve a socialidade e os meios de a concretizar para que se assegurem as condições de estabilidade — e de florescimento — da sociedade humana. Adquire o estatuto próximo de um imperativo categórico: se queres viver em paz, segurança e conforto, então sê sociável. Mais: a própria noção de «estado de natureza» pode ser interpretada como uma recomendação da sociabilidade pela ilustração das terríveis consequências da sua ausência, ou do seu não exercício([19]).

Neste sentido muito circunscrito, mas ainda assim crucial, a distinção da *socialidade* e da *civilidade* aparece mais clara. Mas a distinção revela também algumas dificuldades. Destaco apenas um exemplo; outros haveria. A concretização da *socialitas* por obediência à Lei só pode ser consumada através da existência de uma relação hierárquica ou de superordinação/subordinação. Sem essa disciplina exterior ao sujeito, a Lei tem um estatuto precário e, portanto, também o têm as possibilidades de concretização da *socialitas*. A civilidade não parece requerer essa condição externa à relação intersubjectiva. O que não quer dizer que não integre como

---

([17]) Fiammetta PALLADINI, «Pufendorf Disciple of Hobbes: The nature of man and the state of nature: The doctrine of socialitas», in *History of European Ideas*, vol. 34, 2008, p. 30.

([18]) *Op. cit.*, p. 31.

([19]) É neste sentido que caminha a interpretação de Jean BARBEYRAC, II.2.2, nota 3, pp. 138–139, vol. I.

naturais relações de subordinação/superordinação. A desigualdade implícita na *socialidade* estável é tornada necessária não só para garantir a execução da Lei, mas também porque a condição de igualdade sem um juiz comum capaz de dirimir conflitos entre iguais é a descrição da condição *natural* da humanidade e, por isso, pré-social.

Seja como for, esta incursão ao passado das noções de socialidade e de civilidade pode também ser útil para clarificar a discussão contemporânea em torno da questão da socialidade, sobretudo, invariavelmente enquadrada por doses muito maiores de abstracção.

A socialidade é a inclinação ou o processo que nos torna seres «sociais» ou a relação típica do ser social enquanto ser social. A civilidade é a inclinação ou o processo que nos torna seres «civis» ou a relação típica do ser civil enquanto tal.

Se a civilidade subjaz à relação *cívica* — dinamizada por um propósito comum, ainda que possa ser consideravelmente vago —, isto é, a que reflecte a vida em conjunto na mesma comunidade política, uma comunidade que deve subsistir no tempo e além das nossas vidas, então a possibilidade de renunciar a essa relação é seriamente disruptiva. Se a socialidade subjaz à relação *social*, isto é, aquela que reflecte apenas propósitos comuns em acções circunscritas, contingentes, condicionais e voluntárias, então a possibilidade de renunciar a essa relação é um facto normal da vida, consideravelmente menos disruptivo.

Assim, se o desdobramento moral e prático mais intenso da civilidade aponta na direcção do patriotismo — entendido como uma camada mais profunda de sociabilidade providenciada por um sentido de comunidade delimitado por fronteiras objectivas (as da «pátria»), já o desdobramento moral e prático mais intenso da socialidade seria a solidariedade. Curiosamente, se é verdade que ambas designam na linguagem comum uma disposição recomendável e elogiável para agir, não é menos certo que há muito suscitam por parte da filosofia fortes reservas quanto ao seu putativo estatuto de virtudes autênticas.

O patriotismo colide com a disposição cosmopolita, que abraça todos os seres humanos na sua essencial igualdade moral, independentemente de fronteiras arbitrárias do ponto de vista moral. Neste caso, o patriotismo, dispondo o agente para a entrega total — com a própria morte, no caso extremo — à sua comunidade, acaba por trair uma espécie de egoísmo colectivo e arbitrário e de fechamento cego, em colisão com o altruísmo, a não arbitrariedade moral e a clarividência implícitos pelo menos numa certa ideia de virtude.

Quanto à solidariedade, a palavra que anda nas bocas do mundo político, mediático e das relações pessoais privadas, que parece fazer luzir todas as qualidades humanas, viu já ser-lhe negado o estatuto de virtude. A solidariedade não pode ser confundida com a justiça, a rainha das virtudes, segundo Cícero, e central para a noção autêntica de civilidade. E também não é generosidade, virtude imemorial inclusive entre os povos que não tinham filosofia. Etimologicamente, ser solidário significa pertencer a um conjunto *in solido*, ou seja, para o todo. É a referência do devedor solidário pelo total da soma em dívida contraída por si e por mais parceiros seus. Solidariedade reflecte pois coesão ou comunhão de interesses — ou de sorte. Fazer parte de um corpo sólido — cujas partes estão bem unidas umas às outras — é ser solidário. Agora acrescenta-se que, enquanto estado de espírito, solidariedade é apenas o «sentimento ou a afirmação desta interdependência». A solidariedade «objectiva» traduz a comunhão de interesses; a solidariedade «subjectiva», a tomada de consciência dessa comunhão. Ora bem, como aponta Comte-Sponville, do ponto de vista moral, a solidariedade só pode valer o que valem esses interesses em comunhão. Sendo a comunhão real, ajo pelos outros para me ajudar a mim próprio — uma espécie de egoísmo encapotado, um pouco à semelhança do patriotismo. Se for ilusória, e não estando o meu interesse em jogo, e eu agir em defesa do interesse dos outros, então por que razão falar em solidariedade? Muito mais rigoroso será falar de justiça ou até de liberalidade. Solidariedade torna-se assim «mais a ausência de um defeito do que uma qualidade».

Bem se observa quando se regista que dizer «um homem é justo» não carece de extensões, mas dizer «um homem é solidário» acarreta acrescentar a resposta à pergunta óbvia que se segue: «Solidário com quem? Com o quê?»([20]).

Por outro lado, a distinção entre civilidade e socialidade não pode corresponder a uma distinção paralela entre «público» e «privado», a começar pela tremenda dificuldade que esta última distinção tradicional oferece a qualquer exame racional. E daqui nem quero sugerir que a imensa complexidade que subjaz à distinção entre «público» e «privado» seja a razão da dificuldade na distinção conceptual entre civilidade e socialidade. Correspondem a duas ordens diferentes de explicação e de interpretação.

Há quem apresente a socialidade como a sustentação da «perspectiva nós» específica de um membro de dado grupo. De um membro que se entende a si mesmo como uma parte de um todo que adquire personalidade própria e «intencionalidade colectiva», e não de um membro que não abdica da sua integral individualidade. O membro que assume a «perspectiva nós» pensa e age de acordo com o que seu grupo pretende que ele pense e aja. Isto é, os propósitos e os valores, assim como a autoridade, são definidos pelo grupo, e o membro do grupo absorve-os sem os formar, na condição de esses elementos serem genuinamente obra grupal, e não de alguns indivíduos com ascendente sobre o grupo. Estamos a falar, portanto, de mais do que simples concertação entre agentes com propósitos próprios ainda que coincidentes([21]). Esta tese é, sem dúvida, útil para compreender determinadas modalidades de cooperação (e de conformismo) e certas formas institucionais. E obedece à mesma insatisfação com a noção de socialidade que emerge da sua comparação com a civilidade. Uma insatisfação com noções de socialidade que evitam o adensar da experiência de comunalidade.

([20]) André COMTE-SPONVILLE, *Pequeno Tratado das Grandes Virtudes*, pp. 96–97.

([21]) Raimo TUOMELA, *The Philosophy of Sociality. The Shared Point of View*, Oxford, Oxford University Press, 2007.

A SEPARAÇÃO DE PODERES: DOS PODERES «CANÓNICOS» AO ESTADO REGULADOR

Há poucas doutrinas constitucionais que tenham gozado de uma fama mais expansiva e de uma reputação mais vinculativa do que a da chamada «separação de poderes». Nos últimos 250 anos, a ideia de separação de poderes tornou-se uma referência obrigatória na auto-interpretação de um Estado que se tivesse por amigo da humanidade. Os dois grandes movimentos emancipatórios do final do século XVIII, e que deram muito do mote para os movimentos que se seguiriam, puseram-na no centro do seu ideário e do seu evangelismo. De facto, a Revolução Americana, não só no momento constituinte de 1787, mas inclusive antes, aquando da formação dos governos estaduais, acorreu à consagração constitucional da doutrina da separação de poderes sem qualquer ambiguidade. Já a Revolução Francesa, não procurando estabilizar a sua organização constitucional, não deixou de, no seu momento fundador, a incluir como proclamação universal. Na Declaração Universal dos Direitos do Homem e do Cidadão, o artigo 16 avisa que uma «sociedade» que não tenha «a separação dos Poderes determinada não tem Constituição». Traduzindo da linguagem dos revolucionários franceses, dir-se-ia que o Estado que não tivesse os seus poderes separados *não era legítimo*. Validação mais solene e peremptória da relevância de uma ideia constitucional é difícil de conceber.

Mas, na verdade, o sucesso retórico da ideia da separação de poderes que se conclui a partir de uma visão panorâmica dos últimos dois séculos esconde uma realidade muito mais complexa. Convém, portanto, reunir alguns apontamentos muito sucintos para perceber pelo menos o que circunscreve a doutrina canónica, digamos assim, da separação de poderes.

Em primeiro lugar, não foi Montesquieu quem inventou a separação de poderes. A discussão precedeu *Do Espírito das Leis*, uns bons cem anos, sobretudo em Inglaterra. Mas foi ele quem cristalizou a tripartição dos poderes do Estado em poder legislativo, executivo e judicial. Outras possibilidades foram sendo avançadas, e Montesquieu provavelmente nem foi original naquela sua escolha. Brian Tierney, por exemplo, invoca o precedente longínquo do dominicano do século XIV Hervaeus Natalis para a tripartição em legislativo, executivo e judicial. Curiosamente, os primeiríssimos passos que Montesquieu dá no célebre capítulo 6 do livro XI de *Do Espírito das Leis* para desenvolver a sua ideia radicam numa concepção alternativa dos três poderes, nomeadamente na de John Locke, que a publicou no ano em que o filósofo político francês nasceu e que preferia o esquema legislativo-executivo-federativo. Considerações históricas à parte, há poucas dúvidas, no entanto, de que Montesquieu tenha cristalizado o debate sobre a trilogia das manifestações do poder político. Resta acrescentar que a tripartição dos poderes não prescreve necessariamente a sua separação.

Em segundo lugar, a teoria da separação de poderes só pôde aparecer *depois* de sustentada a teoria clássica da soberania por homens como Bodin, Hobbes ou Pufendorf, a qual remetia, entre outras coisas, para a indivisibilidade do poder político supremo e só pôde aparecer *depois* de a prioridade da liberdade individual ter emergido na consciência europeia. A separação de poderes pretende resolver um problema levantado pela concepção da soberania indivisível. E pretende ser a solução para a protecção da liberdade individual diante do exercício do poder político. Isto terá de bastar para sublinhar que, ao contrário do que alguns historiadores de gabarito sustentam, a separação de poderes *não* foi uma derivação historicamente assinalável e substancialmente indiferenciada da ideia antiga de constituição *mista*, tal como a conhecemos em Políbio ou Cícero.

Em terceiro lugar, no seu entendimento canónico, o que equivale a dizer de Montesquieu e dos seus discípulos mais fiéis, a separação de poderes não supõe que os poderes estejam desligados uns dos outros, que estejam isolados. Pelo contrário, a separação de poderes aparece indissociavelmente ligada à noção de *freios e contrapesos* (ou, na versão americana, *checks and balances*), isto é, as interferências mútuas dos poderes uns nos outros. De onde a ligação subsequente mas necessária de que a Constituição livre é a Constituição *equilibrada*. A noção de equilíbrio provém da relação paritária que os poderes devem ter uns com os outros, o que equivale a dizer que se rejeita a supremacia/subordinação de um poder face aos restantes. Este foi um dos aspectos da doutrina que suscitou bastante controvérsia aquando da aplicação concreta aos textos constitucionais que se iam formando e à prática política que deles nasceria. O facto é atestado pela riquíssima discussão que se gerou nos Estados Unidos, sobretudo a partir de 1787, mas também pela famosa polémica, frequentemente violenta, em torno da questão do *veto* régio nos primeiros anos da Revolução Francesa. A história de outras experiências constitucionais europeias até ao século XX demonstraria a mesma constância. O debate gerado pela reforma constitucional ardentemente desejada pelo general De Gaulle na França do pós-guerra, e que só em 1962 consumaria em pleno, foi apenas um dos exemplos mais sonantes e teoricamente mais interessantes.

Em quarto lugar, a separação de poderes não existiria enquanto ideia para o propósito que se conhece não fosse a noção (moderna) previamente estabelecida de que a única forma de limitar o poder é através do próprio poder, a par da noção (antiga) previamente estabelecida de que o poder tende a ser «abusado» por quem se vê apetrechado dele. O poder político alvo de abuso, actual ou potencialmente, só encontrará barreira noutro poder que com ele se meça.

Para vários autores, no limite, esse poder em que se confiaria para travar os poderes políticos que se movimentam para destruir a liberdade era, em última instância, o poder da revolução popular.

No fundo, conceptualiza-se um mecanismo de divisão interna do poder político e de controlo recíproco da acção do Estado. Teria mesmo de haver um processo mecânico do poder que travasse o poder, para usar a expressão de Montesquieu, porque o dispositivo da lei natural ou da autoridade divina como refreadores dos abusos de poder haviam deixado de constituir uma restrição externa ao exercício do governo. E as insuficiências desse mecanismo reduzido a três peças só poderiam ser colmatadas fazendo o escrutínio popular substituir-se à transcendência (da lei natural ou divina) no obstáculo à concentração e ao abuso do poder. Aliás, foi em boa medida daqui que decorreram, no século XIX, algumas das teorias da imprensa livre como correspondendo a um quarto poder, que, presumia-se, limitaria o exercício dos outros três — e, no caso de Jeremy Bentham, tratariam de incendiar a agitação popular contra os poderes instituídos, se a calamidade da situação o exigisse. Mas, em boa verdade, a tendência para acrescentar poderes aos três, ou quatro, poderes clássicos na composição de um todo que se restringe internamente não parou de crescer. Foi em parte por aqui que começou a contestação à doutrina da separação de poderes — uma contestação já não estritamente dependente da orientação imposta pela soberania indivisível ou pelo apelo do regresso aos arranjos políticos pré-revolucionários.

A correspondência prática de uma arrumação tão elegante entre agências e manifestações do poder não tardou a ser contestada. Por outras palavras, foi posto seriamente em dúvida o facto de se poder proceder a uma rigorosa especialização de funções de determinadas agências do Estado. Como se o exercício de um governo não incluísse a produção de legislação. Ou como se os tribunais não fossem eles também produtores de normas. Porém, a tese implícita do «entrelaçamento de poderes» (a expressão é de Jacques Necker, o último *contrôleur général* de Luís XVI) em Montesquieu, em que aos poderes são atribuídas duas «faculdades» — a de «impedir» (o veto) e a de «estatuir» (a faculdade de co-iniciativa) —, é precisamente um modo de afirmar a natureza híbrida dos poderes, na medida em que interferem uns com os outros. Trata-se de uma consequência da recusa de entender a separação de poderes como isolamento dos mesmos. Vale a pena referir, contudo, que este carácter híbrido só se aplicava, no pensamento de Montesquieu, aos poderes legislativo e executivo. Para este, o judicial deveria ser tão isolado quanto possível. Claro que a evolução do poder judicial e sobretudo a partir da inovação americana da *judicial review*, ou impugnação judicial por inconstitucionalidade das normas produzidas pelos outros poderes, comprometeria irremediavelmente o isolamento do judicial.

Por outro lado, as críticas que foram crescendo de tom apontavam para a insusceptibilidade de a realidade constitucional se acomodar com tanta nitidez às categorias de legislativo, executivo e judicial. Isto é, considerava-se impossível que os poderes políticos se resumissem àqueles três ou sequer que fossem representados por aqueles três. Deixemos de parte, por ausência de espaço, a crítica de que a tripartição de Montesquieu não correspondia às faculdades, funções ou operações do Estado. Kelsen, por exemplo, foi um dos que fez esse reparo com uma fundamentação nem sempre persuasiva.

Aproximamo-nos aqui do problema contemporâneo da separação de poderes e dos novos poderes, porque não só foram evoluindo os poderes cristalizados na teoria — o executivo tornou-se cada vez mais legislativo, assim como o judicial —, como foram emergindo «novos» poderes. Depois da Revolução Francesa, o primeiro poder do Estado a reivindicar inclusão no grupo dos três foi o poder «administrativo». A ascensão do administrativo ilustra bem os problemas com que a doutrina da separação de poderes acabaria por se defrontar.

Não é possível sequer indicar alguns contornos da ascensão do Estado administrativo na Europa — e no resto do mundo. Terá de bastar a observação banal de que se tratou de uma das mais importantes transformações do nosso mundo político e que não foi preparada pela filosofia política. Pelo contrário, a filosofia política tarda em enquadrar de modo coerente e sistemático esta tremenda inovação dos últimos 150 anos. Foi a solução política e institucional que emergiu para dar conta da assunção cada vez maior de tarefas pelo Estado. Encarregou-se o Estado de fazer mais coisas, muito mais coisas, do que era o caso no final do século XVIII. E essas inúmeras tarefas novas não podiam ser levadas a cabo dependendo apenas dos três poderes do cânone. Se quiséssemos ainda manter a lealdade à tripartição setecentista, teríamos de dizer que foi ao executivo que entregaram a responsabilidade máxima pela consecução das tarefas múltiplas do Estado. Mas é preciso acrescentar que o crescimento exponencial do executivo também o transformou. Não sacrificando o que tem de originariamente executivo, o certo é que cresceu e se musculou o seu braço administrativo. Nos nossos dias, os poderes governam, mas, sobretudo, administram a sociedade.

A administração da sociedade torna-se necessária para acudir às novas responsabilidades assumidas pelo Estado. À partida, o administrativo pareceria ser apenas uma subdivisão do executivo. É uma tendência espontânea ver nele apenas uma natureza sucedânea do poder executivo. Mas, na realidade, o administrativo forneceria mais um exemplo particularmente revelador de como um poder seria capaz de produzir normas, assumir a responsabilidade pela sua execução e ainda exercer funções de adjudicação ou quasi-judiciais. No seu pleno exercício, o poder administrativo acaba por fazer tudo isso em simultâneo, na decorrência necessária das suas funções.

Mas a história da evolução dos poderes não terminaria com a ascensão do Estado administrativo. A conjugação do aparecimento de novas tecnologias, incluindo tecnologias políticas e sociais, com o aprofundamento do processo de diferenciação da economia e da sociedade, a par de uma reinterpretação do Estado e do seu modo de operação, fez com que o Estado administrativo assumisse a paternidade do Estado regulador.

Inicialmente indestrinçáveis, o Estado administrativo e o Estado regulador acabariam por revelar as suas naturezas próprias, ainda que complementares, à medida que o aparelho regulador adquiria maior importância e complexidade. Poderíamos até supor que são incomparáveis os poderes de regulação com os poderes canónicos, e portanto proibir a problematização da separação de poderes por referência ao Estado regulador. Esta proibição resultaria do estabelecimento de uma diferença considerada essencial. E seria esta a seguinte: os poderes canónicos produzem uma realidade, ao passo que os poderes reguladores apenas condicionam uma realidade que lhes é anterior e que têm por missão reconduzir a um estado original de «não distorção». Mas, de facto, a realidade condicionada pelos poderes reguladores é já uma realidade *diferente* e, portanto, criada. Se os efeitos realizados são intencionados, ou não, é matéria que não podemos examinar aqui. O que importa é perceber que, tal como os poderes canónicos, também os poderes reguladores procuram determinar *politicamente* a realidade.

Outra razão para a dita proibição seria de uma ordem algo diferente. Os poderes reguladores emergem como instâncias de despolitização, o que indica a direcção contrária da parceria com os poderes canónicos. Um pouco à semelhança do que Montesquieu disse acerca do poder judicial — que seria «de certa forma nulo» ([1]) —, os poderes reguladores parecem constituir-se como externos à ordem política. Em primeiro lugar, porque uma ilusão epistémica vislumbra nos reguladores agências sem vontade própria ou iniciativa, o que quer dizer que não são legisladores ou executores. No fundo, atribui-se aos poderes reguladores uma única faculdade, a de julgar, e estes ocupam-se portanto com funções adjudicatórias ou quasi-judiciais. A realidade da operação dos poderes reguladores mostra, pelo contrário,

---

([1]) MONTESQUIEU, *Do Espírito das Leis*, trad. portuguesa Miguel Morgado, Lisboa, Edições 70, 2011, XI.6.

a produção de normas próprias e abrangência executora, além das funções quasi-judiciais — com proximidade aos equívocos próprios do século XIX quanto à função administrativa do Estado. Ora, se a lógica da teoria da separação de poderes consiste em pôr o poder a «travar» o poder — o que implica pôr o poder a interferir no poder —, terá sentido deduzir por absurdo que os poderes reguladores, sendo «poderes», devem «travar» os poderes canónicos? O político e o infrapolítico não pertencem, afinal, a ordens diferentes? De facto, o lugar ambíguo dos poderes reguladores sugere a sua remoção da discussão de uma «separação de poderes». Mas essa sugestão deve ser contrariada. O lugar não deixa de ser ambíguo. Contudo, é pelo seu exame que chegamos à natureza do Estado regulador.

O poder regulador existe para «travar» poderes informais e infrapolíticos, a saber, aqueles que nascem da crescente diferenciação da economia e da sociedade. Poderes que se erguem com uma força e dominação tais que só um poder *político* os pode travar. O exemplo mais claro vem do domínio económico. A fundamentação política para uma economia concorrencial, além da tarefa política dos nossos tempos de extrair mais eficiência económica dos processos produtivos, reside precisamente aqui: só havendo concorrência teremos uma situação de controlo e mútuo refreamento dos poderes infrapolíticos. Mas é preciso acrescentar que a justificação da introdução dos poderes reguladores pressupõe que o estado concorrencial da economia não resulta do jogo espontâneo dos agentes no mercado. Antes tem de ser preparado, produzido e protegido. Também na economia só o poder trava o poder — o poder dos agentes económicos assim fragmentado, segundo uma intuição que nasce primeiro como solução setecentista para a questão religiosa (Voltaire), depois para a questão política das facções (James Madison) e só muito mais tarde chega à economia.

Em segundo lugar, e apesar de já ter sugerido que a tentativa é ilusória, a recusa de ver no Estado regulador um prolongamento próprio da separação de poderes assenta também na subtracção dos reguladores ao domínio da opinião. Por um lado, pretende-se subtrair os poderes reguladores ao conflito de opiniões que constitui o ambiente próprio dos poderes executivo e legislativo (e do judicial) com o intuito de os isolar, condição que, desde Montesquieu, reivindica ser necessária para assegurar a imparcialidade de quem julga. É a despolitização que pode garantir o cumprimento cabal e competente das funções atribuídas aos poderes reguladores. E, por outro lado, a subtracção à opinião parece resultar ainda da própria escolha desta tecnologia política da regulação: queremos que a racionalidade técnica seja a voz do regulador, e não um encontro de subjectividades, ou a assunção de projectos políticos. Veja-se como esta despolitização indica ironicamente uma *separação* — a dos poderes reguladores face aos poderes canónicos mais directamente ligados ao jogo democrático. Claro que, à medida que o Estado regulador *cresce em resposta à exigência societal de mais poder regulador*, movimentos, conscientes ou não, de repolitização dos poderes reguladores acabam por se manifestar. É assim que as entidades reguladoras, de supervisão, e as agências de condicionamento transversal, como os bancos centrais independentes, acabam por ser reconhecidas como poderes que existem para limitar os poderes — políticos, sociais ou económicos — que podem sofrer abuso. E é assim também que muitos desses novos poderes protagonizam episódios em que lhes são diagnosticadas as suas próprias inclinações para acumularem e, pelo menos potencialmente, abusarem do seu próprio poder. Para já não falar daquilo que alguns cedo começaram a vislumbrar — uma alegada ameaça *política* criada pela própria autonomia e independência das instituições de regulação. Que tipo de ameaça? Uma ameaça descrita nos termos já familiares no século XIX, mas então aplicada à teoria da separação de poderes: põe-se em risco a coerência da acção do Estado e, sobretudo, a formação de uma vontade política universal e unitária, vista como indispensável para assegurar o cumprimento das tarefas que lhe cabem ou pelo menos aquelas reivindicadas por alguns segmentos da população a que se atribuem particulares dotes de representação do interesse comum.

Um último exemplo de como a interpretação tecnocrática do Estado regulador nos faz cair num impasse no inquérito sobre a sua natureza. Alan Blinder, vice-presidente do Federal Reserve americano nos anos noventa do século XX, em tempos disse num programa televisivo que «o último dever do governador de um banco central é dizer a verdade ao público». Aqui, o regulador independente encontra a sua derradeira justificação na formação da verdade e na sua comunicação ao «público». Com que fito? Para mobilizar a opinião; a mesma opinião à qual o regulador foi inicialmente subtraído e a que permanece alheio.

A AMEAÇA DO PERIGO: DECADÊNCIA E *VIRTÙ*

> Mais congruente com os factos é pensar que não existe progresso seguro, não existe evolução, sem a ameaça da involução e do retrocesso. Tudo, tudo é possível na história — tanto o progresso triunfal e indefinido como o retrocesso periódico. Porque a vida, individual ou colectiva, pessoal ou histórica, é a única entidade do universo cuja substância é o perigo. A vida é composta por incidentes. É, para falar com rigor, drama.
>
> ORTEGA Y GASSET[1]

Raymond Aron foi um de entre vários pensadores que se destacaram pela consciência (no caso de Aron, com doses abundantes de melancolia) da fragilidade daquilo a que chamamos «civilização». Hoje podemos suspeitar da relevância de tamanha palavra, «civilização». O que é a civilização? Nas palavras de um grande contemporâneo de Aron, «o termo civilização designa simultaneamente o processo de converter um homem num cidadão, e não num escravo; um habitante de cidades, e não um rústico; um amante da paz, e não da guerra; um ser polido, e não um rufia»; trata-se do

---

[1] *La rebelión de las masas*, Madrid, Alianza Editorial, 1995, p. 102.

«cultivo consciente da humanidade, quer dizer, o que faz de um ser humano um ser humano». Civilização é essencialmente o «cultivo consciente da razão». Portanto, os «pilares gémeos» da civilização são a razão teorética e prática, ou a «ciência» e a «moral» ([2]). A «civilização» parece, então, digna de protecção; parece ser o bem que permite o gozo de todos os outros bens. Parece ser outra palavra para as condições que permitem a vida boa. Aron poderia acrescentar que a liberdade, designadamente «as liberdades de que usufruímos no Ocidente», é um dos principais elementos da civilização. As liberdades democráticas e liberais, ou ocidentais, são na realidade as «aquisições» «mais preciosas da humanidade»; mas também são as suas mais «ténues» aquisições ([3]). Ameaçada por perigos nunca inteiramente eliminados, a «civilização», que abriga e protege o homem, depende do cuidado constante e de uma disposição sempre realista. Confrontar a realidade significa compreender que as soluções humanas para problemas humanos, quer nos dirijamos ao problema «técnico», ao problema «político» ou ao problema «económico», são sempre imperfeitas e provisórias. Muito frequentemente, essas soluções incorporam em si mesmas contradições mais ou menos instáveis, algo que mais tarde ou mais cedo se torna uma ameaça para as instituições que representavam o que se pensava ser a solução definitiva. O esquecimento do perigo ou o esquecimento da ameaça enquanto tal pode dever-se a confiança excessiva, a apatia anómica ou a um processo de desvalorização das estruturas civilizacionais (aquilo a que alguém como Ortega y Gasset chamaria «ingratidão»), o que por sua vez pode ser posto em andamento por experiências traumáticas ou por ondas de má consciência. Mas, seja qual for a sua origem ou explicação psicológica, o esquecimento do perigo, em termos políticos, é sempre um sinónimo de crise. Aron gostava de citar (o seu

---

([2]) Leo STRAUSS, «German Nihilism», in *Interpretation*, Primavera 1999, vol. 26, n.º 3, p. 365.

([3]) Cf. *In Defense of Decadent Europe*, trad. inglesa Stephen Cox (New Brunswick, Transaction Publishers, 1996), p. xxviii.

antigo professor) Alain: «a civilização é uma fibra fina que pode ser rasgada com um só golpe; e a barbárie entra pela brecha» ([4]). Todas as sociedades, sejam elas «pluralistas» ou «não pluralistas», «incorporam elementos de fraqueza» ([5]). A civilização requer cuidado, só com grandes dificuldades resiste à ingratidão e morre às mãos do desprezo. Acima de tudo, sem «vitalidade histórica», isto é, sem a capacidade e vontade de identificar e aceitar a inevitabilidade do inimigo, os regimes políticos, nomeadamente os regimes moderados, põem em risco a sua sobrevivência.

Ora, o perigo tem de ser confrontado, não de forma exclusiva, é certo, mas ainda assim, inevitavelmente, com o uso do poder. Ou talvez mais rigorosamente: o perigo tem de ser confrontado com a disponibilidade de usar o poder. Sublinhe-se que Aron não era cego perante os usos indevidos do poder; pelo contrário, falou muito eloquentemente dos usos indevidos do poder mesmo pelos homens mais bem-intencionados. Contudo, Aron sabia que a política implica o uso do poder. A existência política enquanto tal implica o uso do poder contra inimigos. Uma parte importante da ética da responsabilidade de Max Weber, que Aron tinha em grande consideração, dizia que o *dictum* «não resistas ao mal pela força» tinha de ser recusado como apolítico. O estadista responsável tem, outrossim, de dizer «deves resistir ao mal pela força, de outro modo és responsável pelo seu triunfo» ([6]) ou, como Maquiavel diria, «nunca se deve tolerar a persistência de um mal por considerações de um bem quando esse bem pode facilmente ser varrido por esse mal» ([7]). A porção de bem e mal no mundo não muda de acordo com os nossos sonhos. O mal tem de ser combatido

---

([4]) *Memoirs. Fifty Years of Political Reflection*, trad. inglesa George Holoch (Nova Iorque, Holmes and Meier, 1990), p. 452.

([5]) *La révolution introuvable. Réflexions sur les événements de Mai*, Paris, Fayard, 1968, pp. 15, 45.

([6]) Cf. Max Weber, *Le savant et le politique*, Raymond Aron, ed. (Paris, Librairie Plon, 1959), p. 170. Note-se o exemplo do «pacifista» descrito por Weber.

([7]) Maquiavel, *Discorsi*, III.3.

com a palavra e, infelizmente, por vezes com a espada. A luta contra o mal tem de ser equilibrada, por um lado, pelo conhecimento de que os «antagonismos» nunca serão eliminados e, por outro, pela crença de que o pior é possível, mas nem sempre é «certo». Alguns leitores de Aron poderão suspeitar do uso da palavra «mal». Afinal, Aron argumentou que a «política nunca é um conflito entre o bem e o mal». Porém, ao dizer que a «política nunca é um conflito entre o bem e o mal», Aron não queria implicar que a política fosse simplesmente imoral ou que a moral estivesse radicalmente separada da política. Queria antes avançar que o conflito político nunca incide sobre causas «puras» e que as batalhas políticas são «equívocas». Dado que a política, em particular a política externa, é sempre conflito, é inevitável que penetrem elementos de imoralidade. As causas «puras» têm de se conciliar e comprometer com a realidade. Assim, a política torna-se uma «escolha entre o preferível e o detestável». Mas a distinção entre o «preferível» e o «detestável», apesar de ser em parte contingente, está solidamente assente no que é mau e no que não o é. Poderia dizer-se, como Hobbes, que, embora o *summum bonum* esteja, do ponto de vista metafísico, epistemológico e político, cercado por grandes dificuldades, é pelo menos possível concordar quanto ao que é o *summum malum*. O fundamento para que saibamos o que, na situação concreta, é «preferível» e o que é «detestável» não é arbitrário nem é uma questão de pura conveniência. É a isto que Aron chama «pensar e agir politicamente» ([8]).

Durante a Guerra Fria, Aron reflectiu sobre a situação da Europa e começou por questionar a adequação de palavras como «declínio» e «decadência» para a descrever. O «declínio» é, digamos assim, mais neutral ([9]). Parece limitar-se a registar com frieza uma redução relativa no poder ou uma redução do «contributo de uma colectividade para as grandes obras da humanidade». O «declínio» é um conceito que

---

([8]) *Thinking Politically. A Liberal in the Age of Ideology*, trad. inglesa (New Brunswick, Transaction Publishers, 1997), pp. 242–243.

([9]) Cf. *In Defense of Decadent Europe*, p. xxv.

se submete a determinações quantitativas. Durante a Guerra Fria, podia argumentar-se que a Europa Ocidental estava em declínio, mas também era plausível argumentar que *não* estava em declínio. Por exemplo, na década de setenta, do ponto de vista da demografia ou da força militar, a Europa Ocidental estava em inquestionável declínio. Mas não era evidente que estivesse em declínio do ponto de vista da prosperidade económica. Enquanto conceito, «declínio» não era inútil, mas parecia que não conseguia reproduzir a realidade da Europa. Enquanto conceito, «declínio» é «inteiramente relativo» ([10]). Outro termo que poderia ser aplicado é, claro está, «decadência». O que é a «decadência»? Em vez de fornecer uma resposta pronta, Aron preferiu recorrer a Maquiavel, um dos pensadores por excelência da «decadência» e do «renascimento». À questão «O que é a decadência?», Aron respondeu: «Maquiavel teria respondido: é a perda de *virtù*, ou a perda de vitalidade histórica». «Decadência» significa, portanto, perda de *virtù* ou de vitalidade histórica. De acordo com Aron, a *virtù* de Maquiavel significa «a capacidade para a acção colectiva e a vitalidade histórica»; na verdade, a *virtù* é «a causa derradeira da fortuna das nações e da sua ascensão e queda» ([11]). Pensando na Inglaterra no final dos anos setenta, Aron fazia a «decadência» implicar a «incapacidade de uma nação para sacudir a sua indolência» ([12]). A «decadência», em contraste com o «declínio», envolve juízos de valor fortes.

Mesmo no final de *Em Defesa da Europa Decadente*, Aron concluía: «Mas não é suficiente rejeitar a servidão: também é preciso reconhecer os perigos e enfrentá-los» ([13]). Note-se que Aron enfatizava a necessidade de reconhecer o perigo *e* a vontade (assim como a capacidade) de o enfrentar. Quando perguntaram a Aron se ainda existia na Europa «resolução

---

([10]) *Memoirs*, p. 424.
([11]) *In Defense of Decadent Europe*, p. xxvii.
([12]) *Memoirs*, p. 424.
([13]) *In Defense of Decadent Europe*, p. 263.

colectiva», este respondeu sem rodeios: «já não»([14]). A crise da Europa tem muitas faces e é complexa, mas um dos seus elementos é, segundo Aron, a perda de «resolução colectiva», de «vitalidade histórica», de consciência do perigo, de disponibilidade para enfrentar o perigo; numa palavra, a Europa não tem *virtù*. Talvez soe estranho a nós, europeus, que nos orgulhamos de termos sido curados do maquiavelismo, como diria Montesquieu([15]), tomar consciência de que sofremos de escassez de maquiavelismo.

No entanto, mencionar o *maquiavelismo* é uma coisa; confrontar o *pensamento de Maquiavel* pode ser uma outra bem diferente. Aron nunca confundiu o pensamento complexo e aberto de Maquiavel com o maquiavelismo «vulgar», que é a doutrina retirada dos seus escritos pelos «discípulos infiéis» de Maquiavel. Mesmo que queiramos insistir no maquiavelismo, ainda existe uma diferença inteligível e moral entre um «maquiavelismo civilizado» e os «discípulos vulgares de Maquiavel»([16]). Desde o século XVI que o Maquiavelismo «vulgar» tem gozado de uma bem-sucedida carreira na Europa. Foi usado para promover uma concepção de política que reivindica a distinção necessária entre líderes e massas, revela desprezo pelo povo, permite-lhe apenas obediência passiva e apresenta o poder como o único fim de todos os meios à disposição do(s) governante(s). Afirma o direito de governar em favor, não dos que são intelectual ou moralmente superiores, mas dos que têm uma superior «capacidade para a violência». Assim que o seu primeiro impulso se faz sentir, o maquiavelismo «vulgar» representa a «indiferença perante valores espirituais»; mas, com a compreensão de todas as suas consequências, proclama uma brutal inversão da «escala de valores tradicional». Subjacente à sua concepção de política está uma concepção da história

([14]) *Thinking Politically*, p. 245.

([15]) Cf. *De l'esprit des lois*, XXI.20.

([16]) *Machiavel et les tyrannies modernes*, Paris, Éditions de Fallois, 1993, pp. 60–61; *Peace and War. A Theory of International Relations*, New Brunswick, Transaction Publishers, 2003, pp. 298, 609.

sem «sentido» ou «fim», guiada apenas pela força. A força na história manifesta-se através da luta mortal entre os homens, e acima de tudo «entre povos». Em termos práticos, o maquiavelismo «vulgar» não é mais do que uma «técnica do poder» ao serviço do domínio interno, mas também da «conquista imperial». Por outras palavras, o maquiavelismo «vulgar» tem sido usado como teoria legitimadora da *tirania*. Enquanto tiranias imperiais, o comunismo, o nacional-socialismo, o fascismo podem ser vistos como herdeiros óbvios dos maquiavélicos «vulgares».

Embora Aron soubesse perfeitamente que é preciso separar o pensamento de Maquiavel daquilo que os seus discípulos «vulgares» daí retiraram, não ignorava que a «resposta clássica» ao maquiavelismo «vulgar» é insuficiente. Não basta responder que a «técnica da tirania não é equivalente ao elogio da tirania». Não se resolvem as ambiguidades de Maquiavel, nem se compreende o seu estranho legado, apresentando esta resposta «logicamente incontestável», mas insatisfatória ([17]). Não se pode negar que Maquiavel se dirigiu, não exclusivamente, é certo, a tiranos. Todos os leitores de Maquiavel sabem que ser «conselheiro do Príncipe» é também ser um conselheiro de tiranos ([18]). A república livre colhia a preferência de Maquiavel, mas a necessidade da tirania em política era considerada inevitável, em particular quando a legitimidade se torna numa noção nebulosa. Os inimigos da liberdade do século XX podem ser chamados «maquiavélicos» porque herdaram aquilo que Aron designou por uma «atitude» maquiavélica, isto é, «conceberam espontaneamente a política numa modalidade maquiavélica» ([19]). Mas eram os filhos do maquiavelismo extremista — e também «vulgar». Há outra maneira de aprender com Maquiavel, e assim adquirir um profundo sentido da realidade política:

([17]) *Machiavel et les tyrannies modernes*, pp. 72, 120, 121, 75.

([18]) Cf. «Machiavel et Marx» in *Machiavel et les tyrannies modernes*, p. 262.

([19]) [René Avord], «Le Machiavélisme, doctrine des tyrannies modernes» in *Machiavel et les tyrannies modernes*, p. 194.

uma maneira que pressupõe uma leitura *crítica* de Maquiavel, tornando mais moderados ou «civilizados» os ensinamentos do pensador florentino, o que gera importantes reflexões acerca do mundo político, para não mencionar a protecção contra «ilusões» e profetismos ([20]).

A diferença entre o Maquiavelismo «absoluto» e «moderado» transforma-se no principal aspecto da crítica de Aron à concepção da política avançada por Jacques Maritain. Em *The End of Machiavellianism*, Maritain apelara, por várias razões morais e políticas, ao fim de *toda a forma* de maquiavelismo. Aron concordava que o maquiavelismo «absoluto», com a sua ênfase na procura do poder enquanto objectivo único da política, conduzia à idolatria do Estado, a qual produz inevitavelmente o Estado ilimitado, o que por sua vez tem como resultado a violação dos direitos individuais. O maquiavelismo «absoluto», dizia Aron, concordando com Maritain, não resiste sem deslizar para uma espécie de niilismo que nega todas as dimensões da realidade que não sejam reconhecidas como condições do poder ou como objectos do poder. Abre a porta a uma fúria de violência e declara que todas as guerras sejam guerras de extermínio ou, nas condições da sociedade moderna, guerras totais ([21]). Mas este acordo específico com a visão da política de Maritain não evitou que Aron criticasse o seu «optimismo ingénuo» a respeito das realidades práticas do mando.

([20]) Ver «Machiavel et Marx», p. 273.

([21]) Aron reconhecia que o pensamento de Maquiavel era directamente responsável por alguns dos traços do maquiavelismo «absoluto» ou extremista. Em particular, Aron era muito crítico de uma filosofia que não reconhecia dimensões ulteriores da vida humana para além do político. Na teoria de Maquiavel, «o que é essencial é não só a consideração amoral dos meios políticos, nem a sugestão aberta da necessidade de meios imorais, mas a extensão do pragmatismo ao todo da realidade humana, por essa via reduzida ao estatuto de meio. Meios em vista de quê? Da ordem social, em si mesma um meio de poder. Mas este poder dos Estados, tende para quem fim? Não tendo qualquer fim para além de si mesmo, será que a política não perde o seu sentido?» (*Machiavel et les tyrannies modernes*, p. 82).

É ingénuo esperar que a responsabilidade do estadista perante a sua comunidade possa ser assumida sem recurso a métodos duvidosos. A boa intenção de rejeitar o maquiavelismo não é suficiente para o estadista, que nunca terá uma «livre escolha de meios». As condições fundamentais da acção política juntamente com a imperfeição da natureza combinam-se para negar a coerência eterna da eficácia e dos imperativos morais. É impossível aplicar uma regra moral genérica no que concerne ao uso de meios políticos duvidosos. A determinação do que separa a força legítima da força ilegítima, o engano legítimo do engano ilegítimo, depende da «análise dos casos particulares», através de uma «espécie de casuística de moral política». Poderia avançar-se que a necessidade de determinar uma linha de fronteira tão delicada aparece com toda a acuidade nas «situações extremas»; a vida política «normal» não decorre em torno de «males necessários». Aron concordaria. Mas indicaria o triste facto de que é «muito difícil encontrar momentos em que não há situações extremas». De mais a mais, Aron notaria que aceitar as diferentes exigências das situações «extremas» e «normais», independentemente da sua frequência relativa, equivale a aceitar pelo menos a relevância ocasional do maquiavelismo «moderado». É para o maquiavelismo «moderado» que o estadista responsável se vira sempre que surge a situação «extrema». O estadista responsável procura proteger e garantir a «paz e o bem», mas não «pode esquecer o risco permanente, o risco da destruição» ([22]).

A aceitação da prioridade do bem comum é incontestável, desde que também seja aceite que o poder é uma «condição indispensável» da actualização do bem comum. Dadas as condições da acção política, é preciso confrontar a necessidade da aquisição do poder, enquanto *fim subordinado*, o que vale por dizer subordinado ao bem comum da comunidade. Todavia, a aquisição do poder e o seu exercício convocam diferentes métodos políticos em comparação com

---

([22]) «Sur le Machiavélisme: Dialogue avec Jacques Maritain» in *Machiavel et les tyrannies modernes*, pp. 430–435.

a tarefa política de criar a sociedade justa. Aron estava bem a par de que a contradição entre a «qualidade dos meios» e os fins morais tem os seus riscos. «É muito frequente o cinismo ao serviço do ideal degenerar no cinismo puro e simples.» Esta possibilidade não deve ser subestimada, mas também não altera a realidade da existência política do homem, que nunca perde o seu carácter dramático ou trágico. E, no entanto, é isto que dá à vida política a sua «grandeza sombria»: os estadistas muitas vezes agem com o uso de meios que detestam porque «acreditam, na sua alma e consciência, ser responsáveis pelo destino comum» ([23]). Talvez seja isto que corresponda a ser um «discípulo liberal» de Maquiavel.

Com estas qualificações em mente, aceitemos, pois, o convite de Aron para ler Maquiavel e tomemos seriamente o diagnóstico de uma Europa com pouca ou nenhuma *virtù*.

A *virtù* de Maquiavel pode ser examinada por vários prismas. Não pretendo contudo segui-los a todos porque tal tarefa levar-me-ia demasiado longe. Porém, permitam-me que tente oferecer uma análise da *virtù* de Maquiavel suficientemente relevante para compreender o comentário de Aron sobre a Europa. Maquiavel tornou-se famoso, entre outras razões, por distinguir de forma radical a bondade (*bontà*) da virtude (*virtù*). De acordo com Maquiavel, chamamos a algo «bom» se for feito com uma intenção benevolente, altruísta e «pura», independentemente do resultado final. O «bom» acto decorre da preocupação de simetria moral entre os meios e os fins. Para que um homem seja considerado «bom», não pode comprometer os seus fins com meios duvidosos. Tem de se abstrair, digamos assim, dos imperativos da eficácia. Para o homem «bom», o bem é sempre mais útil e mais conveniente. É o homem «mau» que separa estas categorias, e depois escolhe a conveniência em detrimento da «bondade». Mas, como Maquiavel afirmou, «a maneira

---

([23]) [René AVROND], «La querelle du Machiavélisme», pp. 394–395.

como se vive está tão afastada da maneira como se deveria viver que aquele que deixa aquilo que se faz por aquilo que deveria fazer-se aprende mais a perder-se do que a salvar-se, porque um homem que queira em tudo professar o bem arruína-se entre tantos que não são bons. Daí ser necessário a um príncipe, para poder preservar-se, aprender a poder não ser bom e a usar ou não usar desse conhecimento consoante a necessidade» ([24]). A realidade da necessidade é incompatível com a «bondade» constante e universal. No mundo da necessidade, vincular-se às regras da bondade é convidar o desastre. É a própria «condição humana» que proíbe que se viva de acordo com todas as boas qualidades que a vida da bondade exige. Na obra de Maquiavel, de modo a pensarmos politicamente, é preciso «pressupor que todos os homens são maus e dispostos a exercerem a sua malícia nas suas mentes sempre que a oportunidade lhes dá rédea livre» ([25]). No mundo da necessidade, é necessário algo mais adequado e feroz do que a bondade. A *virtù* é necessária como forma de responder *afirmativamente* à necessidade. Penso que não estarei muito longe da verdade se disser que, para Maquiavel, «necessidade» pode ser entendida como outra palavra para «perigo». Mas talvez seja mais seguro dizer que a necessidade não surge sem trazer perigo ([26]). Para Maquiavel, a *virtù* é a única resposta adequada ao perigo. Quando o perigo não é oposto pela *virtù*, arrasta consigo a servidão e a destruição.

A *virtù* é uma espécie de sabedoria prática ou, para evitar confusões, de sabedoria política. Trata-se de uma qualidade da acção. É pela acção que se mostra a nossa *virtù*. Contudo, se Maquiavel usou a palavra *virtù* para denotar a sabedoria política na acção, somos forçados a concluir que abrange não só a acção orgulhosa e corajosa, mas também a acção capciosa. Os príncipes «virtuosos» são os que são tanto o «leão» como a «raposa». Dever ser leão ou raposa depende

---

([24]) MAQUIAVEL, *Il principe*, XV.

([25]) MAQUIAVEL, *Discorsi*, I.3.

([26]) *Discorsi*, I.2.

das circunstâncias. Mas, de modo a compreender se as circunstâncias requerem um ou outro animal, é solicitada a capacidade de ler correctamente as circunstâncias. A *virtù*, portanto, providencia também uma hermenêutica da realidade. Os príncipes virtuosos reconhecem a sua ocasião ou oportunidade. A *virtù* é a capacidade de conhecer os tempos em que vivemos, as suas oportunidades e os seus perigos. A *virtù* não só permite identificar correctamente as oportunidades e os perigos, como é também a energia (ou «vitalidade») criativa que é precisa de forma a responder às oportunidades e perigos([27]). Mas é importante referir que a *virtù* não é nem fúria, nem frenesim bélico; é apenas a aceitação da guerra, e das virtudes guerreiras, *quando não há alternativa à guerra*. A fúria é desproporcionada, irracional, inequivocamente violenta, estéril, cega e bárbara; a *virtù* é disciplinada, equilibrada, razoável, fecunda, ciosa das consequências e prudente([28]). Não obstante, se o perigo é, por definição, violento e ameaçador, e se a *virtù* é a única resposta adequada ao perigo, então a *virtù* é também uma disposição para a violência ou, antes, para a violência disciplinada.

Nenhum de nós pode saber o que diria Maquiavel acerca da Europa contemporânea, pois Maquiavel já não está vivo. Mas todos sabemos que Aron lamentava a ausência de *virtù* na Europa sua contemporânea. Concordaria Maquiavel com Aron? Ninguém pode dar uma resposta definitiva. Mas sabemos o que Maquiavel disse do desgraçado Piero Soderini. Na verdade, o retrato de Soderini feito por Maquiavel capta alguns dos traços que podem ser associados a uma Europa sem *virtù*: «[Soderini] acreditava que com tempo, com bondade, com a sua boa fortuna, e com a distribuição de benfeitorias por alguns, ele podia eliminar a inveja; [...] acreditava que podia sujeitar os restantes homens que se lhe opunham por inveja sem quaisquer perturbações, violência e protesto. Ele não sabia que o tempo não espera por ninguém,

---

([27]) *Il principe*, XVIII, VI; *Discorsi*, II.13, 29.

([28]) Cf. *Discorsi*, III.36.

que a bondade não basta, que a fortuna muda, e que a má vontade não tem presentes que a aplaquem» ([29]).

A perda da «vitalidade histórica» tem uma consequência política imediata, que é a perda da resolução ou firmeza. De acordo com Maquiavel, «a pior qualidade das repúblicas é a sua irresolução, de modo que qualquer medida que tomem, fazem-no por necessidade», e, seja qual for o bem que acabe por ser realizado, resulta sempre da «necessidade», não da «sabedoria» ([30]). Em política, como na vida, não existe uma não escolha; mesmo quando recusamos escolher, já está feita a nossa escolha. Mas Maquiavel tentou alertar-nos para o facto de que a tendência para não escolher, ou para retardar a escolha até não haver alternativas, é fatal. Por vezes, odiamos a exclusividade de uma dada escolha, isto é, o facto de, ao decidir um determinado caminho, se excluírem todos os outros caminhos possíveis. Neste caso, segundo Maquiavel, o pior que se pode fazer é tentar seguir ambos os caminhos, isto é, tentar prosseguir uma via irresoluta que aparentemente não exclui outros fins. Mas decisões desse calibre não passam de outras tantas manifestações de irresolução. Recordemos a admoestação que Aron fez à política da Europa durante os anos de setenta do século XX, no sentido de permanecer aliada da América e de aproximar a União Soviética numa relação amigável. De um modo maquiavélico, poderia dizer-se que a política da Europa apenas conseguiria designar à suspeita do seu aliado e ao desprezo do seu inimigo; aquele começava a perder a confiança, e este nunca respeitaria alguém cuja fraqueza estrutural fosse tão patente ([31]). Decisões desta estirpe, diria Maquiavel, «surgem ou da fraqueza da coragem e das armas, ou da má vontade dos que têm de decidir» ([32]).

([29]) *Discorsi*, III.30. Ver também, III.3.

([30]) *Ibid.*, I.38.

([31]) Compare *Discorsi*, II.14.

([32]) *Ibid.*, II.15.

Maquiavel recomendou um remédio para a «renovação» de comunidades políticas ameaçadas pela «decadência». Uma república «tem de ser levada frequentemente aos seus princípios». Maquiavel queria indicar a necessidade de uma comunidade política ser levada às suas origens de modo a levar a cabo a sua «renovação». Ser levado de volta às «origens» ou aos «princípios» significa recordar as coisas boas que foram incorporadas em cada comunidade nas suas «origens» e inscritas como «princípios», e depois agir de acordo com essa recuperação e redescoberta. De mais a mais, Maquiavel sublinhava que, de forma a combater a «corrupção» ou «decadência», o retorno aos princípios implica retomar a consciência do perigo. É porque a memória do perigo se desvanece que é preciso recuperá-la politicamente. De outro modo, homens esquecidos tornar-se-ão homens «ociosos» (33). Será que a Europa contemporânea precisa de retornar aos seus princípios a fim de recuperar a «vitalidade histórica» ou *virtù*? Mas Maquiavel leva a Europa ao desespero, pois, para que se proceda a um retorno aos princípios, a comunidade, ou pelo menos alguns dos seus cidadãos, têm já de possuir alguma *virtù*. Assim, a Europa parece estar comprimida entre a sua falta de *virtù* e a falta de vontade e capacidade de superar a falta de *virtù*.

Para muitas pessoas, a perda de *virtù* não parece ser grande prejuízo; pode até aparecer como sinal de «progresso» moral. Afinal, há muito que renunciámos à política dos heróis. Aron, um pensador de impecáveis credenciais liberais e democráticas, sabia que a democracia é o único regime que «confessa» ou, antes, que «proclama que a história dos Estados é e deve ser escrita não em verso mas em prosa» (34). No pensamento de Aron, esta característica liberal-democrática constitui um preciosíssimo antídoto contra a política do lirismo. É um elemento importante de sobriedade da política, que consiste num domínio da actividade humana em que a interferência da «poesia» e das «exaltações líricas»

(33) *Ibid.*, III.1, 22. A palavra italiano *principio* é um pouco ambígua.
(34) Introdução a Max Weber, *Le savant et le politique*, p. 23.

gera necessariamente efeitos catastróficos. Mas, como tantas vezes Aron argumentou, a política liberal-democrática está sempre ameaçada. Para que possamos usufruir das liberdades que a nossa civilização orgulhosamente reivindica, estas precisam de ser defendidas. A liberdade precisa de *virtù*. Contudo, a Europa dos anos setenta estava «reduzida ao gozo do seu bem-estar e das suas liberdades», já que era «incapaz de se defender» e «não tinha nenhum grande plano em comum». Acima de tudo, a Europa era descrita como uma sociedade «hedonista», isto é, uma sociedade de gozo do prazer centrado no indivíduo. Neste sentido específico, uma sociedade hedonista é uma sociedade em que os indivíduos se dedicam por inteiro ao gozo privado dos seus prazeres e prosseguem as suas próprias concepções de felicidade. Contudo, porque uma sociedade assim tende a tornar-se obcecada com o momento presente e a «perder o interesse no futuro», Aron pensava que desse modo se «condenaria a si mesma à morte». Apesar de ser a pátria do historicismo, a Europa parece viver naquilo a que se poderia chamar o «presente eterno»: sente desconforto com o seu passado e mantém-se numa relação indiferente com o seu futuro. Ironicamente, a consciência comum europeia é avessa à razão histórica sempre que tem de confrontar os seus desafios mais urgentes. Perdido no momento absoluto do presente, a Europa pergunta a alguém que questione a sua capacidade de renovação: *Do que dispomos nós que nos forneça os recursos necessários para a renovação? O que há para renovar? Em vista de quê se deve efectuar esta putativa renovação?* Uma moralidade total de prazer e felicidade individual, sem consideração por «virtudes cívicas», coloca, nas palavras de Aron, «a sobrevivência em dúvida». Entendida desta maneira, a vida «hedonista» parece desempenhar um papel análogo ao da «ociosidade» em Maquiavel. A «ociosidade» é a condição dos homens que são incapazes de *virtù*. Uma vida fácil sem esforço político de *criação* de hábitos de sacrifício e dever gera «ociosidade». Para equilibrar a tendência para a «ociosidade» gerada por circunstâncias muito benevolentes, é preciso criar outro conjunto de circunstâncias que contrariem e anulem esses efeitos malignos([35]). Homens «ociosos» são homens efeminados; são presas fáceis de inimigos e tiranos([36]).

Como vimos, a *virtù* é o contrário de «ociosidade». Enquanto a «ociosidade» torna os homens fracos, a *virtù* faz deles bons defensores da liberdade([37]). Ora, uma sociedade radicalmente hedonista e individualista não só torna cada vez mais dolorosa a aceitação das «virtudes cívicas», como também cria um ambiente social fortemente despolitizado. Os deveres cívicos, que implicam algum sacrifício do gozo do prazer centrado no indivíduo, constituem uma rememoração de que o homem também é cidadão, e que tem de estar pronto a «combater de forma a conservar a oportunidade de gozar os seus prazeres e a sua felicidade». Virtudes cívicas, deveres cívicos, tradições cívicas constituem um equipamento moral indispensável que permite aos homens tornarem-se cidadãos genuínos. A Europa arrisca-se a transformar-se, não numa comunidade política, o que pressuporia um entendimento do que é comum, um bem comum actualizado através de alguma forma de «acção colectiva», mas um conjunto de indivíduos privados portadores de direitos sem deveres correlativos, para além da evidente obrigação de pagar impostos elevados. Se a Europa, disse Aron, se tornou numa sociedade radicalmente hedonista e individualista, então somos simultaneamente «brilhantes e decadentes»([38]). Como Maquiavel sempre avisou, «um povo inteiramente permeado pela corrupção não pode viver livre»([39]). Até os romanos «ficaram cada vez mais seguros da sua liberdade e pensaram que já não tinham inimigos a recear»([40]).

Como se referiu, muitos não lamentarão a perda da *virtù*. Dirão que se trata de um triunfo moral exclusivo da Europa

---

([35]) Maquiavel, *Discorsi*, I.1, 3.
([36]) *Ibid.*, I.6.
([37]) *Ibid.*, II.2.
([38]) *Thinking Politically*, p. 247.
([39]) Maquiavel, *Discorsi*, I.16.
([40]) *Ibid.*, I.18.

viver segundo outros princípios. Alguns europeus poderão admitir que pensar exclusivamente em termos de «direitos humanos» e de «igualdade» é suficiente para pensar politicamente. Mas seria um erro. Não se deve, como Léon Blum antes da Segunda Guerra Mundial, «confundir uma abdicação com o sinal de um novo mundo» ([41]). Nas condições da democracia moderna, a obsessão com a igualdade é não apenas «contrária à sobrevivência de uma sociedade de espírito liberal», como também conducente à hostilidade à ordem política enquanto tal ([42]). A paixão pela igualdade é fortalecida por um clima intelectual que parece ser uma reacção «à loucura do racismo de Hitler». Enquanto ideologia, trata-se de uma resposta exagerada ao extremismo político de sinal oposto. A voz da igualdade extrema insurge-se contra a ideologia brutal da desigualdade extrema. Enquanto ideologias, ambas são cegas perante factos constantes. No caso da ideologia da igualdade, assistimos ao «esquecimento de que a desigualdade dos dons individuais é o menos contestável de todos os factos» ([43]). A obsessão com a igualdade esquece-se de que na sociedade moderna a relação entre igualdade e hierarquia é dialéctica. A sociedade moderna sujeita-se a si mesma a dois grandes imperativos: maximizar a produção e alcançar a igualdade entre os indivíduos. A igualdade é a «norma suprema», mas o outro propósito de conquista e domínio da natureza renova a necessidade de hierarquia e disciplina. Por um lado, a sociedade moderna é ainda uma sociedade *política*. Ora, o problema político assenta em dois «factos constantes»: a desigualdade física e intelectual entre indivíduos e a necessidade de «disciplina na acção ou na existência colectivas» ([44]). Assim, a preocupação obsessiva com a igualdade é uma forma (consciente ou inconsciente) de negar as condições do cumprimento das tarefas que a

---

([41]) ARON, *Memoirs*, 98.
([42]) ARON, *In Defense of Decadent Europe*, p. 246.
([43]) ARON, *Peace and War*, p. 753.
([44]) Cf. Raymond ARON, *Les désillusions du progrès: Essai sur la dialectique de la modernité*, Paris, Gallimard, 1969, xxiii, 21, 14, 10.

sociedade moderna democrática — isto é, igualitária — estabelece para si própria. Contudo, porque algumas destas condições são comuns a *todas* as ordens políticas decentes, pode dizer-se que a obsessão com a igualdade corre contra o sentido não só das exigências da sociedade moderna, mas também de toda a comunidade *política*.

Mas há outro aspecto partilhado tanto por americanos como europeus. Segundo Aron: «a necessidade de defender os direitos humanos». Aron lia-o como outro meio para deixar de pensar politicamente, como um meio de evitar o político, de fugir do político. Pensar apenas em termos de direitos humanos é evitar o raciocínio tipicamente político que examina o *regime político* que melhor protege os direitos humanos([45]). Pensar exclusivamente em termos de direitos humanos é uma expressão do desejo de imediaticidade tão caro às sociedades democráticas modernas. Sobre este tema particular, Pierre Manent tem sido um dos autores mais profundos. Talvez não seja coincidência ter sido aluno de Aron. Segundo Manent, o entendimento reinante de igualdade de direitos humanos na democracia moderna torna a ordem política semelhante ao estado de natureza. Se tomarmos em conta o que as várias concepções de estado de natureza tinham em comum, concluímos que este pode ser definido como um «estado de independência, liberdade e igualdade». Mas o homem democrático moderno quer ser independente, livre e igual. Deseja «a imediaticidade da experiência,» ou, com mais rigor, deseja a imediaticidade da sua experiência particular e individual. Quer ser livre e igual para poder viver as experiências da sua particularidade com a mediação mínima. A sociedade democrática moderna parece existir apenas para proteger este desejo individual. Quaisquer outros fins ou propósitos que forem além da protecção deste desejo são interpretados como exigências desnecessárias ou até ilegítimas que pretendem vincular a existência individual. É por isso que o homem democrático moderno afirma a sua «independência» *contra* a ordem política, formando

([45]) ARON, *Thinking Politically*, pp. 241–43.

uma política que quer fazer o político desaparecer([46]). A variante contratualista do liberalismo, tanto o antigo como o novo, ilude o facto de que não é o acordo entre vontades individuais que gera a sociedade. Na verdade, qualquer acordo entre vontades individuais já pressupõe a existência da sociedade, de algo comum onde os seres humanos desenvolvem as necessárias capacidades e hábitos para que os acordos possam ocorrer. E o liberalismo contratualista evita a questão de saber de onde provêm os objectos dos acordos. A sociedade, entendida como um espaço histórico comum onde os conteúdos da existência ganham substância e consistência, consiste essencialmente na vida em conjunto de pessoas que se relacionam umas com as outras através da palavra e que fazem desta vivência em conjunto um tópico dessa palavra. Aron pensava que, sobretudo na Europa, esta concepção apolítica de sociedade democrática atingira um ponto muito perigoso. «A Europa tem de se lembrar que os indivíduos numa democracia são simultaneamente pessoas privadas e cidadãos» e de que «a nossa civilização, na medida em que é liberal, é a de uma sociedade de cidadãos, e não pura e simplesmente de consumidores e produtores»([47]). Antes da Segunda Guerra Mundial, Aron escreveu que a Europa «reconhece as particularidades de criações expressivas e das existências individuais, no momento em que ameaça destruir valores únicos»([48]). Aron mostrou-nos que este problema não é acidental. Decorre de uma certa concepção da vida humana, incluindo da vida política, com afinidades com o temperamento europeu. Mas também demonstrou que este problema levanta uma questão histórica que não é neutral; é uma *ameaça* a alguns dos bens mais preciosos da Europa.

Na óptica de Aron, o Ocidente, no início dos anos oitenta do século XX, enfrentava um desafio subtilíssimo: o «perigo»

([46]) Pierre MANENT, *Cours Familier de Philosophie Politique*, Paris, Fayard, 2001, pp. 227, 335–36.

([47]) ARON, *Thinking Politically*, p. 248.

([48]) Citado in ARON, *Memoirs*, p. 81.

provinha não tanto da «tentação totalitária,» mas antes da «exorbitância das ambições liberais» e da «impetuosidade das exigências igualitárias» ([49]). O problema era político e intelectual. Assim sendo, o pensamento político que assenta *exclusivamente* na preocupação com a igualdade e com os direitos não é, na realidade, pensamento *político*; trata-se de um modo de pensar que evita o político e examina a existência individual sem cuidar das relações dos indivíduos uns com os outros. E, o que talvez seja mais relevante para o propósito deste ensaio, trata-se de um pensar que é um modo de evitar o enfrentamento do perigo. Constrói um ideal de cidadania (admitindo que a palavra faz sentido neste contexto) que se abstrai das condições políticas da existência humana e que pretende fazer desta abstracção uma realidade concreta. É um modo de pensar que proíbe a questão do perigo. Aron nunca esqueceria o que o seu em tempos professor, Léon Brunschvicg, lhe dissera: «Felizmente, as minhas opiniões políticas não têm consequências». Nestas palavras, Aron leu um sintoma de fraqueza ou talvez até de duplicidade intelectual. Para ele, porém, não havia alternativa: «é fácil pensar acerca da política, mas com uma condição: reconhecimento das suas regras e sujeição a elas» ([50]).

MIGUEL MORGADO

([49]) ARON, *In Defense of Decadent Europe*, nota H, p. 284.
([50]) ARON, *Memoirs*, p. 96.

O GRANDE INQUISIDOR

O capítulo sobre o Grande Inquisidor em *Os Irmãos Karamazov*, de Dostoievsky, não se resume. Lê-se e medita-se. Lê-se como um diálogo deve ser lido, respeitando integralmente a sua natureza dialógica, o que é mais fácil de dizer do que de fazer. Além disso, como aqui sou convidado a abordar sobretudo a perspectiva da liberdade enquanto problema, é preciso lembrar que esta leitura é necessariamente unilateral. A questão primacial parece ser esta: para quê ser livre num mundo destituído de sentido, cruel e palco de um perpétuo e absurdo sofrimento? Para quê escolher se qualquer escolha se dilui num vórtice de desespero? A liberdade deixa de ser um dom e passa a ser um fardo doloroso. Não é apenas um elemento estranho num mundo desordenado. É pior: ela própria é um princípio de desordem.

A mentira e a ilusão programada ou solicitada parecem ser as únicas justificações para a maldição da liberdade. Para Ivan Karamazov, diante da angústia do seu irmão, o devoto cristão Aliocha, nestes termos, o homem não tem saída. A infelicidade e o sofrimento são o seu destino. Neste triste quadro, a resposta mais óbvia é a aceitabilidade do suicídio. Claro que esta resposta fica reservada para almas como a de Ivan, prontas a encararem o problema de frente. Não para o afirmarem, é certo, mas para aceitarem as suas proporções avassaladoras e agirem numa espécie de conformidade. À alma fustigada não é dada a liberdade de recusar a liberdade.

Mas o problema tem uma dimensão colectiva. O que equivale a dizer que tem uma dimensão política. Dito de uma forma directa: o suicídio não é resposta que se possa propor aos homens em geral. É com esse problema que o Grande Inquisidor tem de lidar.

O Grande Inquisidor de Sevilha é uma figura criada por Ivan, quando este se inspirou para escrever um poema ou uma alegoria que descrevesse a natureza do problema, e das escolhas que se abrem. É a sua versão de qual seria a reacção terrestre a uma segunda descida de Deus à terra. A proposta de Ivan é na realidade uma resposta à promessa feita por Aliocha, em nome de Deus, de reconciliação de todo o sofrimento num horizonte de redenção e felicidade eterna. À luz desta promessa alimentada na fé cristã, a ausência de sentido e os mistérios da iniquidade são apenas aparentes. A redenção é a suprema reconciliação de todos os impasses.

O poema de Ivan não é só um testemunho da sua própria incredulidade. Não é só a indisponibilidade interior de aceitar essa promessa que está em causa. É mais do que isso. É a impossibilidade da própria promessa que é denunciada. É o seu carácter radicalmente contraditório que é exposto sem apelo. O ponto de partida é o de que o sofrimento dos inocentes já não pode ser redimido porque não pode ser anulado. A sua justificação, seja ela qual for, é um ponto de partida que Ivan não aceita. Não aceita pelo simples facto de ter tido lugar.

Mas uma coisa é tentar compreender o desespero de Ivan, outra é perceber o alcance global da lenda do Grande Inquisidor. Aqui, emerge uma reflexão poderosíssima sobre o exercício do poder como rebelião contra as condições estruturais da existência humana e contra a ordem divina. Para muitos, o exercício do poder com essa finalidade foi aclamado como um triunfo da humanidade. Mas, para Dostoievsky, a conclusão de muitos está longe de ser verdadeira para alguém. O exercício do poder com esse propósito terminará num abismo de vontade de domínio e de recurso ao terror.

É com uma imagem de terror que abre a lenda do Grande Inquisidor. Em Sevilha, a Inquisição dá largas à sua fúria queimando uma centena de heréticos na fogueira. Um dia depois, Cristo está de novo em carne entre nós. Tudo aquilo fora praticado em seu nome. Era uma contradição demasiado grave, e a situação do mundo reclamava o seu regresso. O povo reconhece-o, e ele confirma o seu amor pelos homens fazendo milagres e ressuscitando uma menina. O Grande Inquisidor também o reconhece. Manda-o prender, sem que isso cause qualquer comoção numa multidão que momentos antes se rendia aos seus pés. Pela segunda vez na história da humanidade, o poder apostava em destruir o Deus do amor.

Feito prisioneiro, Cristo recebe a visita do Grande Inquisidor, o qual, ficamos a saber, vivia uma vida sem fé, apesar do seu sacerdócio. Cristo é imediatamente condenado à tortura e à execução. Tudo isto nos causa estupefacção. Mas, para o Grande Inquisidor, a situação é cristalina, e ele não quer perder a oportunidade de confrontar o próprio Deus com os defeitos da sua Criação. Quer confrontá-lo com o facto de a Inquisição ser uma grande mentira, ao serviço, porém, da vontade humanista de reconstruir a (des)ordem da Criação. É uma grande mentira e um grande terror, como são todos os projectos políticos deste tipo, ao serviço da revolta contra o sofrimento sem culpa e contra um mundo sem sentido.

O Inquisidor acusa o prisioneiro de ser um Deus que põe a liberdade dos homens acima de tudo. Que não está disposto a sacrificá-la por nada. E isto apesar de os homens acorrerem a trocá-la por qualquer coisa que ao menos pareça ser ingrediente da felicidade. Deus criou rebeldes, e os rebeldes não podem ser felizes. A mentira da Inquisição, o terror da fogueira, estão lá para corresponder à angústia dos homens. E ao seu desejo de comunidade, de uma mentira universal. Viciosos, fracos, temerosos, os homens só são reconduzidos à obediência e a algum tipo de ordem se receberem pão e mentiras apaziguadoras provenientes de uma autoridade misteriosa e indiscutível que lhes diga o que devem fazer — e que, portanto, lhes dispense o uso da liberdade.

No final, o Inquisidor, talvez atónito pelo beijo que Cristo lhe dá — a resposta profunda e irrefutável dada por Ele a todo aquele libelo acusatório, a toda aquela rebelião e dissidência —, acaba por não o executar. Abre a porta da cela, manda-o embora e ordena-lhe que não volte ao mundo dos mortais. Pela porta saiu também a liberdade, esmagada pela tirania de quem reivindica o direito, e proclama a capacidade, de refazer o mundo e os homens. Aí o terror governará; serão queimados livros e pessoas. Para acabar de vez com as injustiças e o sofrimento e tudo o resto que caiba nesse projecto. A procura de outra ordem desenhada dentro das limitações das razões e paixões humanas conduz a uma desordem profunda e sem remissão. Nem todos os humanismos são humanismos. Alguns acabam a tratar-nos como criancinhas. Outros como escravos.

O humanismo do Grande Inquisidor é o humanismo da rejeição da liberdade e da rejeição de Deus. É o humanismo que se abre quando «tudo é permitido».

ÍNDICE